U0449603

炜衡法律实务丛书

Legal Practice of
Enforcement Cases

吴珲 —— 著

执行案件
法律实务
90讲

法律出版社 LAW PRESS·CHINA
北京

图书在版编目(CIP)数据

执行案件法律实务90讲／吴珲著． -- 北京：法律出版社，2022
ISBN 978 - 7 - 5197 - 6311 - 4

Ⅰ.①执… Ⅱ.①吴… Ⅲ.①执行(法律)－研究－中国 Ⅳ.①D925.04

中国版本图书馆CIP数据核字(2022)第000309号

| 执行案件法律实务90讲 ZHIXING ANJIAN FALÜ SHIWU 90 JIANG | 吴珲 著 | 策划编辑 周 洁 责任编辑 周 洁 装帧设计 马 帅 |

出版发行 法律出版社	开本 710毫米×1000毫米 1/16
编辑统筹 司法实务出版分社	印张 17.5　字数 255千
责任校对 杨锦华	版本 2022年1月第1版
责任印制 胡晓雅	印次 2022年1月第1次印刷
经　　销 新华书店	印刷 三河市龙大印装有限公司

地址：北京市丰台区莲花池西里7号(100073)
网址：www.lawpress.com.cn
投稿邮箱：info@lawpress.com.cn
举报盗版邮箱：jbwq@lawpress.com.cn
版权所有·侵权必究

销售电话：010 - 83938349
客服电话：010 - 83938350
咨询电话：010 - 63939796

书号：ISBN 978 - 7 - 5197 - 6311 - 4　　　　　定价：68.00元

凡购买本社图书，如有印装错误，我社负责退换。电话：010 - 83938349

序

喜闻本所吴珲律师撰写的强制执行实务书籍即将付梓，遂欣然提笔作序。

习近平总书记提出，让人民群众在每一个司法案件中感受到公平正义。执行作为司法程序的最后一道程序，能否实现执行依据所确定的权益，对人民群众感受"公平正义"非常重要。近年，最高人民法院提出"用两到三年的时间解决执行难"，可以说近年执行工作亮点频出，人民群众在"强制执行"上的"获得感"不断增强。

近年，因经济下行压力加大等因素，执行案件呈现"数量持续增加、大标的额度案件不断增多、疑难复杂案件不断增多"的特点。法院"升级"执行工作的同时，我们律师行业在执行案件办理上的"专业化"也在不断提速，出现了专门处理执行案件的律所，综合性律所中也出现专门办理执行案件的律师，越来越多的律师参与到了执行案件的代理中，执行业务可以说是律师业务中的"蓝海"。

本书是一本关于律师代理执行实施案件的"基本功"的书，全书共分十章，行文按照执行案件办理流程，从执行前的工作开始，再到立案、办案，最后以结案终，解析各种常规强制执行措施，同时讲述变更、追加被执行人、拒执罪等"大招"，介绍执行监督等执行救济措施。对于律师而言，无论是办理法律关系简单、标的额小的执行案件，还是面对标的额巨大、财产线索不易查找的复杂执行案件，本书中的内容都会有"用武之地"。

炜衡律师事务所作为一家总部在北京的综合性律师事务所，始终致力于专业化建设。吴珲律师这本专著的出版，既是对他个人业务能力、专业化水平的一个肯定和提升，也是我们"炜衡人"专注业务、理论与实务并重的缩影，希望我们所和我们律师行业，有更多的青年律师出版作品，在同行中更好地展现自己，也为更多的人带去法律知识，造福社会。

是为序。

北京市律师协会副会长
中共北京市炜衡律师事务所党委书记
北京市炜衡律师事务所管委会主席

2021 年 1 月 19 日

自　　序

很少有事情会像"强制执行"一样，从中央政法委、最高人民法院到各级人民法院，执行员、律师都投入了如此之多的精力和时间，官方出台了各种各样的文件，但是当事人依然不满意，律师也是两手一摊，一脸的无奈。执行员应该不会对这句话陌生：××法官，我的钱什么时候能回来啊；大多数律师都碰到过这样一个场景：客户单位老板拿着法院出具的文书，质问律师，"官司赢了，钱怎么没拿回来？法律白条吗……"各种"执行难""难执行"以及一些"乱执行"的事，周而复始地上演。

2020年6月6日，当日处于失信状态的失信主体个数是5 886 886人，累计网拍总量共计556 613件。关于执行实施案件的数量，2014年各级人民法院共新收各类执行案件3 138 509件，同比上升10.75%；执结2 906 861件，同比上升6.96%。2014年年底，尚有未执结案件503 389件，同比上升85.27%；案件标的金额9089.41亿元，同比上升25.63%。① 2016年，执行案件大幅上升。新收各类执行案件4 159 949件，上升32.55%；执结3 815 560件，上升31.26%；申请执行标的金额1.7万亿元，上升81.94%。② 2016年至2018年9月，全国法院共受理执行案件1884万件，执结1693.8万件（含终本案件），执行到位金额4.07万亿元，同比分别增长105%、120%和76%。③ 2020年，笔者在浏览"全国法院切实解决执行难信息网"时发

---

① 参见刘泽：《破解执行难题，提升执行公信》，载《人民法院报》2015年5月28日，第5版。
② 参见最高人民法院研究室：《2015年全国法院审判执行情况》，载《人民法院报》2016年3月18日，第4版。
③ 参见最高人民法院：《最高人民法院〈关于人民法院解决"执行难"工作情况的报告〉》，载《人民法院报》2018年10月25日，第2版。

现，2020年大部分省级行政区域的前五月的执行案件的收案量普遍突破了10万件。可以预见的是，未来数年执行案件的数量仍将会呈现增加的趋势。

案件不断增加的同时，我们也很欣喜地看到司法环境正在不断改善。尤其是在为贯彻落实党的十八届四中全会关于"切实解决执行难"的部署，最高人民法院2016年3月提出"用两到三年时间基本解决执行难问题"以来，对"执行难"的治理达到了一个前所未有的高潮：沉睡已久的"拒执罪"作为打击"执行难"的"利剑"频频挥向那些意图逃避的被执行人；线上查控、处置财产执行模式正在形成；最高人民法院持续发布多部有关强制执行的司法解释，"强制执行法"也在酝酿之中……

执行案件数量的增长、"执行难"问题的基本解决，对于律师来说可谓代理执行案件的利好，但从案件本身角度来说，执行案件中频出各种疑难杂症，对代理律师的沟通能力、临场应变能力等要求颇高。代理执行案件，对律师本身也是一种考验和挑战。如果通过自身的代理工作帮助客户拿回"真金白银"，成就感会非常强烈。

笔者曾在法院从事强制执行工作，负责办理执行实施案件，记得刚去执行局时，一些人告诉我执行这活非常轻松，没有技术含量，无非"查冻扣"。独立办案之后，发现事实绝非如此，执行工作需要掌握的内容太多了，争议问题、难点问题较之审判阶段只多不少。

笔者辞职后也代理了不少执行案件。这个过程中感觉到，相较于对审判程序的熟悉，很多律师对执行案件有些陌生，甚至以为执行案件就是递交一个强制执行申请了事（真是这样的话，也太轻松了）。审判工作与执行工作的不同也放大了这种"陌生"，让一些同行在代理执行案件时感到无从着手、无所适从。目前市面上审判实务书籍之多自不待言，有不少讲解执行异议和复议的书籍，唯独少见讲解办理执行实施案件的书籍。

正是在这些因素的作用下，笔者萌发了写一本关于办理执行实施案件的书籍的想法。在法律出版社周洁编辑的鼓励和督促之下，才真正开始动笔。本书共分十章，按照办案流程的进度逐步展开，从调解书主文撰写开始，到执行立案申请、执行案件的管辖、各种执行措施介绍、追加被执行人……直到执行结案。有对执行常规内容的讲解（如执行措施介绍、结案方式介绍），有对执行中争议问题的解答（如解除限高的救济途径是"自纠—复议"程序还是"异议—复议"程序），有对执行过程中程序问题的探究（如执行案件的管辖），也有对执行过程实体性问题的思考（能否对原法定代表人限高）。每节文末均附有相关的实务经验及相关规定（这里的规定不一定是指法律、司法解释，可能是最高人民法院的某个复函、最高人民法院或地方高级人民法院的司法政策，一般都注明相关规定的文号）。部分章节末尾附相关文书模板，供读者朋友参考。

现代社会的每一个人都被海量的信息包围，律师更不例外，时间对律师来说弥足珍贵。正因如此，本书在写作过程中，紧紧围绕"实用"二字，结合笔者自身所办案件及日常积累，贴近读者（尤其是律师朋友）办案、了解强制执行之需。本书尽力避免大段摘录裁判文书的做法，书中案例，或为笔者承办，或为笔者精选案例，引用案例的同时，力求奉上言之有物的原创讲解，整理相关规定条文。把最好的干货与读者分享。

笔者认为，解决"执行难"是"信用中国"和法治社会建设的不断加速推进的表现。如果司法是正义的最后一道防线，那么"强制执行"就是最后一道防线的最后一道防线。不管律师能否意识到这些，实际上每办好一个执行案件都是在为社会主义法治建设添砖加瓦，能让当事人从内心深处增加对法治的信心，提升对法律的信仰。对律师而言，不仅是获取报酬、得到职业成就感的有效途径，也是一个"攒人品"的过程。

笔者水平有限，书中难免疏漏，敬请广大读者指正。

凡　例

1. 法律、法规、规章和规范性文件名称中的"中华人民共和国"省略，其余一般不省略，例如，《中华人民共和国民法典》简称《民法典》。

2. 叙述法律、法规、规章和规范性文件，必要时在名称前标明其制定机关和制定、修改年份。例如，1991年《民诉法》、2007年《民诉法》。但如无特别说明，现行《民事诉讼法》不再注明修改年份，一律简称《民诉法》。

3. 全文引用法律条文时，一个条文的各个款、项之间不分段、不分行。

4. 对于本书以下出现较多的法律、司法解释和司法文件，使用缩略语：

（1）《中华人民共和国民事诉讼法》，简称《民诉法》。

（2）最高人民法院《关于适用〈中华人民共和国民事诉讼法〉的解释》，简称《民诉法解释》。

（3）最高人民法院《关于人民法院执行工作若干问题的规定（试行）》，简称《执行工作规定》。

（4）最高人民法院《关于执行案件立案、结案若干问题的意见》（法发〔2014〕26号），简称《立案结案意见》。

（5）最高人民法院《关于人民法院立案、审判与执行工作协调运行的意见》（法发〔2018〕9号），简称《立案审判执行工作协调运行的意见》。

（6）最高人民法院《关于执行权合理配置和科学运行的若干意见》（法发〔2011〕15号），简称《执行权配置运行意见》。

（7）最高人民法院《关于执行款物管理工作的规定》（法发〔2017〕6号），简称《执行款物规定》。

（8）最高人民法院《关于适用〈中华人民共和国民事诉讼法〉执行程序若干问题的解释》，简称《执行程序解释》。

（9）最高人民法院《关于人民法院办理执行异议和复议案件若干问题的规定》，简称《异议和复议规定》。

（10）最高人民法院《关于正确适用暂缓执行措施若干问题的规定》（法发〔2002〕16号），简称《暂缓执行规定》。

（11）最高人民法院《关于在执行工作中进一步强化善意文明执行理念的意见》（法发〔2019〕35号），简称《强化善执意见》。

（12）最高人民法院《关于执行程序中计算迟延履行期间的债务利息适用法律若干问题的解释》（法释〔2014〕8号），简称《迟延利息解释》。

（13）最高人民法院《关于执行和解若干问题的规定》，简称《执行和解规定》。

（14）最高人民法院《关于执行担保若干问题的规定》，简称《执行担保规定》。

（15）最高人民法院《关于民事执行中变更、追加当事人若干问题的规定》，简称《变更追加规定》。

（16）最高人民法院《关于加强和规范人民法院网络司法拍卖工作的意见》（法〔2015〕384号），简称《网拍意见》。

（17）最高人民法院《关于人民法院网络司法拍卖若干问题的规定》（法释〔2016〕18号），简称《网拍规定》。

（18）最高人民法院《关于人民法院民事执行中拍卖、变卖财产的规定》，简称《拍卖变卖规定》。

（19）最高人民法院《关于限制被执行人高消费及有关消费的若干规定》，简称《限高规定》。

（20）最高人民法院《关于审理拒不执行判决、裁定刑事案件适用法律若干问题的解释》，简称《拒执罪解释》。

目 录
CONTENTS

第一章 功夫在"执"前——申请强制执行前的常见问题

第一节 明确、合法——强制执行依据应具备的条件 …………………… 1
   1. 明确——强制执行依据应具备的条件一 …………………………… 1
   2. 合法——强制执行依据应具备的条件二 …………………………… 3

**第二节 结合判决、征询意见——如何处理"内容不明"的强制执行
依据** …………………………………………………………………… 6
   3. "继续履行合同内容不明"如何处理 ………………………………… 6
   4. "执行内容不明"如何处理 …………………………………………… 8

第三节 是否具备可执行性——有关执行确权之诉的思考 ……………… 12
   5. 确权之诉不具有可执行性 ……………………………………………… 12
   6. "解除合同"还需考虑"解除合同"的后果 ………………………… 13

第四节 进退两难——是否主动履行生效判决 …………………………… 16
   7. 主动履行后对方是否仍会申请强制执行 …………………………… 16

第二章 良好开端是成功的一半——强执案件的立案与管辖

第一节 "格式化、清晰"——执行申请书及授权委托书的撰写 ……… 23
   8. 格式化书写——关于申请执行书的撰写 …………………………… 23
   9. 清晰(代理权限和期限)——关于授权委托书的撰写 …………… 26

第二节　申请执行立案的适格主体……29

10. 非案件当事人不能成为申请执行立案的主体……30

第三节　依法管辖——强制执行案件的管辖……33

11. 只能法定管辖——当事人不能以协议的方式约定执行阶段管辖法院……33

12. 关于被执行人财产所在地的认定……35

13. 执行管辖权的转移不等于移送管辖——对《异议和复议规定》第4条的理解……36

第四节　强制执行中的程序性事项……39

14. 什么情况下案件会被委托执行、提级执行、指定执行……39

15. 中止执行与暂缓执行的区别……44

16. 消极执行、乱执行的原因及应对……47

第五节　如何联系执行员及反映诉求……51

17. 执行员联系方式汇总……52

18. 与执行工作人员沟通的注意事项……54

第三章　对付被执行人的"兵器"——强制执行措施解析

第一节　强制执行措施概述……59

19. 何时可启动强制执行措施……60

第二节　直接强制措施……62

20. 查询、冻结、划拨……62

21. 不能划拨的款项……64

22. 保证金能否扣划……66

23. 如何正确地执行到期债权……68

第三节　间接强制措施……76

24. 被限制消费后如何救济……76

25. 一处失信、处处受限……79

26. 如何认识、运用司法拘留……80

27. "工商冻结"与"活封"机动车 …………………………………… 82

28. 迟延履行期间的加倍部分债务利息和迟延履行金 …………… 83

29. 限制出境、执行悬赏、与公安机关联动 ……………………… 84

30. 地方法院"创新型"间接强制措施 …………………………… 86

第四章 执行维权的另外途径——执行和解、执行担保解析

第一节 执行和解解析 …………………………………………… 94

31. 什么是执行和解 ………………………………………………… 94

32. 执行和解注意事项 ……………………………………………… 96

33. 执行和解相关指导案例解析 …………………………………… 99

第二节 执行担保解析 …………………………………………… 106

34. 什么是执行担保 ………………………………………………… 106

35. 执行担保与类似概念的区别 …………………………………… 108

36. 执行担保注意事项及疑点解析 ………………………………… 111

第五章 严格贯彻法定主义——追加被执行人解析

第一节 变更、追加当事人的"正确打开方式" ………………… 118

37. 追加当事人所遵循的理念 ……………………………………… 118

38. 变更、追加当事人的前提条件、形式 ………………………… 119

第二节 容易成功追加被执行人的案件类型 …………………… 122

39. "混缴抽转"——追加股东为被执行人的四字诀 …………… 123

40. 确认"非独立"关系，追加法人（直接执行分支机构的财产） ……………………………………………………………… 128

41. "明确"承诺代为履行 ………………………………………… 129

42. 《变更追加规定》第 22 条和第 25 条的"同"和"不同" …… 131

第三节 追加被执行人的"误区" ………………………………… 135

43. 执行依据确定的被执行人为夫妻一方的，执行中不得裁定追加被执行人的配偶为被执行人 …………………………… 136

44. 财产混同、关联交易，并非追加被执行人的法定理由 …………… 137
45. 不能以实体法上的规定来主张追加被执行人 …………………………… 139

第六章 一锤能否定音？——关于司法拍卖

第一节 司法拍卖的定义及对司法拍卖有异议时的救济 …………… 143
46. 什么是司法拍卖 …………………………………………………………… 143
47. 失信被执行人或者限制消费人员能否参加司法拍卖 …………………… 146
48. 撤销司法拍卖的情形 ……………………………………………………… 148
49. 撤销司法拍卖失败的案例 ………………………………………………… 152

第二节 竞买者视角下的司法拍卖注意事项 …………………………… 156
50. 想清楚 ……………………………………………………………………… 156
51. 看清楚 ……………………………………………………………………… 157
52. 问清楚 ……………………………………………………………………… 160

第三节 强制执行阶段的以物抵债 ……………………………………… 164
53. 以物抵债的定义、相关法规及条件 ……………………………………… 164
54. 以物抵债不得损害其他债权人的利益和公共利益 ……………………… 166

第七章 莫触"红线"——协助执行、涉强制执行犯罪解析

第一节 协助执行解析 ……………………………………………………… 169
55. 协助执行义务人的注意事项 ……………………………………………… 170
56. 执行工作人员的注意事项 ………………………………………………… 173
57. 拒不履行协助义务的后果 ………………………………………………… 174
58. 对协助执行有异议时如何救济 …………………………………………… 175

第二节 拒不执行判决、裁定罪解析 …………………………………… 179
59. "有能力执行而拒不执行"的起算时间 ………………………………… 180
60. 如何理解"致使判决、裁定无法执行"及"致使执行工作无法进行" ………………………………………………………………… 181
61. 相关案例解析 ……………………………………………………………… 182

第三节　非法处置查封、扣押、冻结的财产罪等罪解析 …… 187

62. 对妨害公务罪的解析 …… 187

63. 对非法处置查封、扣押、冻结的财产罪的解析 …… 189

64. 对虚假诉讼罪的解析 …… 191

第八章　分"蛋糕"中有讲究——执行案款的发放、计算与分配

第一节　执行案款的发放 …… 197

65. 什么是"一案一账号" …… 198

第二节　被执行人分次履行债务时的清偿 …… 200

66. 金钱债务、一般债务利息等概念的定义及有关清偿顺序的相关规定 …… 201

67. 一般民事债权和费用的清偿顺序 …… 205

68. 一般民事债权与加倍部分利息的清偿顺序 …… 208

第三节　参与分配时的清偿 …… 211

69. 什么是执行参与分配制度 …… 211

70. 参与分配的截止日期 …… 213

71. 采取财产保全措施的申请执行人能否多分财产 …… 216

72. 优先受偿范围的确定 …… 218

73. 如何区别执行行为异议和执行分配方案异议 …… 219

74. 被执行人为法人时，相关债权人能否通过执行分配方案异议之诉进行救济 …… 220

第九章　案结事了、理性看执行不能——执行案件结案常见问题

第一节　各种结案方式解析 …… 225

75. 执行完毕不一定需出具书面结案通知 …… 225

76. 撤销执行申请与撤回执行申请的异同 …… 226

77. 销案、不予执行、驳回申请的区别 …… 228

78. 可通过执行异议等方式对结案方式提出异议 …… 230

第二节　终结本次执行程序常见问题解析 ……………………… 232

79. "终结本次执行程序"不同于"终结执行" ………………… 233
80. 终结本次执行程序的条件 …………………………………… 234
81. 区分执行不能与执行不力 …………………………………… 236

▎第十章　对错误执行的救济——执行监督、检察监督与执行回转▎

第一节　执行监督解析 …………………………………………… 240

82. 什么是执行监督 ……………………………………………… 241
83. 执行监督案件流程 …………………………………………… 242
84. 当前执行监督存在的问题 …………………………………… 244

第二节　民事执行检察监督解析 ………………………………… 248

85. 民事执行检察监督的"前世今生" ………………………… 248
86. 民事执行检察监督案件流程及特点 ………………………… 249
87. 最高人民检察院发布的执行活动法律监督典型案例解析 … 251

第三节　执行回转解析 …………………………………………… 254

88. 什么是执行回转 ……………………………………………… 254
89. 执行回转的条件及范围 ……………………………………… 256
90. 对执行错误进行国家赔偿 …………………………………… 258

后　记 ……………………………………………………………… 265

第一章 功夫在"执"前——申请强制执行前的常见问题

第一节 明确、合法——强制执行依据应具备的条件

强制执行依据,包括判决书、调解书、仲裁裁决等,无论是哪种类型的文书,正所谓"万变不离其宗",都有应当共同具备的条件,具体来说就是"明确、合法"两点。

1. 明确——强制执行依据应具备的条件一

对于该点要求,现行司法解释中已有明确要求。《执行工作规定》第16条规定,人民法院受理执行案件应当符合下列条件:……(3)申请执行的法律文书有给付内容,且执行标的和被执行人明确。《民诉法解释》第463条规定,当事人申请人民法院执行的生效法律文书应当具备下列条件:(1)权利义务主体明确;(2)给付内容明确。

可以看出,《民诉法解释》第463条规定是对《执行工作规定》第18条规定的"升级",《执行工作规定》第18条规定仅要求"被执行人"明确,而《民诉法解释》第463条要求做到"权利义务主体明确"(同时包含申请执行人和被执行人),事实上,在强制执行依据中所确定的权利主体出现变动(如涉案债权转让、权利主体死亡,需要等待继承人继承权利或者承担义务)的情况下,权利主体的确认就显得更为重要。

关于"给付内容明确",笔者认为,给付内容是指发生法律效力的法律

文书必须具有义务人给付权利人某种财物、为或不为一定行为的内容。此处的"明确"是指相应的"给付内容"的数量或者范围是通过文字或者一定计算方式清晰界定的。至于《执行工作规定》中提及的"执行标的明确",并没有在《民诉法解释》中得到延续,笔者认为,执行标的即执行对象(如被执行人名下的银行存款、机动车、不动产),要求申请执行人在申请强制执行时对被执行人名下财产做到"一清二楚"显然是勉为其难。故该部分内容在《民诉法解释》中未能延续。因此,此处的"明确"包含两部分内容,即权利义务主体明确、给付内容明确。

案例1　令执行员无从着手的"竣工验收相关资料"

　　甲为一家房地产公司,在取得一地块的使用权后,将一期住宅地产项目建设承包给乙承建。房屋封顶后,双方对实际工程价款发生争议(甲认为足额付款,乙认为相差数千万元之巨),于是乙拒绝配合甲进行工程竣工验收,直接导致一期购房者迟迟无法入住该小区(该住宅小区二期开工晚于一期,不同施工方承建,其竣工购房者入住之时,一期购房者仍未入住)。于是,甲以要求乙配合竣工验收为由诉乙至法院。案件审理中双方达成调解,调解书主文如下:乙于本调解书生效后10日内配合甲进行涉案工程的竣工验收,并向甲提供竣工验收所需的相关资料。双方当庭签收该调解书。文书生效后的第9日,甲组织竣工验收,但乙并未到场。甲遂申请强制执行。该案执行耗时半年之久,以执行案件承办人另寻评估机构出具鉴定报告代替"相关资料",联动当地住建委组织竣工验收通过的方式办结案件。

　　之所以出现另寻评估机构出具鉴定报告代替"相关资料"的做法,直接原因就是调解书主文给付内容"不够明确"。何为竣工验收的"相关资料"并未明确。承办法官认为此处留下一个比较宽泛的概念,执行中比较有回旋余地,但这恰恰给执行带去了困难,令执行员无从着手。本案如在调解书后以附件形式明确具体的相关资料,执行工作当能事半功倍。

2. 合法——强制执行依据应具备的条件二

"合法合规是不可逾越的生命线",如果"明确"是强制执行依据的具体内容的要求,那么"合法"则是强制执行依据的"底线要求"。如果不符合"合法"这一要求,律师轻则背负罚款、行业处分的法律责任,重则面临被追究刑事责任的局面。

笔者认为,律师在案件办理过程中,一方面,应当保持足够的敏感性。尤其在调解时(包括审理过程中法院主持的调解、确认人民调解协议之诉等)仍应当保持足够的谨慎,切莫因案件调解能够结案而高兴得过早。

《民诉法》第96条规定,法院在事实清楚的基础上,分清是非,进行调解。第99条规定,调解协议的内容不得违反法律规定。第115条规定,当事人之间恶意串通,企图通过诉讼、调解等方式侵害他人合法权益的,人民法院应当驳回其请求,并根据情节轻重予以罚款、拘留;构成犯罪的,依法追究刑事责任。

同时,《民诉法解释》中也对调解的合法性作出了具体要求,第144条规定当事人不得恶意串通,通过调解的方式侵害他人权益。最高人民法院《关于防范和制裁虚假诉讼的指导意见》(法发〔2016〕13号)第7条规定,要加强对调解协议的审查力度。对双方主动达成调解协议并申请人民法院出具调解书的,应当结合案件基础事实,注重审查调解协议是否损害国家利益、社会公共利益或者案外人的合法权益……第8条规定,在执行公证债权文书和仲裁裁决书、调解书等法律文书过程中,对可能存在双方恶意串通、虚构事实的,要加大实质审查力度,注重审查相关法律文书是否损害国家利益、社会公共利益或案外人的合法权益。……

另一方面,律师切莫"以身试法",故意参与虚假诉讼或者协助当事人恶意规避执行。目前,"虚假诉讼"已入刑,司法部门在对律师故意参与虚假诉讼案件的惩罚上保持高压态势。

案例 2　为 3000 元代理费，律师参与协助逃避强制执行获刑

委托人郑某某与他人民事纠纷被法院查封房产，为逃避判决执行，经律师林某某授意，郑某某多次通过银行转账、取现、再转账的方式，形成郑某某向蒋某某借款人民币 112 万元的银行流水，并出具了虚假借条。之后向法院起诉并获得了民事调解书，后执行法院作出《执行款分配方案通知》，确认经评估拍卖相关房产蒋某某可参与分配执行款金额为 376 512.05 元。后因检察机关介入调查，最终林某某因犯虚假诉讼罪，被判处有期徒刑 9 个月，缓刑 1 年，并处罚金 5000 元。据了解，上述案例中，代理律师收取当事人律师费 3000 元。[1]

案例 3　明知故犯，代理虚假诉讼被刑拘

关于赵某某律师干扰诉讼活动正常进行一案，经杭州市司法局查明，2016 年 5 月至 9 月，赵某某明知黄某、奚某与罗某某（均已判刑）等人之间无真实借贷关系，双方系利用浙 A 车牌限牌的时机，通过捏造虚假借贷事实，使得原本低价的车辆进入司法拍卖程序从而获得高额利润，仍通过提起虚假诉讼的原告黄某、奚某介绍，作为被告罗某某等人的诉讼代理人参与虚假诉讼共计 13 起。其间，赵某某律师私自收取原告黄某、奚某支付的上述 13 起案件的代理费共计 19 500 元，扣留 8900 元后于 2016 年 6 月 29 日至 2016 年 8 月 10 日分别上缴浙江天晟律师事务所律师费共 10 600 元，浙江天晟律师事务所出具了 13 张收款收据。2017 年 1 月 17 日，赵某某被杭州市公安局临安区分局刑事拘留，同年 2 月 16 日被杭州市公安局临安区分局决定取保候审。2017 年 8 月 30 日，临安区人民法院以虚假诉讼罪对黄某、奚某及罗某某等人作出刑事判决。2018 年 6 月 4 日，临安区人民检察院认为赵某某实施了《刑法》第 307 条第 1 款虚假诉讼罪的犯罪行为，但因在共同犯罪中系从犯，且自愿认罪，犯罪情节轻微，可以免予刑事处罚，根据《刑事诉讼法》第 173 条第 2 款的规定，对赵某某作出不起诉的决定[2]（该案例为 2019

---

[1] 参见福州市中级人民法院刑事判决书，（2017）闽 01 刑终 864 号。
[2] 参见纪律部：《杭州市律师协会处分决定书（杭律处字〔2019〕2 号）》，载杭州律师 2019 年 3 月 5 日，http：//www.hzlawyer.net/news/detail.php? id = 18636。

年全国律协通报惩戒典型案例)。

当然,除了"明确、合法"之外,强制执行依据还应当具备其他一些条件,如"生效",强制执行依据属生效法律文书,这是强制执行依据应有之义。较之"明确、合法",该条件几乎为法律人所共知,此处不再赘述。

实务经验

1. 严守合规底线。代理民事案件,可能背负刑事责任。这并非天方夜谭,而是近年频现的真实案例。对于律师而言,在掌握专业技能的同时,对虚假诉讼构成要件、表现形式等进行学习研究,了解掌握法院、检察院、律协等机构通报的虚假诉讼典型案例,笔者认为这些对律师做好自我保护、延长职业生涯大有裨益。

2. 避免模糊地带。笔者建议,律师在参与确定调解书主文内容时(同样适用于诉状中提出具体诉求),尽量避免使用"有关""相关"这样的词语,如涉及"有关资料"较多,可考虑在诉状、执行申请书及调解书末尾部分用附件形式将"有关资料"具体所指一一列明。

相关规定

最高人民法院执行工作办公室《关于以判决主文或判决理由作为执行依据的请示的复函》([2004]执他字第19号)

辽宁省高级人民法院:

你院[2003]辽执监字第157号《关于营口市鲅鱼圈区海星建筑工程公司与营口东方外国语专修学校建筑工程欠款纠纷执行一案的疑请报告》收悉,经研究,答复如下:

同意你院审判委员会少数人意见。判决主文是人民法院就当事人的诉讼请求作出的结论,而判决书中的"本院认为"部分,是人民法院就认定的案件事实和判决理由所作的叙述,其本身并不构成判项的内容。人民法院强调执行只能依据生效判决的主文,而"本院认为"部分不能作为执行依据。但在具体处理上,你院可根据本案的实际情况,依法保护各方当事人的合法权益。

第二节 结合判决、征询意见——如何处理"内容不明"的强制执行依据

3. "继续履行合同内容不明"如何处理

笔者以"继续履行"为关键词在中国裁判文书网搜索,可以搜索到很多以"继续履行××合同""继续履行双方签订的……"为主文的判决。笔者注意到,此类判决对如何继续履行、继续履行的内容等则往往语焉不详甚至不曾提及。由于当事人立场、利益诉求不同,往往在判后履行过程中及强制执行中对继续内容产生不同看法。对此问题,不仅执行部门与审判部门之间存在分歧,两个部门的各自内部也有不同看法。[①]

"继续履行内容不明"是"执行内容不明"中的典型问题。对此,最高人民法院曾在诸多会议及司法文件中对此有过表态。在2013年全国高级法院执行局长工作会上,对"继续履行合同"问题即有所涉及,会议提到有的继续履行内容比较复杂,执行内容较难以确定。对此,强制执行部门可以结合合同条款,在充分听取当事人意见的基础上,确定具体的执行内容;执行内容确实无法确定或当事人双方存在较大分歧的,也可以考虑提请做出判决的审判庭予以解释。

《民诉法解释》第463条对此也有明确规定:法律文书确定继续履行合同的,应当明确继续履行的具体内容。《立案审判执行工作协调运行的意见》对此再做强调,第11条要求继续履行合同的,应当明确当事人继续履行合同的内容、方式等。

然而,在针对仲裁裁决出现"继续履行内容不明"时,最高人民法院的

[①] 参见黄金龙、葛洪涛:《继续履行合同类判决的执行问题》,载《法律适用》2011年第12期。

态度"非常果断、明确",最高人民法院《关于办理仲裁裁决执行案件若干问题的规定》第 3 条规定,仲裁裁决或者仲裁调解书仅确定继续履行合同,但对继续履行的权利义务,以及履行的方式、期限等具体内容不明确,导致无法执行的,依照前款规定处理(裁定驳回执行申请)。

案例 4 继续履行确有事实或法律上的障碍不能执行,应当努力促成执行和解,如和解不成,应告知当事人可以另行提起诉讼

上海枫丹丽舍房地产开发有限公司与上海华夏文化旅游区开发有限公司土地使用权转让合同纠纷中,最高人民法院二审判决有如下论述:《城市房地产管理法》第 38 条的立法目的不是鼓励有违诚实信用的行为,该条规定也不能成为当事人单方违约的理由,华夏文化旅游区开发有限公司一方面收取了对方的土地转让金,享受了合同带给其的利益,另一方面非但不履行应尽的合同义务,反而以自身违约行为造成的土地未能达到过户条件之结果作为抗辩事由主张合同无效,违反诚实信用原则,法院对此不予支持。在华夏文化旅游区开发有限公司和枫丹丽舍房地产开发有限公司没有申请办理讼争地块土地使用权过户的情况下,讼争地块是否具备转让条件及能否过户等,属于合同履行问题,与合同效力无关。[①] 最高人民法院判决原被告继续履行双方签订的土地使用权转让合同。强制执行中,因对继续履行内容发生争议。上海市高级人民法院就此请示最高人民法院,最高人民法院的意见为该案继续履行合同的具体内容是使涉案土地达到《城市房地产管理法》规定的过户条件及办理土地使用权的过户手续。用足法律规定的各种强制执行措施促使被执行人履行使土地达到法定过户条件的义务。若确有事实上或法律上的障碍不能执行,应当努力促成执行和解,和解不成,应当告知当事人可以另行提起诉讼。

本案中最高人民法院的意见,是最高人民法院就此案给上海市高级人民法院的回复(文号为 [2009] 执监字第 217 号,详见本节末"相关规定")。

《立案结案意见》第 20 条规定,执行实施案件立案后,经审查发现不符

[①] 参见最高人民法院民事判决书,(2006)民一终字第 57 号。

合《执行工作规定》第 18 条规定的受理条件，裁定驳回申请的，以"驳回申请"方式结案。结合《民诉法解释》第 436 条，笔者认为对于继续履行的具体内容并不明确的执行申请，法院可以驳回执行申请或者尝试促成执行和解。当然驳回执行申请并不意味着当事人"无路可走"，可以选择通过另诉继续维权。

4. "执行内容不明"如何处理

"执行内容不明时"如何处理？在相关规定出台之前，这是一个不同法院、不同法官之间各有做法的问题。概括起来，大致有以下做法：（1）征询当事人意见（如当事人达成一致，按照形成的一致意见执行）；（2）征询审判庭意见；（3）部门合议或者请示上级法院。

因主观认识不同以及审判、执行、代理律师所遵循的理念不同，出现是否具备强制执行条件、给付内容是否明确的争议是在所难免的。尤其是在遭遇执行员以执行依据不具备执行内容，以"驳回申请"结案时，律师更应仔细研读相应判决，依据相关规定寻求救济。

最高人民法院《〈关于"岩矿归原告经营"的判决能否执行及如何执行的请示〉的复函》（[2014]执他字第 35 号）曾对此问题有过表态：必要时，应结合执行依据的其他部分，比如判决书的说理、当事人诉讼请求等内容综合判断。

一些地方法院也对此进行了探索，江苏省高级人民法院 2017 年出台的《关于执行内容不明确如何执行有关问题的通知》就是一个很好的例子。该通知的内容主要包括：（1）内容不明时，尽量当事人自行协商确定；（2）如事实认定、论述部分已对给付内容明确，视为执行内容明确；（3）确属执行内容不明，裁定驳回起诉，同时向当事人释明可另行起诉。

《立案审判执行工作协调运行的意见》对此问题进行了角度更宽广的规制。分别从"审判"与"执行"角度入手，该意见第 11 条对判决书涉及具体事项（如给付金钱、继续履行）时"具体明确"的标准进行了说明；第

15条则对遇执行内容不明时执行部门处理流程进行了规定（视情况征询审判部门意见或层报院长督促答复）。

本节的标题"结合判决，征询意见"是笔者在综合上述规定的基础上得出。"结合判决"是指律师在遇法院认为执行内容不明时，应将执行依据主文结合事实认定、论理部分以及涉案合同综合分析；"征询意见"是指征询当事人双方以及审判庭的意见。

案例5 执行内容不明时，结合判决书说理、当事人诉求、查明事实等内容对执行内容综合判断

某能源类国企（原告）与其投资的民营企业（被告）之间的追偿权纠纷，法院判决原告有权以被告持有的第三人公司拍卖、变卖所得价款在代偿款范围内优先受偿。判决生效后原告申请执行，执行员告知该判决主文无执行内容，欲驳回申请。

对此，承办律师据理力争，坚持认为该判决主文具备执行内容，如不明确，当结合原告诉求、法院论理部分进行综合判断或征询审判庭意见，而不仅仅是一推了事。该判决书中，原告诉求为依法处置被告质押给原告的××公司的股权。用所得价款优先向原告偿还反担保债务人民币及利息损失，法院认为原告对被告的质权已设立，被告理应按照合同约定向原告履行反担保责任并承担实现债权的产生的保全费等，故原告诉请处置被告持有的第三人公司拍卖、变卖所得价款并优先受偿反担保债务，应予支持。通过结合诉求、律师意见、判决主文三部分内容，可以认定判决是有给付内容的。最终法院采纳了代理律师意见，案件目前正在执行中。

无论是此处的案例5还是前文提到的案例1，上述案例都折射出审判部门与执行部门之间缺少沟通的现实。笔者对此也有感触，笔者曾先后在审判庭和执行局工作，由于实行"立审执"内部分离，跨部门流动较少，出现此类可执行性不明的文书并不奇怪。

实务经验

1. 律师在代理继续履行合同类的案件时或者就此类诉求参与调解时，应

尽量在设计诉求时即细致化或者在庭审过程中予以明确，全面考虑继续履行内容、期限以及违约责任等内容。

2. 如法院以执行内容不明驳回执行申请，律师应综合考虑，选择最符合当事人利益的救济路径，另诉或就驳回申请提出复议。

相关规定

1. 最高人民法院《关于继续履行同类合同判决的执行问题的复函》（〔2009〕执监字第217号）

上海市高级人民法院：

关于上海枫丹丽舍房地产开发有限公司（下称枫丹公司）申请执行本院（2006年）民一终字第57号判决确定的继续履行土地使用权转让合同义务一案，经研究并报审判委员会讨论，现提出如下意见：

一、你院在本案执行过程中未采取法律规定的强制执行措施，（2007）沪高法执字第17-3号裁定终结本次执行程序依据的事实与理由不充分，本案由你院继续执行。

二、依据判决，本案中上海华夏文化旅游区开发有限公司（下称华夏公司）继续履行合同的具体内容，是使涉案土地达到《城市房地产管理法》规定的过户条件及办理土地使用权的过户手续。你院应当认真核查涉案土地状况，在确保枫丹公司履行相应合同义务的前提下，对已符合《城市房地产管理法》规定过户条件的地块，应直接裁定将土地使用权过户给枫丹公司，并通知土地管理部门协助办理过户手续；对于不具备法定过户条件的地块，应当用足法律规定的各种强制执行措施促使华夏公司履行使土地达到法定过户条件的义务。

三、如果本案确实存在事实上或法律上的障碍不能执行，应当努力促成执行和解。如果和解不成，应当告知当事人可以另行提起诉讼。

2. 最高人民法院执行工作办公室《关于确定外资企业清算的裁决执行问题的复函》（〔2002〕执他字第11号）

广东省高级人民法院：

你院〔2001〕粤高法执监字第288号《关于是否受理澳大利亚庄臣有限

公司依仲裁裁决申请执行广州金城房地产股份有限公司一案的请示报告》收悉。经研究，答复如下：

一、根据你院报告反映的情况，未发现本案仲裁裁决存在民事诉讼法第二百六十条规定的不予执行事由。

二、本案仲裁裁决主文（裁决项）要求进行的清算属于给付内容。只是根据现行司法解释和行政法规的规定，人民法院不主管对合营企业的清算，当事人不能自行清算的，由企业审批机关组织特别清算。因裁决主文明确指引清算以理由部分［仲裁庭的意见（三）］确定的原则进行，因此，本案裁决主文应当与理由联系起来理解，理由部分所述内容应当理解为构成裁决主文的一部分，其中关于清算后按比例分配资产的要求，也是给付内容，但具体给付数额需要根据清算结果确定。

三、本案中企业审批机关组织了特别清算。对于清算结果的依法确认问题，同意你院关于仲裁委秘书处无权代表仲裁庭对清算结果进行确认的意见，同时本案中仲裁委秘书处实际上并未真正确认清算结果。但清算委员会的清算报告经过审批机关确认后，在利害关系人没有明确异议的情况下，应当视为是确定的、有效的。该清算的结果使裁决中按比例分配资产的内容在具体分配数额方面得以明确。

四、为了维护生效裁判文书的权威性，维护清算的法律秩序和经济秩序，人民法院应当在适当的条件下，以强制力保障根据法院判决或者仲裁裁决所作的清算的依法进行和清算结果的实现。对本案中已经因清算结果而进一步明确的按比例分配资产的裁决内容，应当予以执行。

五、执行中应当注意，如果利害关系人对清算结果依法提出了异议，并启动了相应的行政或司法程序，执行法院对其争议的财产或其相应的数额应当暂时不予处理。

第三节　是否具备可执行性——有关执行确权之诉的思考

5. 确权之诉不具有可执行性

确权之诉，是指原告请求法院确认自己与被告之间存在某种法律关系。关于可执行性，笔者认为，指具备通过强制执行程序实现生效法律文书裁判结果的资质。虽然没有法律明文规定确权之诉不能执行，但是结合实务主流观点以及《执行工作规定》第18条、《民诉法解释》第436条的规定，不难得出"确权之诉不具有可执行性"这个结论。

这里有必要提及一下给付之诉。所谓给付之诉是指一方当事人请求法院判令对方当事人向自己履行一定给付义务的诉讼。确权之诉与给付之诉的区别主要表现在：（1）给付之诉的显著特点就是具有可执行性，原告的给付请求权只有通过被告方的积极作为或不作为才能得以实现，而在确认之诉中，无须被告为一定行为，原告的请求即得以实现。（2）确认之诉中的确认具有独立的法律意义；而在给付之诉中，确认当事人之间是否存在某种民事法律关系，只是法院作出裁判的前提，不具有独立的法律意义。（3）确认之诉必须是双方当事人只对民事法律关系是否存在发生争议，才可以提起，而给付之诉中，并不以双方当事人对民事法律关系是否存在发生争议为必然前提，只是要求被告履行一定义务。[①]

确权之诉的这种不可执行性，使法院作为化解矛盾、实现定分止争的机关，在直面并不具备法律专业知识的当事人时，往往需要承受很大压力，不易得到当事人的理解。这种矛盾在处理婚姻家事纠纷类执行案件时表现得尤其明显。当事人在通过长时间的等待后拿到胜诉判决（比如法院判决涉案房

[①] 参见王剑：《浅析确认之诉判决的可执行性》，载中国法院网2005年8月29日，https://www.chinacourt.org/article/detail/2005/08/id/176280.shtml。

屋归其所有）要求对方腾房时却发现法院无法实现其诉求，往往难以认同法院的释明，继而通过投诉、上访甚至其他过激方式来表达自身的失望、不满，着实让执行员头疼。

笔者曾亲历过一起离婚纠纷的执行。女方申请离婚，法院判决双方离婚、婚后购置房产归女方所有，但该套房产被男方及男方父亲实际占据并居住。后女方申请执行，法院在释明"确权之诉"不具有可执行性后女方撤回执行申请。但之后女方并没有按法官释明的去提起排除妨害纠纷要求对方腾退，而是直接去该处房屋内找男方理论，再也没有出来过。

有关此类涉婚姻家事"确权之诉"的执行问题属于普遍性的问题，如何处理好理论与实际情况之间的矛盾，亟待司法部门出台更智慧的方案来解决。

确权之诉除了不具备可执行性之外，笔者认为在这还有必要提及确权之诉也不具备阻止强制执行的效果。笔者正在办理的一起执行监督案件，某民营企业家被追加为被执行人，提出异议和复议无果，眼看法院将要拍卖其名下房产，让其亲弟以原告名义要求确认涉案房屋是其亲弟所有。该民营企业家的思路，在《执行权配置运行意见》出台后即已失去作用，该意见第26条规定：审判机构在审理确权诉讼时，应当查询所要确权的财产权属状况，发现已经被执行局查封、扣押、冻结的，应当中止审理；当事人诉请确权的财产被执行局处置的，应当撤销确权案件；在执行局查封、扣押、冻结后确权的，应当撤销确权判决或者调解书。

该起案件中，如该企业家名下房产确属其亲弟，则应以其亲弟之名提起案外人执行异议（执行异议之诉）来维权。

6. "解除合同"还需考虑"解除合同"的后果

目前学界对"解除合同"属于"确权之诉"还是"形成之诉"尚有争论。笔者不对此进行探讨，事实上，无论是形成之诉还是确权之诉，都不具备可执行性。笔者通过下述案例是要说明"解除合同要考虑下一步"。其实，对主张解除合同的当事人而言，合同被解除从来不是目的，解除合同后回到

"互不相欠"的状态才是当事人想要的结果。

案例6　合同解除未提赔偿，企业深陷经营困局

一起建设用地使用权转让纠纷中，买受人（房地产公司）在支付巨额土地款后，土地因各种原因长时间不具备"四通一平"条件（通电、通水、道路、通信、场地平整），买受人起诉要求解除合同，诉求得到支持。判决生效后由于法院认为该判决不具备可执行性（无可供执行的内容），买受人后与对方沟通要求退钱，但是具体退款数额却无定论。是本金？还是本金＋利息？抑或是本金＋利息＋预期收益？判决书未涉及（原告诉讼中也未提出该诉求），导致原告在与政府谈判时，双方站在各自角度就此长时间磋商无进展，事情搁置无果，难以达成一致。买受人损失惨重，因巨额资金投入该地块而无法回收，导致公司整体经营十分惨淡、陷入僵局。

本案例中，代理律师如能"多想一步"，在提出解除诉求之时即一并解决"解除后果"的问题，则当事人在后期维权时不至如此被动。

类似的情况还有房屋确权之诉，如借名买房类的纠纷（此类纠纷常见有限购政策的大城市），针对借名人针对登记人提起的确权之诉（一旦确权成功，后续就会涉及过户问题），北京市高级人民法院《关于审理房屋买卖合同纠纷案件若干疑难问题的会议纪要》中指出：借名人以登记人为被告提起诉讼，要求确认房屋归其所有的，法院应当向其释明，告知其可以提起合同之诉，要求出名人为其办理房屋过户登记手续。

从上述规定可看出，法院应当是意识到了实践当中此类确权之诉不具可执行性的问题，为减轻当事人诉累及自身审判压力，因此规定了针对此类纠纷的法官释明义务。

实务经验

1. 律师代理确权之诉类的案件，尤其是涉及婚姻家事类的，一定要向客户做好释明工作并做好书面记录，并让客户签署诉讼风险告知书。

2. 律师在为客户设计诉讼方案时，一定要考虑将来法律文书的可执行性的问题。如需通过多起诉讼来实现目的，一定要提前向客户做好释明。

第一章 功夫在"执"前——申请强制执行前的常见问题

相关规定

1. 《审理执行异议之诉案件疑难问题解答》(〔2011〕浙高法审监字第2号)(部分)

十一、执行过程中,案外人只能提起执行异议之诉,还是也可以提起确权之诉?

按照《民事诉讼法》第二百零四条,最高人民法院《关于依法制裁规避执行行为的若干意见》第9条、第11条,最高人民法院《关于执行权合理配置和科学运行的若干意见》第26条及本院《指导意见》第三条的规定,执行过程中,案外人就执行标的向执行法院或者其他法院另行提起确权之诉,人民法院均应不予受理;案件已经受理的,应当驳回起诉,同时,可告知案外人另行向执行法院提起案外人执行异议之诉。

案外人另行向执行法院之外的其他法院起诉,并取得生效裁判文书将已被执行法院查封、扣押、冻结的财产确权或者分割给案外人,执行法院认为该生效裁判文书系恶意串通规避执行损害执行债权人利益的,可以向作出该裁判文书的人民法院或者其上级人民法院提出书面建议,有关法院应当依照《民事诉讼法》和有关司法解释的规定决定再审。

2. 江苏省高级人民法院《关于执行疑难若干问题的解答》(部分)

4. 确权之诉和案外人异议的关系

答:依据《关于执行权合理配置和科学运行的若干意见》第二十六条的规定,对执行法院已经采取执行措施的财产,案外人不能另行通过确权之诉解决,只能先提出案外人异议,不服案外人异议裁决后再向执行法院提起异议之诉。确权之诉不能代替异议之诉。案外人在异议之诉中可以同时提起确权之诉,与异议之诉合并审理。执行法院采取执行措施前,债务人与案外人对该财产另案进行确权之诉的,如债权人没有参加诉讼,且债权人提供了案外人与债务人恶意串通进行虚假诉讼规避执行的初步证据的,在对财产保全之后,该确权诉讼应当中止审理,案外人应当依据民诉法第二百二十七条提出异议,已中止的确权之诉可以并入案外人异议之诉处理。

对执行法院已经采取执行措施的财产,参照《关于执行权合理配置和科

· 15 ·

学运行的若干意见》第二十六条的规定,案外人也不能通过仲裁确权来对抗执行,案外人只能依据民诉法第二百二十七条规定的案外人异议和案外人异议之诉进行抗辩。

第四节 进退两难——是否主动履行生效判决

7. 主动履行后对方是否仍会申请强制执行

主动提前履行生效法律文书所确定的义务,应该是各方当事人(尤其是胜诉后的原告)、法院都乐见其成的一件事。但如提前主动履行后仍未"案结事了",则不免让人感到奇怪。最近有同事就与笔者探讨了这样一个问题,案情是他的客户在拿到败诉判决后,主动按照判决履行了自身义务,对方也已收到相应案款。然而对方在收到相应款项后仍向法院申请执行,法院随即冻结了被执行人的存款、房产等资产,该被执行人找到承办执行员反映情况无果。此类情况,笔者亦是第一次遇见,和数名执行员探讨后,大家意见不一,有的认为这个问题应当由执行员查明事实后自行处理,有的认为该被执行人应当通过提出执行异议来解决问题。

对于上述情况,笔者认为分为两种情况:

一种情况是确实履行完毕,申请人对此也表示认可的,法院可以结案。至于具体结案方式,具体操作中略有差异。有的法院以"申请强制执行前已履行完毕为由,向我院提出撤销执行申请书,依照《民诉法》第二百五十七条(一)项之规定,裁定如下:终结高碑店市人民法院作出的(2019)冀0684民初3412号民事判决书的执行"[①](终结执行)。有的法院以"被执行人深圳市千语世纪文化传播有限公司在申请人谢君申请强制执行前已履行完毕生效法律文书所确定的付款义务。本院认为,深劳人仲案[2016]3203

---

① 参见高碑店市人民法院执行裁定,(2020)冀0684执478号。

号仲裁调解书确定的被执行人负担的义务已经执行完毕。依照最高院《关于人民法院执行工作若干问题的规定（试行）》第108条第（1）项的规定，现通知如下：本院（2016）粤0305执2467号案件执行完毕，予以结案"①（执行完毕）。

上述两种结案方式对当事人利益并无实质性影响。如申请执行人因对方提前履行提出撤销执行申请的，以"终结执行"方式结案，如虽然认可对方已履行，但是未提出撤销申请的，可以"执行完毕"方式结案。

另一种情况则令已履行判决书确定义务（或者判决生效后申请执行前达成和解协议、审理过程中达成和解协议）的当事人比较困扰，即如果对方当事人不认可已履行完毕，这种情况如何处理？且看下述案例。

案例7　对方不认可案外和解协议已履行完毕并申请强执，被执行人可提执行异议

安徽省滁州市建筑安装股份有限公司（以下简称滁州建安公司）与湖北省追日电气股份有限公司（以下简称追日电气公司）建设工程施工合同纠纷一案，（2015）青民一初字第36号民事判决：（1）追日电气公司于本判决生效后10日内给付滁州建安公司工程款1405.025 33万元及相应利息；（2）追日电气公司于本判决生效后10日内给付滁州建安公司律师代理费24万元。后追日电气公司不服，向最高人民法院提起上诉。

二审期间，追日电气公司与滁州建安公司于2016年9月约定："1.追日电气公司在青海高院一审判决书范围内承担总金额463.3万元，其中1）合同内本金413万元；2）受理费11.4万元；3）鉴定费14.9万元；4）律师费24万元。……3.滁州建安公司同意在本协议签订后七个工作日内申请青海高院解除对追日电气公司全部银行账户的查封，解冻后三日内由追日电气公司支付上述约定的463.3万元，至此追日电气公司与滁州建安公司所有帐务结清，双方至此不再有任何经济纠纷。"和解协议签订后，追日电气公司于2016年10月向滁州建安青海分公司支付了412.880 667万元，滁州建安青海

---

① 深圳市南山区人民法院执行通知，（2016）粤0305执2467号。

分公司开具了一张413万元的收据。2016年10月24日，滁州建安青海分公司出具了一份《情况说明》，要求追日电气公司将诉讼费、鉴定费、律师费共计50.3万元支付至程某男名下。后为开具发票，追日电气公司与程某男、王某刚、何某倒签了一份标的额为50万元的工程施工合同，追日电气公司于2016年11月23日向王某刚支付40万元、2017年7月18日向王某刚支付了10万元，青海省共和县国家税务局代开了一张50万元的发票。

后滁州建安公司于2017年12月25日向青海省高级人民法院申请强制执行。青海省高级人民法院于2018年1月4日作出（2017）青执108号执行裁定：查封、扣押、冻结被执行人追日电气公司所有的人民币1000万元或相应价值的财产。实际冻结了追日电气公司3个银行账户内的存款共计126.605118万元，并向追日电气公司送达了（2017）青执108号执行通知书及（2017）青执108号执行裁定。

追日电气公司不服青海省高级人民法院上述执行裁定，向该院提出书面异议。异议称：双方于2016年9月27日协商签订《和解协议书》，现追日电气公司已完全履行了上述协议约定的全部义务。现滁州建安公司以协议的签字人王某刚没有代理权而否定《和解协议书》的效力，提出强制执行申请的理由明显不能成立，并违反诚实信用原则，青海省高级人民法院作出的执行裁定应当撤销。为此，青海省高级人民法院作出（2017）青执异18号执行裁定，撤销该院（2017）青执108号执行裁定。申请执行人滁州建安公司不服，向最高人民法院提出了复议申请。主要理由是：案涉《和解协议书》的签字人为"王某刚"，其无权代理滁州建安公司签订该协议，该协议应为无效；追日电气公司亦未按《和解协议书》履行付款义务；追日电气公司提出的《和解协议书》亦不是在执行阶段达成的，若其认为《和解协议书》有效，一审判决不应再履行，应申请再审或另案起诉处理。

青海省高级人民法院于2018年作出（2017）青执异18号执行裁定，撤销该院（2017）青执108号执行裁定。滁州建安公司不服，向最高人民法院申请复议。最高人民法院于2019年3月作出（2018）最高法执复88号执行裁定，驳回滁州建安公司的复议请求，维持青海省高级人民法院（2017）青执异18号执行裁定。

第一章 功夫在"执"前——申请强制执行前的常见问题

最高人民法院认为，追日电气公司以当事人自行达成的《和解协议书》已履行完毕为由提出执行异议的，人民法院可以参照《执行和解规定》第 19 条（和解协议履行完毕的，裁定终结原生效法律文书的执行）的规定对和解协议的效力及履行情况进行审查，进而确定是否终结执行。根据《执行和解规定》第 15 条（执行和解协议履行完毕，申请执行人因被执行人迟延履行、瑕疵履行遭受损害的，可以向执行法院另行提起诉讼）的规定，若滁州建安公司认为追日电气公司延期付款对其造成损害，可另行提起诉讼解决，而不能仅以此为由申请执行一审判决。①

根据笔者梳理，发现最高人民法院对此类纠纷的观点"始终如一"，即申请执行前达成的和解协议并不当然影响债权人申请强制执行的权利，但如发现和解协议已履行完毕的，不应再进行强制执行。该观点在最高人民法院执行工作办公室《关于和解协议已经履行完毕的不应再恢复执行原生效法律文书问题的函》（法经〔1996〕19 号）、最高人民法院执行工作办公室《〈关于在人民法院判决、裁定、调解结案后，至申请执行前，当事人之间又达成新的"协议"，如何认定其效力的请示〉的答复》（〔2003〕执他字第 4 号函）（详见本节"相关规定"）以及最高人民法院第 119 号指导案例中均有体现。

判决生效后被告主动履行与双方达成案外和解后被告主动履行，虽然背景情况略有不同，但笔者认为所产生的效果、救济途径并无不同，如果申请人不认可，都需通过执行异议来进行救济。对执行员而言，这也是一种"安全"的方式。但对于已履行义务的当事人而言，无疑增加了维权成本。最好的办法就是主动履行时做好"预防工作"。

实务经验

1. 注明款项性质。当事人主动履行判决向对方支付款项时，如通过银行转账履行义务，建议在"备注"中说明支付的是何种款项，如"案号＋具体

---

① 安徽省滁州市建筑安装工程有限公司与湖北追日电气股份有限公司执行复议案，最高人民法院指导案例 119 号（2019 年）。

金额（货款＋诉讼费＋保全费）。

2. 取得对方肯定性回复。对生效法律文书确定的义务已履行完毕的，应取得对方肯定性回复（无论电邮还是微信）。如事涉利益重大，担心对方仍会申请强制执行，则可在履行前与对方沟通，书面释明（无论是以谈话记录还是以协议形式）。如仍提起强制执行，则己方有权另诉要求赔偿或者约定违约金，增加对方违约成本。

相关规定

1. 最高人民法院执行工作办公室《关于和解协议已经履行完毕的不应再恢复执行原生效法律文书问题的函》（法经〔1996〕19号）

陕西省高级人民法院、江苏省高级人民法院：

你们两院关于陕西省八一铜矿（下称八一铜矿）诉江苏省靖江市无机化工厂（下称化工厂）、江苏省靖江市有色金属精炼厂（下称精炼厂）、江苏省中外合资扬州惠柱冶化有限公司（下称惠柱公司）购销合同货款纠纷一案执行争议问题的来函收悉。经研究答复如下：

八一铜矿诉化工厂、精炼厂、惠柱公司购销合同货款纠纷一案，陕西省汉中地区中级法院作出〔1994〕汉中法经终判字第48号民事判决。一审法院宁强县法院在执行该判决的过程中，于1994年11月23日，在江苏省靖江市法院的协助下，促成八一铜矿与惠柱公司双方达成了执行和解协议。该协议约定：惠柱公司以价值35万元的铜管抵付货款，一次结清；以1.26万元现金支付八一铜矿预交的诉讼费；此和解协议履行完毕，〔1994〕汉中法经终判字第48号民事判决书不再执行，如一方在和解执行中反悔，按法律规定处理；本协议限定于双方签约当日内履行；双方代表签字生效。

查此执行和解协议系双方当事人在平等、自愿的条件下，自主处分权力和承诺义务，共同协商达成的。意思表示真实，所列条款协商一致，执行和解协议是合法有效的。此和解协议于签订的当日下午履行完毕，应视为该协议执行终结。

该和解协议履行完毕时过一日，八一铜矿反悔，向宁强县法院申请恢复执行原判决。依据《关于适用〈中华人民共和国民事诉讼法〉若干问题的意见》第266条规定，宁强县法院应予驳回申请，不予恢复执行原判决。但该院却裁定确认已履行完毕的执行和解协议无效，恢复执行原判决；并继而扣押了惠柱公司的一辆丰田大霸王子弹头面包车，扣划了该公司账户存款3.4万元，严重违反法律规定。宁强县法院对此的辩解理由不能成立。应依法撤销宁强县法院的〔1994〕宁法经初字第28号民事裁定书；该院扣押处理的丰田大霸王子弹头面包车应返还惠柱公司；扬州市郊区法院应将其查封八一铜矿35万元铜管予以解封，交由八一铜矿。

上述意见，请两省高级人民法院互相配合，监督执行，并于2个月内报告处理结果。

2. 最高人民法院执行工作办公室《〈关于在人民法院判决、裁定、调解结案后，至申请执行前，当事人之间又达成新的"协议"，如何认定其效力的请示〉的答复》（〔2003〕执他字第4号）

山东省高级人民法院：

你院《关于在人民法院判决、裁定、调解结案后，至申请执行前，当事人之间又达成新的"协议"，如何认定其效力的请示》收悉。经研究，答复如下：

当事人之间在执行前达成的和解协议，具有民事合同的效力。但协议本身并不当然影响债权人申请强制执行的权利。债权人在法定的申请执行期限内申请执行的，人民法院应当受理。

但你院请示的案件中，负有担保责任的被执行人提出，因债权人远东国际贸易有限公司与主债务人等四方达成和解协议（简称四方协议），并且在其向人民法院申请解除保全查封时，明确表示调解书中确定的债务已经全部履行完毕，因此本案不能强制执行。鉴于我国目前尚无债务人异议之诉制度，执行法院应当在实际开始执行前对此予以审查核实。如果四方协议确实已经履行了，则说明原调解书确定的债务已经消灭，不能再以该调解书为依据强制执行；否则可以强制执行。

审查中应注意：债权人自己向法院所作的关于债务已经履行完毕的明确表示，应视为债务得到履行的确定性证据。此后其主张债务没有履行，必须提供充分的相反证据证明。同时，因按照四方协议，抵债的股票直接转让给最终债权人中融国际投资有限公司,因此关于该协议是否得到履行,应从该公司取得相关证明。

3. 最高人民法院执行办公室《关于如何处理因当事人达成和解协议致使逾期申请执行问题的复函》(〔1999〕执他字第10号)

广东省高级人民法院:

你院〔1997〕粤高法执请字第36号《关于深圳华达化工有限公司申请执行深圳东部实业有限公司一案申请执行期限如何认定问题的请示报告》收悉。经研究,答复如下:

《民事诉讼法》第二百一十九条规定,申请执行的期限,双方或者一方当事人是公民的为1年,双方是法人或者其他组织的为6个月。申请执行人未在法定期限内申请执行,便丧失了请求法院强制执行保护其合法权益的权利。双方当事人于判决生效后达成还款协议,并不能引起法定申请执行期限的更改。本案的债权人超过法定期限申请执行,深圳市中级人民法院仍立案执行无法律依据。深圳华达化工有限公司的债权成为自然债,可自行向债务人索取,也可以深圳东部实业有限公司不履行还款协议为由向有管辖权的人民法院提起诉讼。

此复

第二章 良好开端是成功的一半
——强执案件的立案与管辖

第一节 "格式化、清晰"——执行申请书及授权委托书的撰写

笔者在法院工作时，曾无意中发现一位在法院门口趴活"开黑车"的大妈，因频繁接送当事人外加在法院立案大厅外常年的"耳濡目染"，后索性在法院外"兼职"干起了"法律服务"，服务事项包括法律咨询、劳动争议、代写文书等，其最拿手的项目就是代写强制执行申请书（一次收费100元至300元不等）进而争取代理执行案件（这就需要填写授权委托书），每次看见其手写的密密麻麻的执行申请及不规范的授权委托书，笔者都颇感无可奈何，即使其有相应授权，笔者在发放案款时也通常传唤申请人本人到场领取。

强制执行申请和授权委托是强制执行案件律师使用最频繁的两个文件，笔者将强执申请的写作要点概括为"格式化"，将授权委托的写作要点概括为"清晰"，且看下述分解。

8. 格式化书写——关于申请执行书的撰写

较之其他法律文书（如执行复议申请书、起诉状）的撰写，申请执行书供律师发挥的空间相对有限。网上亦流传诸多模版，就像一道英文测试中的"完形填空"，逐项填写完毕即可。然而，正因其格式化的书写，作为律师的我们更应为当事人提供一份优质的"格式化文书"。

实际操作中，各级人民法院对这个申请书的样式也不做过多要求，基本上能把关键要素（如执行依据、各方当事人、申请事项）说清楚就行，甚至容许涂改及错别字。但从律师严谨的角度看，我们理应奉上一份高质量的填写完毕的申请执行书。

笔者推荐 2016 年人民法院出版社出版的《诉讼文书样式》，该书涵盖了法院各类文书以及当事人的各类申请书的模板，其中当然包括了申请执行书的模板，读者也可以直接登录最高人民法院官网，进入"权威发布"——"诉讼文书样式"部分，搜索"执行申请书"即可。笔者将相应内容截图如图 2-1 所示：

申请执行书

申请执行人：×××，男/女，××××年××月××日出生，×族，……(写明工作单位和职务或者职业)，住……。联系方式：……。

法定代理人/指定代理人：×××，……。

委托诉讼代理人：×××，……。

被执行人：×××，……。

……

(以上写明申请执行人、被执行人和其他诉讼参加人的姓名或者名称等基本信息)

申请执行人×××与被执行人×××……(写明案由)一案，××××人民法院(或其他生效法律文书的作出机关)(××××)……号民事判决(或其他生效法律文书)已发生法律效力。被执行人×××未履行/未全部履行生效法律文书确定的给付义务，特向你院申请强制执行。

请求事项

……(写明请求执行的内容)。

此致

××××人民法院

附：生效法律文书×份

申请执行人(签名或盖章)

××××年××月××日

图 2-1　申请执行书模板 1

从上述模板中可以看出，笔者将撰写申请执行书的要点概括为：案由、执行依据及其案号、请求事项（向人民法院申请强制执行的内容，必须为生效法律文书确定的给付义务，结合被执行人的履行情况而定）。至于申请人、被执行人具体信息的填写，基本等同于起诉状的撰写，故在此不赘述。而且，

第二章 良好开端是成功的一半——强执案件的立案与管辖

不同于起诉状需要叙写"事实和理由"部分，申请执行书"腰杆"部分基本可用"申请执行人×××与被执行人×××……（写明案由）一案，××人民法院（或其他生效法律文书的作出机关）（××××）……号民事判决（或其他生效法律文书）已发生法律效力。被执行人×××未履行/未全部履行生效法律文书确定的给付义务，特向你院申请强制执行"这样一段话撰写。

笔者在此处列出北京某基层人民法院立案庭的申请执行书模板供读者参考（见图2-2），可以看到，较之最高人民法院官网推荐的模板，该份模板更加简洁，没有聘请律师的当事人基本可在法院诉讼服务工作人员的指导下完成填写提交。

申请执行书

(自然人)申请执行人：_____ 性别：_____ 年龄：_____
住址：_____ 身份证号：_____ 联系方式：_____
(法人或其他组织)申请执行人：_____
注册地或实际经营地：_____
法定代表人姓名：_____ 职务：_____
联系方式：_____
(自然人)被申请执行人：_____ 性别：_____ 年龄：_____
住址：_____ 身份证号：_____ 联系方式：_____
(法人或其他组织)被申请执行人：_____
注册地或实际经营地：_____
法人统一社会信用代码号：_____
法定代表人姓名：_____ 职务：_____
联系方式：_____
案由：_____
执行依据：（填写生效文书案号）_____
执行请求：_____
_____
_____
_____
此致
　　北京市某基层人民法院
　　　　　　　　　　　　　　申请执行人：
　　　　　　　　　　　　　　年　月　日

图2-2　申请执行书模板2

笔者认为，上述模板都是经实战打磨的经典版本。当然，如能给"财产线索"留下一点空间则更加完美。《执行工作规定》第18条规定，申请执行书中应当写明申请执行的理由、事项、执行标的，以及申请执行人所了解的被执行人的财产状况。可见，提供"财产线索"是申请人应当做的。这里的"应当"，并不会因为法院越发信息化的财产查控手段而消除。如果财产线索较多，建议另起一页分类列明财产线索，如财产线索不多，则可在当页列明。

9. 清晰（代理权限和期限）——关于授权委托书的撰写

关于执行阶段授权委托书的撰写，大部分律师也觉得很容易，笔者亦觉如是。话虽如此，笔者在基层人民法院办案期间，几乎每起执行案件都见到授权委托书，但书写规范的不多。

笔者认为，执行阶段的授权委托书的格式内容大致与审判阶段授权委托书相同。但有两点需要注意，一是代理权限，二是代理期限。

关于执行阶段的代理权限。有的律师提交一份权限如同审判阶段的授权委托书或者在审判阶段的授权委托书中注明授权到执行终结，笔者认为这样的做法是错误的。

执行阶段的代理权限应当与执行工作相适应。最高人民法院《关于民事诉讼委托代理人在执行程序中的代理权限问题的批复》（法复〔1997〕1号）规定，如果当事人在授权委托书中没有写明代理人在执行程序中有代理权及具体的代理事项，代理人在执行程序中没有代理权，不能代理当事人直接领取或者处分标的物。另外，《执行工作规定》第20条规定，申请执行人可以委托代理人代为申请执行。委托代理的，应当向人民法院提交经委托人签字或盖章的授权委托书，写明代理人的姓名或者名称、代理事项、权限和期限。委托代理人代为放弃、变更民事权利，或代为进行执行和解，或代为收取执行款项的，应当有委托人的特别授权。

笔者认为，代理律师如在执行阶段是一般代理，则权限一般包括代为立

第二章　良好开端是成功的一半——强执案件的立案与管辖

案、参与执行和解、提供执行线索、代领法律文书。如是特别授权，则在涵盖一般代理权限的基础上，加入"代为放弃、变更民事权利，或代为进行执行和解，或代为收取执行款项"的内容。

《执行款物规定》第 4 条规定，人民法院应当采取一案一账号的方式，对执行款进行归集管理，案号、款项、被执行人或交款人应——对应。该条规定使用的是"应当"，将"一案一账号"上升到了司法解释的高度。所谓"一案一账号"，即每个执行案件配备一个专门的执行案款账户供当事人使用。可以说，不久的将来，除部分年代久远的积案，律师以现金方式代当事人领取案款即将成为历史。

关于委托期限，笔者曾在同事的一份授权委托书上看到，该份委托书上注明委托期限至本案执行程序终结。笔者当场向这名同事提出这样写可能存在一定漏洞，很可能与当事人之间发生分歧。因为本案指向不明（是指当事人的纠纷本身，审判阶段的案件，还是执行阶段的案件），如是指执行阶段的案件，则该案本次执行终结后恢复执行如何处理？抑或当事人撤回执行申请后再次提起执行申请如何处理？因此，笔者认为如此书写对律师而言可能存在一定风险，需要注意。

笔者建议通过和客户沟通情况，将委托期限确定为本案本次执行程序终结。事实上，除了终结本次执行程序，申请人撤回执行申请、法院驳回申请等方式都在事实上导致了"本次执行程序的终结"，笔者建议在"本次执行程序终结"后用括号注明"撤回执行申请、执行完毕、终结执行（终结执行不同于本次执行程序终结）等结案方式均视为本次执行程序终结"，以防因代理期限与客户发生争议。

实务经验

1. 执行阶段的代理权限，律师慎重选择"代领案款"，最大限度防止因款项数额问题与客户产生分歧。

2. 除了代理期限，律师还可考虑以某事项的出现作为代理期限的终结或者代理项目的完成。例如，可约定将法院出具终结本次执行程序裁定、结案通知书作为代理期限的结束。

· 27 ·

相关规定

1. 最高人民法院执行工作办公室《〈关于申请执行人在法定期限内向法院申请执行主债务人但未申请执行负有连带责任的担保人，在法定申请期限届满后，法院是否可以依申请人的申请强制执行连带责任人的请示〉的答复》[（2004）执他字第29号]

广东省高级人民法院：

你院《关于申请执行人在法定期限内向法院申请执行主债务人但未申请执行负有连带责任的担保人，在法定申请期限届满后，法院是否可以依申请人的申请强制执行连带责任人的请示》收悉。经研究，答复如下：

同意你院审委会多数意见。生效法律文书确定保证人和主债务人承担连带责任的，连带责任保证人与主债务人即各自独立对债权人承担全部连带债务，债权人向连带责任保证人和主债务人申请强制执行的期限应当同时开始计算。债权人在法定申请强制执行期限内只对主债务人申请执行，而未申请执行保证人的，在申请执行期限届满后即丧失了对连带责任保证人申请强制执行的权利。

此复

2. 最高人民法院执行工作办公室《关于如何确定判决书送达日期和申请执行期限起算时间问题的复函》[（2002）执他字第9号]

海南省高级人民法院：

你院《关于如何确定判决书送达日期和申请执行期限起算时间的请示报告》收悉。经研究，答复如下：

同意你院审判委员会的第二种意见。根据《中华人民共和国民事诉讼法》第七十八条、最高人民法院《关于适用〈中华人民共和国民事诉讼法〉若干问题的意见》第83条之规定，海南华能租赁有限公司（以下简称华能公司）的诉讼代理人明向阳签收诉讼文书，属于一般授权，不需要华能公司的特别授权。你院于1998年10月28日所实施的送达行为符合上述法律规定，应为有效。但你院未依照最高人民法院、最高人民检察院、公安部、司法部《关于律师参加诉讼的几项具体规定的联合通知》向代理律师送达诉讼文书副本,应以适当形式予以补正。你院于 2001 年 4 月 9 日给华能公司送达判决书为第二次送达,不影响 1998 年 10 月 28 日送达的效力。华能公司的申请执行期限应从 1998 年 10 月 28 日起算,本案已超过法定的申请执行期限,应不予立案执行。

此复

3. 最高人民法院《关于生效法律文书未确定履行期限能否依当事人约定的履行期限受理执行的请示的复函》[(2004)执他字第 23 号]

山西省高级人民法院:

你院《生效法律文书未确定履行期限能否依当事人约定的履行期限受理执行的请示》收悉,经研究,答复如下:

一、关于法律文书生效后,当事人在自动履行期间内达成和解协议,申请执行期限是否可以延长的问题,现行法律及司法解释没有明确规定。

二、从本案的实际情况看,当事人是在一审法院审判法官的主持下多次达成和解协议,这是造成债权人未能在法律文书生效后及时向人民法院申请强制执行的主要原因。为充分保护债权人的合法权益,本案可参照最高人民法院《关于适用〈中华人民共和国民事诉讼法〉若干问题的意见》第 267 条规定的精神,作为个案的特殊情况妥善处理。

此复

第二节　申请执行立案的适格主体

前一节和读者分享了有关申请执行书、授权委托书的撰写,实际上除了以上材料,申请执行立案还需提交执行依据复印件、(执行依据)文书生效证明等材料,此为常规操作,不再赘述。

材料备齐之后,下一步工作就是向法院申请执行(立案)。因为新冠肺炎疫情的缘故,无论诉讼案件还是执行案件,均能通过网上立案、邮寄立案以及现场立案的方式得以便捷实现。不变的是,申请主体的合规性。《执行工作规定》第 16 条规定,申请执行人是生效法律文书确定的权利人或其继承人、权利承受人；《民诉法》第243条第2款规定，调解书和其他应当由人民法院执行的法律文书，当事人必须履行。一方拒绝履行的，对方当事人可以向人民法院申请执行。本文标题中的当事人，包含了继承人和权利承受人。那么上述主体之外的主体，能否成为申请执行的主体？笔者的答案是否定的。

10. 非案件当事人不能成为申请执行立案的主体

原告甲、被告某公司、第三人乙达成调解协议：被告某公司以其股东案外人王某（现法定代表人，持股51%）、吴某（持股51%）所持该公司股权转让给原告甲，以抵偿该公司尚欠原告甲的借款及利息，同时，甲返还案外人王某股权转让款若干元。后甲发现该公司欠有大量外债（调解时对方未提出），遂申请撤销调解书，同时拒支付王某股权转让款。王某遂依该份调解书申请执行。法院予以立案并对甲采取强制措施。对此，甲提出异议未果，但之后当地高级人民法院的复议裁定支持了甲提出的申请，该份复议裁定指出，虽然涉案民事调解书中的调解内容涉及王某的权利义务，但王某不是该民事调解书的当事人，其不能依据该民事调解书向人民法院申请执行。甲的复议理由成立，其请求应予支持。王某的请求可以通过其他法律途径解决。

实务经验

1. 通过执行异议的方式实现申请执行主体的变更。如申请执行人确实发生了变更（如因债权转让、继承），应通过提起执行异议的方式来申请变更，而不是直接向执行实施法官提出。法院如认可，则会通过裁定的方式来准许变更。

2. 向当事人释明申请执行的期限及不申请执行某个被执行人的后果。判决或者调解书生效后，无论是否继续代理执行阶段，代理律师都应向客户释明申请执行的期间为2年（时效的中止、中断，适用法律有关诉讼时效中止、中断的规定）。如果当事人放弃执行某个被执行人（如承担无限连带责任的保证人），则应当告知当事人如超过了申请执行期限，则可能面临不予立案的情况。

第二章 良好开端是成功的一半——强执案件的立案与管辖

> **相关规定**

1. 最高人民法院执行工作办公室《关于权利人被吊销营业执照后诉讼主体资格和申请执行主体资格有关问题的答复》（〔2003〕执他字第 16 号）

天津市高级人民法院：

你院《关于迈柯恒公司和旭帝公司与南开建行存款纠纷两案有关执行问题的请示》收悉。经研究，答复如下：

一、关于天津开发区迈柯恒工贸有限公司（以下简称迈柯恒公司）和天津市旭帝商贸有限公司（以下简称旭帝公司）主体资格问题，我院认为，迈柯恒公司和旭帝公司提交给二审法院和一审法院的企业法人营业执照及法定代表人身份证明书在企业名称、地址、法定代表人、企业类型、注册资金上均是一致的，其在二审诉讼期间未作其他说明。并且在二审诉讼期间，上诉人中国建设银行天津市南开支行对迈柯恒公司和旭帝公司的主体资格问题也未提出异议。故我院〔2001〕民二终字第 126 号和〔2001〕民二终字第 127 号判决书确认的诉讼主体与参加一审诉讼的主体是一致的。

二、关于迈柯恒公司作为权利人被吊销法人营业执照后，最高人民法院仍以原名称作出判决的问题，我院认为，企业被吊销营业执照，在未经依法清算并办理注销登记前其法人资格并不当然终止，仍可以自己的名义参加诉讼。故我院二审仍以迈柯恒公司的名称作出判决并无不可。

三、关于迈柯恒公司是否具备申请执行人资格的问题，我院认为，被吊销营业执照的迈柯恒公司在审判程序中是诉讼主体，也可以作为执行程序中的申请人。如果该公司成立了清算组（包括公司股东组成的清算组），由清算组代表迈柯恒公司申请执行。

此复

2. 最高人民法院执行工作办公室《关于申请执行人被撤销设立登记后其申请执行的主体资格有关问题的复函》（〔2002〕执监字第 81-1 号）

北京市高级人民法院：

你院《关于恢复执行北京正合坊企划有限公司诉北京万通股份有限公司、北京星辰投资咨询公司房产中介合同的报告》收悉。经研究，答复如下：

一、本案诉讼程序中，北京正合坊企划有限公司具备民事主体资格，我院（1997）民终字第135号民事判决并无不当，应予执行。在执行程序中，虽然北京正合坊企划有限公司被工商部门撤销设立登记，但不影响其在此前所进行的正常交易活动，更不能以此否定二审判决的效力。故对北京万通实业股份有限公司和北京星辰投资咨询公司申诉的北京正合坊企划有限公司自始不具备法人资格的理由不予支持。

二、北京正合坊企划有限公司被撤销设立登记，即丧失了作为市场主体进行经营活动的权利，也失去了对本案的判决申请执行的主体资格。但是，公司法人人格并不因被工商行政管理机关吊销营业执照当然终止，其法人资格必须经清算后才可终止。因此，根据《公司法》第一百九十一条的规定，本案应当对北京正合坊企划有限公司进行清算，由原股东组成的清算组作为其法人机关代表行使权利。

此复

3. 最高人民法院《关于判决确定的金融不良债权多次转让人民法院能否裁定变更申请执行主体请示的答复》（〔2009〕执他字第1号）

湖北省高级人民法院：

你院鄂高法（2009）21号请示收悉。经研究，答复如下：

《最高人民法院关于人民法院执行若干问题的规定（试行）》，已经对申请执行人的资格以明确。其中第18条第一款规定"人民法院受理执行案件应当符合下列条件：……（2）申请执行人是生效法律文书确定的权利人或继承人、权利承受人。"该条中的"权利承受人"，包含通过债权转让的方式承受债权的人。依法从金融资产管理公司受让债权的受让人将债权再行转让给其他普通受让人的，执行法院可以依据上述规定，依债权转让协议以及受让人或者转让人的申请，裁定变更申请执行主体。

《最高人民法院关于金融资产管理公司收购、处置银行不良资产有关问题的补充通知》第三条，虽只就金融资产管理公司转让金融不良债权环节可以变更申请执行主体作了专门规定，但并未排除普通受让人再行转让给其他普通受让人时变更申请执行主体。此种情况下裁定变更申请执行主体，也符合该通知及其他相关文件中关于支持金融不良债权处置工作的司法政策，但对普通受让人不能适用诉讼费用减半收取和公告通知债务人等专门适用金融资产管理公司处置不良债权的特殊政策规定。

第三节 依法管辖——强制执行案件的管辖

诉讼中，各方当事人常常因为管辖问题发生争议，都希望在本方"认可"的法院处理，可以说是"寸土必争"，一些案件甚至因为管辖问题进行再审。《民诉法》第231条规定：发生法律效力的民事判决、裁定，以及刑事判决、裁定中的财产部分，由第一审人民法院或者与第一审人民法院同级的被执行的财产所在地人民法院执行。法律规定由人民法院执行的其他法律文书，由被执行人住所地或者被执行的财产所在地人民法院执行。规则可以说是高度概括、非常明确。然而，在现实中，因为执行案件的管辖而产生的争议依然不少。根据《执行程序解释》第3条的规定，人民法院受理执行申请后，当事人对管辖权有异议的，应当自收到执行通知书之日起10日内提出。人民法院对当事人提出的异议。异议不成立的，裁定驳回。当事人对裁定不服的，可以向上一级人民法院申请复议。《立案结案意见》第9条规定，下列案件，人民法院应当按照执行异议案件予以立案：人民法院受理执行申请后，当事人对管辖权提出异议的。综合以上两条规定，可以明确执行阶段的管辖权异议，应自收到执行通知书10日内以执行异议的形式提出。

11. 只能法定管辖——当事人不能以协议的方式约定执行阶段管辖法院

法律明确规定对执行案件有管辖权的人民法院包括三类：第一类是一审人民法院，第二类是被执行人住所地人民法院，第三类是被执行人财产所在地人民法院。有人提出，既然起诉前能约定诉讼管辖法院（如原告所在地），能否也对执行管辖法院提前约定（如约定在申请执行人所在地法院）？

对此司法裁判的态度非常明确，答案是不可以。执行案件的管辖权不同于审判阶段的管辖权争议，只能根据法定管辖来进行。当事人对无法定管辖权的执行法院的默认、提出管辖权异议又撤回以及提出不予执行仲裁裁决申请，均不代表该法院具备该案的执行管辖权。

案例 8 法律对商事仲裁当事人就执行案件管辖权的选择限定于被执行人住所地和财产所在地之间，当事人只能依法选择其中的一个有管辖权的法院提出执行申请，不得以任何方式改变法律规定的执行管辖法院

申请执行人依双方约定，向作出仲裁裁决的仲裁委员会所在地中级人民法院申请执行，但该执行法院并非被执行人住所地或者财产所在地，申请执行人的这种做法是否合规？

复议法院认为，按照《执行程序解释》第 3 条第 1 款的规定，本案被执行人在法定期限内提出了执行管辖权异议。执行法院审查期间，被执行人撤回了管辖权异议，同意该中级人民法院对该案行使管辖权，是其真实意思表示，无证据证明违反了自愿原则，因此不违反法律规定。后被执行人向该中级人民法院提出不予执行该仲裁裁决的申请，说明其认可该中级人民法院对该案具有执行管辖权。故驳回异议并无不当。综上，复议理由不成立。被执行人对此不服，向最高人民法院院提出申诉。

最高人民法院认为，仲裁裁决的执行，其确定管辖的连接点只有两个，一是被执行人住所地，二是被执行的财产所在地。《民诉法》属于公法性的法律规范，法律没有赋予的权力就是属于禁止。虽然《民诉法》没有明文禁止当事人协商执行管辖法院，但法律对当事人就执行案件管辖权的选择限定于上述两个连接点之间，当事人只能依法选择其中的一个有管辖权的法院提出执行申请，不得以任何方式改变法律规定的执行管辖法院。综上，撤销异议和复议裁定，申请执行人依法向有管辖权的人民法院申请执行。[1]

本案例中，对被执行人来说"幸运"的是法院对当事人在法定时限外提

---

[1] 大庆筑安建工集团有限公司、大庆筑安建工集团有限公司曲阜分公司与中煤第六十八工程有限公司工合同纠纷案，载《最高人民法院公报》2016 年第 9 期。

出的管辖权异议仍然进行了处理，且被执行人最终实现了"翻盘"。笔者研读关于执行管辖权争议的裁定时，发现部分当事人引用上述案例提出管辖权异议时，常被法院以超出时限（收到执行通知之日起10日）为由驳回。

12. 关于被执行人财产所在地的认定

可能成为执行法院的三个地点中，一审法院所在地当无争议。住所地依照《民诉法解释》第3条（公民的住所地是指公民的户籍所在地，法人或者其他组织的住所地是指法人或者其他组织的主要办事机构所在地。法人或者其他组织的主要办事机构所在地不能确定的，法人或者其他组织的注册地或者登记地为住所地）进行认定。而财产所在地的认定产生了不少关于管辖权的争议。

案例9　被执行人部分财产所在地也可对全案进行管辖

一起公证债权文书执行案件中，申请人向北京某基层人民法院申请执行，被执行人收到执行通知后提出了管辖权异议，理由是被执行人住所地在江西省，且在北京无财产。对此，申请人提出被执行人持有住所地在京的某公司的股权，且最高人民法院《关于公证债权文书执行若干问题的规定》第2条规定，公证债权文书执行案件由被执行人住所地或者被执行的财产所在地人民法院管辖。根据上述法律的规定，申请执行人有权选择向任一被执行人被执行的财产所在地人民法院申请执行。部分财产所在地或者部分被执行人住所地法院，可以取得执行案件全案管辖权。法院采纳申请人答辩意见，驳回被申请人提出的管辖权异议。

可以看出，被执行人财产所在地不等于被执行人主要财产所在地。即使在某地只有少量财产（如少量银行存款），该少量财产所在地法院也能成为执行法院。实际上，依照2017年《民诉法》第224条（现行《民诉法》第231条）的规定，少量财产所在地法院可以作为全案的执行法院。当然拥有案件的管辖权，不意味着相关案件不会被提级执行或指定执行。

13. 执行管辖权的转移不等于移送管辖——对《异议和复议规定》第4条的理解

《异议和复议规定》第4条规定，执行案件被指定执行、提级执行、委托执行后，当事人、利害关系人对原执行法院的执行行为提出异议的，由提出异议时负责该案件执行的人民法院审查处理；受指定或者受委托的人民法院是原执行法院的下级人民法院的，仍由原执行法院审查处理。执行案件被指定执行、提级执行、委托执行后，案外人对原执行法院的执行标的提出异议的，参照前款规定处理。

指定执行、提级执行、委托执行，均属于执行管辖权的转移。不同于当事人提出的管辖权异议，在法院系统内部还有一种管辖权转移的方式，即移送管辖。虽然都发生了管辖权的转移，但是二者之间有严格的区别，表现在以下几个方面：（1）移送管辖原则上是在同级人民法院之间进行，管辖权转移主要发生在有隶属关系的上下级人民法院之间。（2）移送管辖是将案件从没有管辖权的法院移到有管辖权的法院，管辖权转移是将案件从有管辖权的法院转移到原来没有管辖权的法院。（3）移送管辖对案件的移送，无须上级人民法院和受移送法院的同意，管辖权转移则必须经过上级人民法院决定或同意。（4）移送管辖仅移送案件材料，管辖权转移则不仅移送案件材料，而且移送管辖权。（5）移送管辖主要是为了纠正管辖权行使上的错误，管辖权转移则是为了使管辖具有必要的灵活性而采取的变通和微调措施。[①]

案例10　即使执行法院有管辖权，案件也可能被指定管辖

一起执行案件中，申请人向四川省高级人民法院申请执行，但被执行人中，除保证人外，其余被执行人均在福建省（仅在四川省有少量存款），对

[①] 江必新、刘贵祥主编：《最高人民法院关于人民法院办理执行异议和复议案件若干问题规定理解与适用》，人民法院出版社2015年版，第56页。

第二章　良好开端是成功的一半——强执案件的立案与管辖

此,被执行人提出管辖权异议,经复议,最高人民法院驳回申请。但在此之后的第 7 日,又作出一份指定管辖裁定,指定福建省相关法院执行。

最高人民法院认为,根据目前的通行理解,部分财产所在地或者部分被执行人住所地法院,可以取得执行案件全案管辖权。且目前相关司法解释并未对《民诉法》第 224 条①规定的被执行人住所地作出限缩性解释,既未限制以保证人的住所地行使执行管辖权,也未将被执行的财产所在地限定为主要财产所在地,是否应做此种限缩解释,有待今后司法解释进一步确定。故目前不能绝对排除四川省高级人民法院对此案的管辖权,该院作为非主要的被执行人住所地和被执行财产所在地法院管辖此案,并不违反执行程序方面的现行法律规定。②

在之后的指定执行的裁定中,最高人民法院认为,虽然依法亦不能否定四川省相关法院的管辖权,但考虑到执行财产尤其是不动产处置的便利性,由福建省相关法院执行更为合理。同时,此案处理过程中将涉及与福建省三级法院受理的相关案件的协调处理问题,由福建省相关法院协调处理更为方便③。

本案例中,最高人民法院在肯定四川法院具有管辖权的同时,又综合考虑了两地受案数量、执行效率以及便捷性等因素,作出肯定四川法院有管辖权的裁定之日的 7 日,又将案件指定至福建法院管辖。

案例 11　指定管辖不属于执行异议的范围

一起执行案件中,执行法院基于执行效率的考量,将案件指定至其下级法院执行。被执行人对此提出异议、复议,均未获支持。法院认为指定管辖并非人民法院的执行行为,不属于当事人可以提出异议的范围。

同时,需要指出的是,执行管辖权转移后,已采取的强制措施并不当然失效。虽然并无法律明文规定,但《异议和复议规定》第 4 条规定(执行案件被指定执行、提级执行、委托执行后,当事人、利害关系人对原执行法院的执行行为提出异议的,由提出异议时负责该案件执行的人民法院审查处

---

① 现行《民诉法》第 231 条。
② 最高人民法院执行复议裁定书,(2017)最高法执复 12 号。
③ 最高人民法院执行复议裁定书,(2017)最高法执复 12-1 号。

理）可以得出结论，执行案件管辖权虽然转移，原执行法院的执行行为、执行措施并不当然失效。

📝 实务经验

1. 法定时限内提出关于管辖权的执行异议。律师如对执行案件的管辖权有异议，应当提醒客户在收到执行通知之日起 10 日内提出，谨防法院以超时为由不受理对执行案件的管辖权异议。

2. 提级执行、委托执行与指定执行一样，都不属于执行异议的范围。

📄 相关规定

1. 最高人民法院执行局《关于法院能否以公司证券登记结算地为财产所在地获得管辖权问题的复函》（[2010] 执监字第 16 号）

广东省高级人民法院：

关于唐山钢铁集团有限责任公司执行申诉一案，你院《关于深圳中院执行中华乐业有限公司与唐山钢铁集团有限责任公司仲裁裁决一案的情况报告》收悉。经研究，答复如下：

经核查，唐山钢铁集团有限责任公司作为上市公司，其持有的证券在上市交易前存管于中国证券登记结算有限责任公司深圳分公司，深圳市中级人民法院（以下简称深圳中院）以此认定深圳市为被执行人的财产所在地受理了当事人一方的执行申请。本院认为，证券登记结算机构是为证券交易提供集中登记、存管与结算服务的机构，但证券登记结算机构存管的仅是股权凭证，不能将股权凭证所在地视为股权所在地。由于股权与其发行公司具有最密切的联系，因此，应当将股权的发行公司住所地认定为该类财产所在地。深圳中院将证券登记结算机构所在地认定为上市公司的财产所在地予以立案执行不当。

请你院监督深圳中院依法撤销案件及相关法律文书，并告知申请人依法向有管辖权的人民法院申请执行。同时，鉴于深圳中院对被执行人的股权已采取冻结措施，为防止已冻结财产被转移，请你院监督深圳中院做好已控被执行人财产与新的执行法院的衔接工作，避免申请执行人的权益受到损害。

2. 上海金纬机械制造有限公司与瑞士瑞泰克公司仲裁裁决执行复议案（指导案例 37 号）

裁判要点

当事人向我国法院申请执行发生法律效力的涉外仲裁裁决，发现被申请执行人或者其财产在我国领域内的，我国法院即对该案具有执行管辖权。当事人申请法院强制执行的时效期间，应当自发现被申请执行人或者其财产在我国领域内之日起算。

第四节 强制执行中的程序性事项

执行立案同样适用立案登记制，因此执行立案属于一件水到渠成的工作。不过立案成功仅仅是一个开始，对于申请执行人而言，执行案件在执行过程中，除了面对各种实体上的挑战（如案外人提出异议称被执行财产为案外人所有），还需在各种程序性事项上"把握好分寸"，对代理律师而言更是如此。例如，法院久执无果，是否要考虑提级执行？是否符合提级执行的条件？又如，中止执行是否等同于暂缓执行？是法院依职权进行还是当事人主动提出？这些程序性事项的处理，与当事人的利益密切相关，不可不察。

14. 什么情况下案件会被委托执行、提级执行、指定执行

委托执行、提级执行、指定执行的共同点在于具体的执行法院都发生了变化，但三者实为执行过程中截然不同的三种事项。理解三者的适用范围并审时度势地运用（通过提出申请的方式），对律师在执行案件办理过程中维护当事人合法权益（尤其是对代理申请执行人而言）大有裨益。

委托执行是指被执行人或者被执行的财产在外地的，可以委托当地人民法院代为执行。[①] 委托执行的依据是最高人民法院《关于委托执行若干问题

[①] 上海市嘉定区人民法院执行异议裁定书，（2018）沪 0114 执异 94 号。

的规定》，部分高级人民法院亦出台司法政策在辖区内加以规范，委托执行包括委托执行案件和事项委托。笔者认为，根据《关于委托执行若干问题的规定》第1条的规定（执行法院经调查发现被执行人在本辖区内已无财产可供执行，且在其他省、自治区、直辖市内有可供执行财产的，可以将案件委托异地的同级人民法院执行），在满足条件的情形下，"可"将案件委托异地的同级人民法院执行。但是，在实际操作的过程中，对被执行人或被执行财产在外地的案件，执行管辖法院可以委托外地法院执行，也可以自己直接派员执行。有无必要委托外地法院执行由委托法院决定，并以委托执行能更便利、更迅速地执行案件为原则。[①]

委托法院委托执行时需具备实质要件和形式要件：实质要件是指，执行法院经过财产调查程序，发现被执行人在本辖区内无财产可供执行，且在其他省、自治区、直辖市内有可供执行财产的，方可委托执行，如果非财产类执行案件，被执行人在受托法院辖区的，也可委托执行，如果仅是被执行人的住所地在异地，并未发现有可供执行的财产，则执行法院不得办理委托执行。形式要件是指，首先，如果案件全部委托执行，委托法院只需要直接向受托法院办理委托手续，层报所在的高级人民法院备案，如果仅是事项委托，则需要以机要形式送达委托事项相关手续；其次，案件委托执行还需要按该规定第5条载明的内容提供相应委托材料[②]。

关于提级执行和指定执行，主要依据是《民诉法》第233条（人民法院自收到申请执行书之日起超过6个月未执行的，申请执行人可以向上一级人民法院申请执行。上一级人民法院经审查，可以责令原人民法院在一定期限内执行，也可以决定由本院执行或者指令其他人民法院执行）及《执行工作规定》第74条（上级法院发现下级法院的执行案件，包括受委托执行的案件在规定的期限内未能执行结案的，应当作出裁定、决定、通知而不制作的，或应当依法实施具体执行行为而不实施的，应当督促下级法院限期执行，及时作出有关裁定等法律文书，或采取相应措施。对下级法院长期未能执结的

[①] 上海市嘉定区人民法院执行异议裁定书，（2018）沪0114执异94号。
[②] 最高人民法院：《最高人民法院关于"全国法院委托执行的情况反映及建议"的答复》，载最高人民法院网2016年3月4日，http://www.court.gov.cn/zixun-xiangqing-17222.html。

案件，确有必要的，上级法院可以决定由本院执行或与下级法院共同执行，也可以指定本辖区其他法院执行）。

《执行程序解释》、最高人民法院关于《高级人民法院统一管理执行工作若干问题的规定》（法发［2000］3号）对指定执行或者提级执行的具体情形作了说明。如最高人民法院函示提级执行、指定执行的案件，高级人民法院应当裁定提级执行、指定执行。高级人民法院可以裁定提级执行的具体情形包括：

（1）高级人民法院指令下级人民法院限期执结，逾期未执结需要提级执行的。

（2）下级人民法院报请高级人民法院提级执行，高级人民法院认为应当提级执行的。

（3）疑难、重大和复杂的案件，高级人民法院认为应当提级执行的。

（4）上一级人民法院可以根据申请执行人的申请，责令执行法院限期执行或者变更执行法院：①债权人申请执行时被执行人有可供执行的财产，执行法院自收到申请执行书之日起超过6个月对该财产未执行完结的；②执行过程中发现被执行人可供执行的财产，执行法院自发现财产之日起超过6个月对该财产未执行完结的；③对法律文书确定的行为义务的执行，执行法院自收到申请执行书之日起超过6个月未依法采取相应执行措施的；④其他有条件执行超过6个月未执行的。

由于并无对提级执行、指定执行的明确释义以及对《执行工作规定》第132条的"确有必要"的具体说明，实践中，部分地方高级人民法院对二者的具体适用进行了解释说明。

江苏省高级人民法院出台的《关于指定、提级执行工作的若干规定》规定，指定执行是指上级法院根据案件的具体情况、下级法院请求或申请执行人的申请，将辖区内下级法院的执行案件指定由其他下级法院执行，或者根据有利于案件执行的原则，将本院的执行案件指定由下级法院执行的执行措施。提级执行是指上级法院根据案件的具体情况、下级法院请求或申请执行人的申请，将辖区内下级法院的执行案件提由本院执行的执行措施。

笔者结合江苏省高级人民法院的《关于指定、提级执行工作的若干规定》、上海市高级人民法院的《关于加强本市各级法院指定执行、提级执行工作的意见（试行）》、重庆市高级人民法院的《关于提级执行、指定执行和共同执行的暂行办法》、北京市高级人民法院的《关于进一步规范指定执行、提级执行工作的若干规定》等规定，概括二者具体适用范围如下：

指定执行的适用范围包括：

（1）两个或两个以上法院的执行案件被执行人同一，指定由某一法院执行便于协调处理的。

（2）同一当事人在一个法院的执行案件中为申请执行人，在另一法院的执行案件中为被执行人，指定由某一法院执行便于债权债务抵销的。

（3）需要将未结执行案件数量过大的法院的部分案件指定由其他法院执行的，需要将其他法院的执行案件指定由受理执行案件数量过小的法院执行的。

（4）下级人民法院拒不接受上级人民法院执行监督意见的案件；确有地方和部门保护主义干扰，致使难以如期执结的案件。

提级执行的适用范围包括：

（1）案件执行受到当地机关或者部门的阻挠，原执行法院难以继续执行的；因主观方面的原因超过法定执行期限，经上级法院督促仍不能执结的；除具有规定的可延长执行期限的情形外，超过9个月仍不能执结的。

（2）涉党政机关等特殊主体为被执行人的，执行中确有困难或因地方或部门利益等因素干扰无法在法定期限内执结的。

（3）下级法院执行案件的当事人同时为上级法院执行案件当事人，或者同一被执行人同时被上级法院辖区内两个以上人民法院执行，提级执行便于协调处理或债权债务抵销的。

行文至此，有的读者可能会觉得"貌似"自己代理的久拖不决的执行案件有了希望，可通过"指定执行"或者"提级执行"加大执行力度。对此，笔者表示认同，但由于实践的复杂性，并且目前各级法院都面临不断增长的案件压力，理论在现实面前颇难有效适用。实际操作中，能够提级或者因上述理由被指定执行的案件从比例上来说并不多，笔者浏览的某直辖市近年当事人申请提级或者执行的案件中，无一例成功。

第二章 良好开端是成功的一半——强执案件的立案与管辖

下文特节选两份关于提级执行的裁定（一份成功提级、一份提级失败，见图2-3、图2-4）并简要评析。

明■■、苏■■、乐清市国大置业有限公司金融借款合同纠纷共计两起案件，为加快被执行人抵押物处置，申请执行人申请提级执行。

本院认为，浙江罗夫罗伦服饰有限公司系两级法院数起案件同一被执行人，瓯海法院未及时执行终结被执行人名下财产，现由本院集中执行涉浙江罗夫罗伦服饰有限公司案件，更有利于统一协调、迅速处置被执行人财产，维护各债权人的合法权益。据此，依照《中华人民共和国民事诉讼法》第一百五十四条第一款第（十一）项、《最高人民法院关于人民法院执行工作若干问题的规定（试行）》第132条第2款之规定，裁定如下：

温州市瓯海区人民法院（2015）温瓯执民字第2348、2349号共计两起案件由本院执行。

温州市瓯海区人民法院应在收到本裁定书后将有关案卷材料移送本院，并通知有关当事人。

本裁定送达后即发生法律效力。

审 判 长 叶■■
审 判 员 胡■■

图2-3 提级执行裁定书（部分截图）

本院认为，本案涉及两个焦点问题：（一）曲江法院未在法定期限内执行完毕的原因；（二）是否准许杨■■申请提级执行。分述如下：（一）依照《最高人民法院关于严格执行案件审理期限制度的若干规定》的规定，执行案件应当在立案之日起六个月内执结。曲江法院虽未在法定期限内执结本案，存在以下因素：1.本案立案执行后，曲江法院积极作为，向余■■发生执行通知书，责令余■■限期履行生效法律文书确定的行为义务，余■■曾提出置换承包耕地的和解方案，但杨■■明确表示不同意，致使双方无法协商解决。随后，余■■又对一、二审判决不服，向本院申请再审，并要求中止执行。2.生效判决判令余■■限期交还耕种的1.97亩承包耕地给杨■■，但未明确"1.97亩承包耕地"的具体四至范围，双方对应返还承包耕地的面积及范围争议较大，又无法达成协议，针对返还承包耕地案件的复杂性和特殊性，曲江法院多次与双方当事人及村委会、区政府职能部门协调，制作了应返还涉案耕地的地图，切实保护了双方当事人的合法权益。基于上述原因，曲江法院在执行本案过程中，不存在消极执行、乱执行的情形，反而是积极作为，最后经多方协调，最终执结本案。

（二）不予准许杨■■申请提级执行。依照《中华人民共和国民事诉讼法》第二百二十六条规定："人民法院自收到申请执行书之日起超过六个月未执行的，申请执行人可以向上一级人民法院申请执行。上一级人民法院经审查，可以责令原人民法院在一定期限内执行，也可以决定由本院执行或者指令其他人民法院执行。"本案中，曲江法院受理了杨伟建的执行申请后，依法采取了发出执行通知书、多次与双方当事人及村委会、区政府职能部门协调等一系列执行措施并执结本案，杨■■主张曲江法院在立案后六个月内未采取执行措施，与事实不符，也与不符合"自收到申请执行书之日起超过六个月未执行的"法定情形，因此，本案无需再由本院提级执行。

综上，曲江法院虽未在法定期限内执结本案，是由于该执行案件的特殊性及复杂性所致，并不存在消极执行、乱执行的行为。杨伟建的申诉请求不能成立，本院不予支持。依照《中华人民共和国民事诉讼法》第二百二十五条、《最高人民法院关于人民法院执行工作若干问题的规定（试行）》第129条规定，裁定如下：

图2-4 不予提级执行裁定书（部分截图）

图2-3和图2-4涉及的案件中,一名当事人申请提级成功,另外一名未成功。申请成功的原因并非"内因",而是"外力"使然,因上级法院亦有涉及该名被执行人的案件,上级法院认为确有必要提级执行。而在另外一案中,申请人提及执行的当事人的理由是"立案后六个月内未采取执行措施",需要指出的是,该当事人所用的理由,是大部分申请人申请提级时所用理由,然而得到支持的寥寥无几。原因在于,《民诉法》第233条所规定的"未执行"不等于"未执行完毕",根据程序采取相应执行措施,即使6个月后未执行完毕,也不属于提级执行的情形。虽然《执行程序解释》规定"6个月财产未执行完结"可以变更执行法院,但该种情况是"可以"变更,并非"应当",而且如前所述,实践中该种情况上级法院一般不予提级执行。

15. 中止执行与暂缓执行的区别

中止执行与暂缓执行,初看含义差不多,很多律师亦是"傻傻分不清楚",实际上二者功能上虽有相同之处,但整体上"大不相同",中止执行是指执行程序开始以后,由于出现某种法定事由暂时停止执行,等待法定事由解除后再继续执行。中止执行应当限于执行案件本身因执行依据错误、执行标的涉及案外人财产或者权属存在争议、被执行人无财产可供执行或已进入破产程序、执行主体变更以及申请执行人同意等法定情形。中止执行的依据是《民诉法》第263条。暂缓执行全称暂缓执行措施,是指执行程序开始后,人民法院因法定事由,可以决定对某一项或者某几项执行措施在规定的期限内暂缓实施。依据是《民诉法》第238条及《暂缓执行规定》。从功能上来说,二者都能实现执行案件的"暂停",也都可以依当事人申请,或者是法院依职权来实现,但是细细比较之下,二者还是有很大不同的,具体包括:

(1)适用情形不同。适用暂缓执行的情形是:①执行措施或者执行程序违反法律规定的;②执行标的物存在权属争议的;③被执行人对申请执行人享有抵销权的。

适用中止执行的情形是:①申请人表示可以延期执行的;②案外人对执

第二章　良好开端是成功的一半——强执案件的立案与管辖

行标的提出确有理由的异议的；③作为一方当事人的公民死亡，需要等待继承人继承权利或者承担义务的；④作为一方当事人的法人或者其他组织终止，尚未确定权利义务承受人的；⑤人民法院认为应当中止执行的其他情形。此外，当出现按照审判监督程序提审或再审的案件（《执行工作规定》第103条）、申请执行人与被执行人达成和解协议后请求中止执行（《民诉法解释》第466条）等情况时，案件亦会被中止执行。

（2）期限不同。中止执行并无明确的期限限制。但暂缓执行却有期限的要求，根据前述规定，暂缓执行的期间不得超过3个月。因特殊事由需要延长的，可以适当延长，延长的期限不得超过3个月。

（3）效果不同。中止执行的效果是使整个案件暂时性的停止执行（包括强制执行措施）；暂缓执行的效果是某项或者某几项的执行措施的暂时性停止，而非整个执行案件。前者的"面积"要大于后者。

（4）恢复执行的条件不同。中止执行后恢复执行的条件是"中止执行的事由消失后"，暂缓执行后恢复执行的条件是"暂缓执行期限届满后"。即前者以"事由"为条件，后者以"时间"为条件。

（5）文书形式不同。中止执行适用裁定书，而暂缓执行适用决定书。

（6）救济途径不同。当事人、利害关系人不服因执行行为引起的暂缓执行与否的决定的，可以依据《民诉法》第232条提出异议、复议。不服因执行标的争议引起的暂缓执行与否的决定的，可以依据《民诉法》第234条通过异议、审判监督程序或起诉处理；当事人对2008年4月1日前的中止执行裁定不服的，可以依法提起申诉，按监督案件处理；对于2008年4月1日以后的中止执行裁定不服的，可以依据《民诉法》第232条提出异议复议。[①]

为更直观地展现二者的不同，笔者从裁判文书网上搜索了两份关于中止执行与暂缓执行的法律文书（见图2-5、图2-6），以使读者更直观地感受二者区别。

---

① 黄志佳：《暂缓执行与中止执行辨析》，载全国法院切实解决执行难信息网2020年9月1日，http://jszx.court.gov.cn/main/。

执行案件法律实务 90 讲

> **福建省泰宁县人民法院**
> **执行裁定书**
>
> （2020）闽0429执745号
>
> 申请执行人：肖来■，男，1950年1月7日出生，汉族，住泰宁县。
> 被执行人：肖梅■，男，1961年1月4日出生，汉族，住泰宁县。
> 本院在执行执行申请执行人肖来■与被执行人肖梅■借款合同纠纷一案中，申请执行人肖来■依据泰宁县人民法院已经生效的（2013）泰民初字第216号民事调解书，向泰宁县人民法院申请强制执行，执行标的为支付欠款60000元及利息。在执行过程中，申请执行人与被执行人达成执行和解协议：一、申请执行人肖来■与被执行人肖■福借款合同纠纷一案，经双方确认被执行人肖梅■尚欠申请执行人借款80000元，申请人同意被执行人分四期给付。第一期20000元被执行人应于2020年12月31日前偿还给申请人；第二期20000元被执行人应于2021年6月30日前偿还；第三期20000元被执行人应于2021年12月31日前偿还；第四期余款20000元于2022年12月31日前还清。二、申请人同意法院将被执行人相关帐户予以解除冻结和解除限制高消费措施。如果被执行人未按协议及时支付款项，申请执行人可以向法院申请恢复原裁判文书[（2013）泰民初字第216号民事调解书]的执行。因双方已自行达成还款协议，依照《中华人民共和国民事诉讼法》第二百五十六条第一款第（一）项、《最高人民法院关于适用〈中华人民共和国民事诉讼法〉的解释》第四百六十六条、第四百六十七条及《最高人民法院关于人民法院执行工作若干问题的规定》第104条规定，裁定如下：
> 中止泰宁县人民法院（2013）泰民初字第216号民事调解书的执行。
> 本裁定送达后即发生法律效力。
>
> 审判长　王■■
> 审判员　廖■■
> 审判员　江■■
> 二〇二〇年九月三日

图 2-5　中止执行裁定书

> **广州紫云山庄房地产有限公司申请监督案暂缓执行决定书**
>
> 保证合同纠纷　　发布日期：2014-03-19　　浏览：18次
>
> **中华人民共和国最高人民法院**
> **暂缓执行决定书**
>
> （2013）执监字第129号
>
> 申诉人（一审被告、二审上诉人、申请再审人）：广州紫云山庄房地产有限公司。住所地：广东省增城市新塘紫云山庄。
> 被申诉人（一审原告、二审被上诉人、被申请人）：中国一拖集团有限公司。住所地：河南省洛阳市建设路154号。
> 被申诉人（一审被告、二审被上诉人、被申请人）：广州罗兰德房地产有限公司。住所地：广东省增城市新塘工业加工区西区。
> 执行法院：河南省汝阳县人民法院。
> 申诉人广州紫云山庄房地产有限公司因与被申诉人中国一拖集团有限公司、广州罗兰德房地产有限公司担保合同纠纷一案，不服河南省高级人民法院(2011)豫法民再字第58号民事判决，向我院申诉，我院立案一庭正在按照审判监督程序进行审查，并建议对该案暂缓执行。根据《最高人民法院关于正确适用暂缓执行措施若干问题的规定》第七条、第八条及第十条之规定，现决定如下：
> 暂缓执行河南省高级人民法院(2011)豫法民再字第58号民事判决，期限为三个月。
>
> 二〇一三年七月十八日

图 2-6　暂缓执行决定书

· 46 ·

16. 消极执行、乱执行的原因及应对

大量的执行信访案件，都是在向上级机关反映法院在执行过程中的消极执行或者乱执行，损害申请执行人、被执行人或者案外人的利益。对于该两种问题，最高人民法院一直在下大力气解决，随着最高人民法院提出"用两到三年基本解决执行难"，"消极执行、乱执行"的现象得到了明显的控制，最新的最高人民法院《关于深化执行改革健全解决执行难长效机制的意见》（法发〔2019〕16号）中，明确提出"确保对消极执行、选择性执行、乱执行等不规范执行行为严肃整治常态化"。

笔者认为，消极执行，是指执行工作人员不作为或者不按照法律法规作为，损害当事人（尤其是申请执行人）合法权益的行为；乱执行，是指执行工作人员随意实施强制执行措施，损害当事人（尤其是被执行人）或案外人合法权益的行为。

按照该定义，消极执行的具体表现行为包括：不主动按规采取相应执行措施、无正当理由超期执行或延期执行、被执行主体特殊（如涉及本地国企或政府部门）而降低执行力度、因被执行主体持续上访而回避执行或者不敢执行、不及时发放执行案款等。

而乱执行的具体表现行为包括：随意追加案外人为被执行人、随意执行案外人的财产、随意采取或解除执行措施等。

笔者以及同行都能在工作中感受到在此方面各级人民法院所做的努力及明显改进。然而，消极执行、乱执行的现象在实践中仍时有发生，究其原因主要是：

（1）制度不完善，监管不到位。依然存在"人情案、金钱案、关系案"。

（2）部分执行人员的程序意识仍不足。

（3）激励机制未到位，在一定程度上不利于提升执行人员干劲。

（4）案件数量的快速增加客观上加剧了消极执行、乱执行的现象。

要想破除消极执行、乱执行，就当事人的角度而言，除了前文提到的申

请提级执行、指定执行,笔者认为还有以下方式:

(1)申请上级法院对案件督促执行或者督办。《民诉法》第233规定的"可以责令原人民法院在一定期限内执行",就指的是督促执行。如上级法院决定督促执行的,将通知当事人并向执行法院发出督促执行令(见图2-7)。需要指出的是,如果督促执行后,原法院仍无改进的,上级法院可能进一步采取提级执行或指定执行等措施。

通 知 书

(2020)粤12执监9号

邱■■:

肇庆市端州区人民法院立案执行的申请执行人邱晓娇与被执行人苏■■劳动争议纠纷一案[案号:(2019)粤1202执2890号],你以端州区人民法院执行超期、执行不作为为由,向本院提出提级执行申请,本院于2020年6月2日立案受理。经督办,肇庆市端州区人民法院加大执行力度,并书面汇报执行情况。鉴于被执行人苏志军住所地在肇庆市端州区人民法院辖区内且被执行人苏志军的财产正在依法处置中,由肇庆市端州区人民法院执行该案更加适宜,本院不予提级执行。依照《中华人民共和国民事诉讼法》第二百二十六条、《最高人民法院关于适用〈中华人民共和国民事诉讼法〉执行程序若干问题的解释》第十一条、第十二条第一款的规定,本院已依法向肇庆市端州区人民法院发出督促执行令,责令其切实采取有效执行措施,加快财产处置力度,尽快执结本案,并将该案执行进展及时报告本院。关于该案具体执行事宜,请您与肇庆市端州区人民法院联系,同时请理解和配合法院相关工作。

图2-7 督促执行令(部分截图)

还有一个常被提及的概念就是"督办",最高人民法院曾发布《关于执行案件督办工作的规定》(法发〔2006〕11号)对督办工作进行了规定,虽然督办与督促执行非常相似,二者均是针对当事人反映执行法院在执行过程中的问题,但督办相较于督促执行还是有所区别的(如督促执行发出的督促执行令,而督办发出的是督办函)。笔者认为,督促执行是法定的上级法院对当事人申请变更执行法院的处理;而挂牌督办则是包括法院在内的国家机关针对当事人(群众)反映问题而采取的一种方式,常见于对信访事项的处理。例如,《执行权配置运行意见》规定,执行申诉审查部门可以参与涉执行信访案件的接访工作,并应当采取排名通报、挂牌督办等措施促进涉执行信访案件的及时处理。

(2)申请对案件实施"一案双查"。在消极执行、乱执行的背后,极有可能存在司法腐败。因此，最高人民法院在2019年发布《关于对执行工作实行"一案双查"的规定》（法〔2019〕232号）。执行工作"一案双查"，是指上级法院执行机构和监察机构协调配合，统筹督查下级法院执行案件办理、执行工作管理问题和干警违规违法违纪问题，依照法律、司法解释及有关规定作出处理。由于近年持续大力度的反腐，"一案双查"将对可能存在的消极执行、乱执行产生足够的震慑（见图2-8）。

  二、在（2019）川0116执恢831号案中查封被执行人孙■名下上述房屋已不存在轮候查封。三、查封的房屋抵押权金额32万元明显没有超过房屋价值。
  综上，该案系有查封在案且可供执行处置的房产，被执行人孙隆自2014年至今未履行支付货款及利息的义务，你院没有全面履行执行职责，现予督办：
  一、你院立即恢复（2014）双流执委字第54号案件的执行。
  二、立即启动对被执行人孙■所有的位于成都市双流区西航港街道锦华路一段59号康桥■■■■■■■■■■■房屋的处置程序，尽快兑付案款。
  上述事项应当在2020年8月19日前完成并书面报告本院。逾期将启动"一案双查"，追究相关人员纪律责任。

二〇二〇年五月十四日

图2-8 督办通知书（部分截图）

实务经验

1. 提级执行、指定执行不是执行监督。申请提级执行、指定执行的案件，亦以"执监字"案号立案。虽立"执监字"案号，但不同于当事人在执行异议、复议无果后所采取的执行监督。

2. 对照最高人民法院对执行案件的办理流程来梳理是否存在消极执行。最高人民法院对执行实施案件的办理设置了37个节点（如3日内分配具体案件承办人、承办法官应于收案后30日内完成网络财产查控），是否符合办理时限的规定，可以作为认定是否存在消极执行的参照。

📄 相关规定

1. 最高人民法院执行工作办公室《关于被执行人为逃避赔偿义务伙同其亲属处分肇事车辆，能否在执行程序中裁定非法占有车辆的被执行为亲属交出车款用以偿还被执行人债务的问题的答复》〔（2000）执他字第 26 号〕

青海省高级人民法院：

你院〔2000〕青法执字第 12 号请示报告收悉。经研究，现答复如下：关于你院〔1998〕青刑终字第 68 号刑事附带民事判决执行一案，如确实查明被执行人为逃避对受害人的赔偿义务，伙同其亲属处分肇事车辆，并虚构与其亲属间的债权债务关系，将卖车款分给其亲属非法占有，可以在执行程序中裁定非法占有车款的被执行人亲属交出车款，用以偿还被执行人的债务。如不符合上述条件，且被执行人无其他财产可供执行，可以中止执行。

2. 最高人民法院执行工作办公室《关于执行监督程序中裁定不予执行仲裁裁决几个问题的请示案的复函》〔（2004）执他字第 13 号〕

广东省高级人民法院：

你院《关于执行监督程序中裁定不予执行仲裁裁决几个问题的请示》收悉。经研究，答复如下：

一、关于审判部门裁定驳回当事人撤销仲裁裁决的申请后，执行部门能否再裁定不予受理的问题。

本院正在起草适用《中华人民共和国仲裁法》司法解释，其中涉及此问题已有意见，请你院待该司法解释生效后，按有关规定办理。

二、关于当事人未向审判部门提出撤销仲裁裁决的申请而在执行阶段申请不予执行的，是否由执行部门审查并依法作出裁定的问题。

《中华人民共和国民事诉讼法》第二百一十七条规定，"被申请人提出证据证明仲裁裁决有下列情形之一的，经人民法院组成合议庭审查核实，裁定不予执行……"。据此，只要是人民法院的审判人员组成的合议庭都符合法律规定。各法院可按照法院内部各部门之间业务分工的规定办理。

三、《关于上级法院执行部门是否有权监督下级法院作出的不予执行仲裁裁决裁定，是否适用法复〔1996〕8 号批复的问题》

本院《关于人民法院执行工作若干问题的规定（试行）》（以下简称《执行规定》）第一百三十条第一款规定："上级法院发现下级法院在执行中作出的裁定、决定、通知或具体执行行为不当或有错误的，应当及时指令下级法院纠正，并可以通知有关法院暂缓执行。"该条规定赋予了上级法院对下级法院在执行中作出的不当或错误裁定的监督权。上级法院的执行部门代表人民法院行使职权，有权依据《执行规定》第一百三十条监督纠正下级法院作出的不予执行仲裁裁决的裁定。而最高人民法院法复〔1996〕8号批复是针对当事人申请再审而言的，并不影响上级法院对下级法院执行工作的监督权。

此复。

3. 最高人民法院《关于如何处理人民检察院提出的暂缓执行建议问题的批复》（法释〔2000〕16号）

广东省高级人民法院：

你院粤高法民〔1998〕186号《关于检察机关对法院生效民事判决建议暂缓执行是否采纳的请示》收悉。经研究，答复如下：

根据《中华人民共和国民事诉讼法》的规定，人民检察院对人民法院生效民事判决提出暂缓执行的建议没有法律依据。

此复

第五节　如何联系执行员及反映诉求

律师们聚在一块，常常说起的一个话题就是总是联系不上执行员，电话不是占线就是长期无人接听，去办公室"堵门"、"扑空"是常态……本节的内容在带有一定关于"强制执行"特色的同时，也可适用于诉讼阶段联系法官及助理。下述方式不能保证您联系到执行员，但或许能提升您联系法院工作人员成功的概率。

17. 执行员联系方式汇总

必须承认，过去十年中，科学技术的进步让联系法院工作人员的方式发生了巨大的变化，笔者刚入职法院时，联系方式仍然是数十年不变的单线方式（固话＋邮寄），而现在变成了"多样化、立体化、全方位"联系体系。笔者将联系方式分为三类：电话式、网络式、现场式，以下分述：

（1）电话式：固话仍然是最方便的方式，一般来说，送达给当事人的材料（如传票或者司法专邮封皮上）一般都有承办执行员的联系方式。如当事人（无论是申请执行人还是被执行人）不知执行员的固话联系方式，可通过联系执行局的内勤或立案庭的导诉台（诉讼服务中心）或者法院官网公布的咨询电话获取。此外，作为律师，我们经常可以看到一些同行会拍摄某法院通讯录并发布在博客、微博以及个人的公众号中，我们可以通过网络搜索来获取这些联系方式。

由于执行工作的机动性（不同于审判人员，执行工作人员需要经常出差及外出现场办案），不少法院给执行干警配备了工作手机，方便当事人联系法官。如当事人能知晓法官的手机号码，无疑能更方便地联系法官。

如使用上述方式仍无法与案件承办人取得联系，则可以考虑通过拨打"12368"的方式来获取相关信息。实际上，拨打"12368"并不仅仅是能获取法官的联系方式，在该热线还可以实现案件信息查询及诉求反映。由于在地方上"12368"往往由省高级人民法院统一管理，通过"12368"反映的信息往往从省高级人民法院往下层传导，反而比直接向办案法院反映效果来得好。

（2）网络式：早期的网络式联络，通常是当事人或者代理律师通过@方式，向法院的官方微博、公众号留言进行。随着技术的不断完善及沟通理念的转变，今天，当事人或者律师仅在网络这一块联系法官或者反映诉求的渠道已经非常之多。例如，小程序中的"移动微法院"，以浙江法院为例，可以通过小程序"浙江移动微法院"中的"我的案件"板块，和法官实现"7

第二章 良好开端是成功的一半——强执案件的立案与管辖

×24"小时的在线互动（反应诉求、提交材料等都可实现）。又如，北京法院的"北京法院电子诉讼平台"，可以实现包括递交材料、联系法官、电子送达、信访投诉等在内的在线诉讼服务。再如，一些法院公布执行员的工作微信号也是一种非常便利、贴近当事人的方式。

除了上述方式之外，如当事人或者律师有诉求想反映，可以考虑通过最高人民法院官网"给大法官留言"（https：//liuyan.chinacourt.org/）的栏目（见图2-9）来实现。

图2-9 最高人民法院官网"给大法官留言"栏目（截图）

（3）现场式：即面对面沟通。虽然无法保证每次去都能见到承办执行工作人员，但我们可以选择概率较高的时间点前往，如法院的接待日。北京法院《执行工作规范》（2013年修订）第203条规定，每月第一个、第三个周五上午为全市法院统一的"执行接待日"，由各院执行案件承办人集中接待当事人。对接待及其处理的相关情况，应当制作笔录并入卷。如果能选择这个时间点前往法院，与法官当面沟通的概率就会高些。又如，选择法院的诸如"庭长接待日""院长接待日"前往（具体时间因法院而异），诉求（尤其是执行阶段的诉求）得到解决的效果可能会更好。

· 53 ·

18. 与执行工作人员沟通的注意事项

笔者在法院工作的时候，常常看见一些政法类报纸、杂志上会刊登一些诸如标题为"与当事人沟通技巧"的文章，上海市高级人民法院原副院长邹碧华还曾出版过一本专著——《法庭心理学》。相反，在我们律师当中，此类文章或者书籍并不多见。笔者水平有限，仅将自己从事执行员、律师所得感想相结合，以供读者参考。

（1）尽可能地配合法院工作。执行案件数量逐年增长，执行员办案数量越来越多、工作越来越忙……这些作为申请执行人的代理律师都知道，此处笔者不再罗列数字，直接上图（见图2-10）。

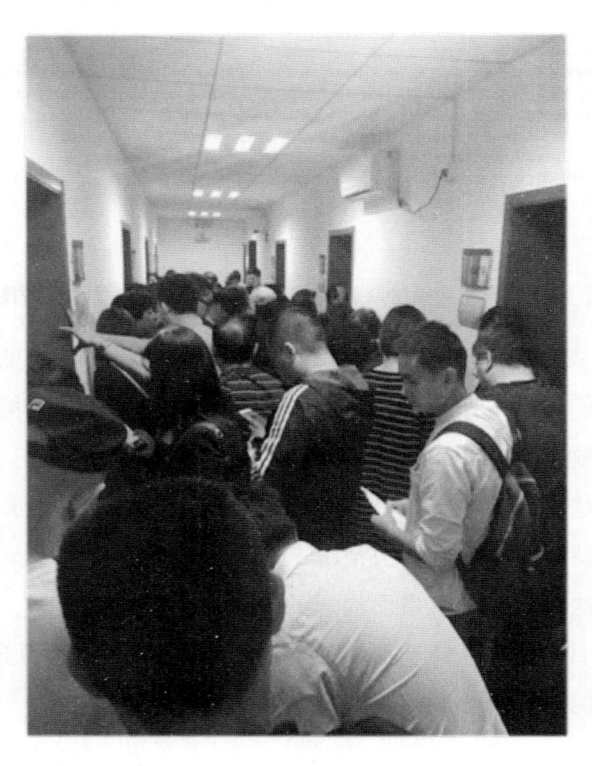

图2-10 某基层法院日常工作场景

第二章　良好开端是成功的一半——强执案件的立案与管辖

图 2-10 不是某个超市，也不是某地的政务大厅，而是某法院执行局的走廊，这样的场景，天天都在重现。

因此，作为律师，在办理执行案件时，一定不要有"案子一立，剩下的交给法院"的想法，要给办案人员提供尽可能多的财产信息以及被执行人的踪迹。例如，因为办案数量巨大以及办案实际的需要，并不是每个未结执行案件的法官都会去考虑司法拘留，采取司法拘留的前提是能找到被执行人，如何找到被执行人？执行员显然不可能替你去找，那就只能是作为代理人的你和当事人来想办法。如果能提供被执行人的确切位置信息（如日常办公地点、会议场所），每月都要被结案率考核的执行员还是很乐意去采取司法拘留措施的。如果是和执行员提前约好时间的，一定要提早到达指定地点（有可能的话去提前踩点），并尽可能多给执行员提供信息，方便定位当事人。我曾经接触过的一位女律师，甚至采取过用某聊天软件"约出"被执行人的方式帮助执行员找到被执行人。

（2）展示你的专业和敬业。对于律师来说，无论是在执行阶段还是诉讼阶段，"专业性"永远都是立身之本。绝大多数办案人员，都非常乐于和专业律师打交道。那些在讨论执行分配方案时为"抵押权的范围包括利息"据理力争的，那些争取案件暂缓执行的，那些在要求法官撤销对前任法定代表人解除限高措施而拿出相关法律检索判例的……这样的律师，也许执行工作人员也会恼他们打乱了自己的节奏，但他们还是会佩服你的专业性（前提是你的观点及支撑有理有据）。至于何谓敬业，我觉得并无定论，都在具体表现中，在客户与法官的感觉中。前文提到的为司法拘留提前去踩点的行为，我觉得就是敬业的一种表现。

（3）永远不要和办案人员争吵。与办案人员争吵，能否在当事人处获得好印象笔者不知道，但一定不能在法官处获得好印象，无论你的观点是否在理，对专业形象最大的破坏就来自带有情绪性的非专业话语。如果我们认为一个执行工作人员的作风、办案确实存在问题，理性的方法是通过纪检、信访的渠道对其进行投诉，如果执行工作人员在办案上采取了与你预想的截然不同的方式，没有关系，我们可以通过执行阶段其他救济方式来为当事人维权（执行异议、监督……总有一款适合你），对执行工作人员非理性的发泄情绪，无助于案件的解决、当事人的利益及自身专业形象。

（4）永远不要通过不法的方式来获取案件的"胜利"。某位企业家说过"永不行贿"，这话其实同样适用于每一位律师。由于执行案件是实现当事人权益的最后一道关口，在此阶段发生的司法不廉洁事件并不少见，而且往往牵连律师。一些当事人也会对律师提出要求，要求律师去联系法院"活动"。对此，笔者认为，虽然律师不是公职人员，职业的自由性也比法院高出很多，但在廉洁这一点上，二者实际上是相通的。律师应该始终不忘初心，牢记"专业人士"的定位，律师是通过运用法律武器来为客户维权，没有任何一起案件值得律师以身试法。正如电影《无间道2》中的台词所说：出来混，迟早要还的。

本节的内容，并不能保证律师次次如愿见上法官，更无法保证律师所提诉求都能得到同意，甚至都无法保证得到回应。联系不上执行工作人员（法官）的事还会发生，作为律师，与其抱怨，不如改变自己，去发现和挖掘与法官专业交流的机会。

实务经验

1. 建议在刚上班的时间点致电联系执行工作人员。一般而言，上午9点左右或者下午2点左右联系执行工作人员，电话得到接听的概率较高（工作人员一般这个时候通常会在办公室准备工作）。其他时间，执行工作人员很有可能外出或者需接待其他现场当事人而无法接听电话，即使接听，通话效果也未必好。

2. 建议使用中国邮政EMS邮寄相关材料。法院发出的司法专递统一使用中国邮政EMS，当事人或律师邮寄给法院的材料，虽然有众多快递公司可供选择，但笔者仍推荐使用中国邮政EMS。法院不同于公司，很多法院的传达室并不允许签收除EMS之外的快递。

相关规定

1. 最高人民法院《关于切实践行司法为民大力加强公正司法不断提高司法公信力的若干意见》（法发〔2013〕9号）（部分）

第18条　各级法院都要开通12368电话热线，及时接受和处理群众咨询、投诉、举报，听取意见和建议。加快建设审判流程公开、裁判文书公开、执行信息公开三大平台，适时公布审判活动信息。完善法院领导干部接待日制度和新闻发言人制度，增进社会与法院之间的相互了解、理解与信任……

2. 最高人民法院《关于建设一站式多元解纷机制一站式诉讼服务中心的意见》（法发〔2019〕19号）（部分）

第21条 推动智慧诉讼服务建设。打造依托大数据、云计算、人工智能、物联网等信息技术，贯通大厅、热线、网络、移动端，通办诉讼全程业务的"智慧诉讼服务"新模式。扩展网上服务功能，全面应用中国移动微法院，打通当事人身份认证通道，提供网上引导、立案、交退费、查询、咨询、阅卷、保全、庭审、申诉等一站式服务。加强律师服务平台建设，提供网上立案、查询、阅卷、材料提交、联系法官、证据交换、调解、开庭、代理申诉、申请执行等服务。在诉讼服务大厅配备便民服务一体机等智能化设备。完善12368诉讼服务热线智能问答系统……

3. 北京市高级人民法院《关于北京市法院实行"执行接待日"的规定》（京高法发〔2010〕101号）（部分）

一、每月第一个、第三个周五上午为全市法院统一的"执行接待日"。

二、执行接待日，由各院全体执行人员集中接待本院执行案件当事人。

三、执行案件承办人应当认真听取当事人对案件执行的意见，及时告知当事人案件进展情况，有针对性地做好解释说明和法律释明工作。

四、执行接待日，对来访当事人必须进行登记。

文书模板

授权委托书

委托人名称（姓名）：

受托人姓名： 职务：

工作单位： 电话：

我与××（案由）一案，我委托上列受托人作为执行阶段委托代理人。

代理人　　的代理权限为：1. 代为立案；2. 参加执行和解；3. 代为递送材料；4. 代为签收法律文书。

代理期限自　年　月　日至　　　　　终结止。

委托人：
年　月　日

注：

1. 执行阶段，代为放弃、变更民事权利，代为进行执行和解或代为收取执行款项的，应当有委托人的特别授权。

2. 代理结束的时间节点，根据与客户签订的代理协议确定。

第三章 对付被执行人的"兵器"
——强制执行措施解析

第一节 强制执行措施概述

强制执行之所以能对被执行人产生威慑，皆因有"强制力"的存在，可以说，强制力是执行程序最显著的特征，没有强制力的强制执行是"不发光的灯，不燃烧的火"。① 而强制执行措施正是强制力最好的体现。限制消费后无法乘坐高铁、飞机，司法拘留限制人身自由，失信被执行人名单的公示……正是因为有这些措施的存在，才使一些意图逃避的被执行人"就范"。

笔者认为，强制执行措施是指人民法院依照法定程序强制执行生效法律文书的方法和手段。《民诉法》第 21 章概括式地列举出各种强制执行措施，具体包括：对拒绝报告或者虚假报告财产情况实施罚款、拘留（第 248 条）；查询、扣押、冻结、划拨、变价被执行人财产（第 249 条）；扣留、提取收入（第 250 条）；查封、扣押、冻结、拍卖、变卖被执行人应当履行义务部分的财产（第 251 条）；搜查（第 255 条）；强制迁出房屋或者强制退出土地（第 257 条）；支付迟延履行期间的债务利息和迟延履行金（第 260 条）；限制出境，在征信系统记录、通过媒体公布不履行义务信息以及法律规定的其他措施（第 262 条）。

为方便读者理解，也使本书脉络更为清晰，笔者以能否直接实现申请执

---

① 江必新、刘贵祥主编：《最高人民法院关于人民法院办理执行异议和复议案件若干问题规定理解与适用》，人民法院出版社 2015 年版，"序言"第 1 页。

行人权益为标准,将执行措施分为直接强制措施和间接强制措施,分别加以介绍,同时考虑一些强制执行措施常组合使用(如查询、冻结、划拨),故合并介绍。直接强制执行措施包括扣划、司法拍卖、提取被执行人的收入、腾退等,间接强制执行措施包括司法拘留、限制高消费、列入失信被执行人名单、迟延履行金等。此外,因司法拍卖内容较多且在实操中争议点较多,故单独成章加以介绍。

19. 何时可启动强制执行措施

笔者先前在法院办理执行案件时,有被执行人提出没有收到执行通知书,自己的账户就被冻结或者划拨的情况。有的当事人甚至就此提出了执行异议,认为法院在办案过程中存在程序问题。很多当事人甚至认为,法院应该在发出执行通知书后方能采取强制执行措施,事实上通常也如此操作。但法律及司法解释从未规定发出执行通知书后才能采取强制执行措施。《民诉法》第247条规定:执行员接到申请执行书或者移交执行书,应当向被执行人发出执行通知,并可以立即采取强制执行措施。该条对发出执行通知作出了硬性要求,但并未对"发执行通知"和"采取强制执行措施"的顺序做硬性要求。《执行程序解释》第30条作出了更明确的规定:执行员依照《民诉法》第223条规定立即采取强制执行措施的,可以同时或者自采取强制执行措施之日起3日内发送执行通知书。该条实际上已明确说明执行员可以"先动手,后告知"。

目前通过网络在线手段采取强制执行措施越发普及,执行措施先于执行通知到达已成"新常态"。因此,从律师专业角度来说,笔者认为以此作为一个异议理由来替被执行人维权的作用非常有限(见图3-1)。

第三章 对付被执行人的"兵器"——强制执行措施解析

本院认为,根据《中华人民共和国民事诉讼法》第二百一十六条,《最高人民法院关于适用〈中华人民共和国民事诉讼法〉执行程序若干问题的解释》第三十条之规定,我院先采取强制执行措施后送达执行通知书并没有违反执行程序。另,依据湟中县人民法院(2015)湟民二初字第78号民事调解书确定的内容,双方当事人都有履行的义务,如一方不履行另一方可向法院申请执行,但另一方不能以对方有履行义务为由拒绝法院执行,因此,异议人提出的异议不能成立。故依据《中华人民共和国民事诉讼法》第二百二十五条,《最高人民法院关于适用〈中华人民共和国民事诉讼法〉执行若干问题的解释》第五条的规定,裁定如下:

驳回异议。

如不服本裁定,可以自本裁定书送达之日起十日内,向西宁市中级人民法院申请复议。

图3-1 一份执行异议裁定

注:部分截图,论述先采取强制措施后发执行通知的合理性,部分法律规定已修改。

实务经验

1. 最合理的履行期限当然是在执行依据生效后,执行依据所规定的履行期限内。如无法按规定期限履行,建议与原告(申请执行人)或者与承办执行员做好沟通。

2. 建议当事人对法院随执行通知一并发送的报告财产令予以充分重视,因"破解执行难""打击拒执"已成常态,不申报财产或者不如实申报财产可能面临罚款、拘留甚至刑事责任的追究。

相关规定

1. 最高人民法院《关于民事执行中财产调查若干问题的规定》(法释〔2017〕8号)(部分)

第3条 人民法院依申请执行人的申请或依职权责令被执行人报告财产情况的,应当向其发出报告财产令。金钱债权执行中,报告财产令应当与执行通知同时发出。

人民法院根据案件需要再次责令被执行人报告财产情况的,应当重新向其发出报告财产令。

第4条 报告财产令应当载明下列事项:

(一)提交财产报告的期限;(二)报告财产的范围、期间;(三)补充报告财产的条件及期间；（四）违反报告财产义务应承担的法律责任；（五）人民法院认为有必要载明的其他事项。

报告财产令应附财产调查表，被执行人必须按照要求逐项填写。

2. 最高人民法院《关于依法制裁规避执行行为的若干意见》（法〔2011〕195号）（部分）

严格落实财产报告制度。对于被执行人未按执行通知履行法律文书确定义务的，执行法院应当要求被执行人限期如实报告财产，并告知拒绝报告或者虚假报告的法律后果。对于被执行人暂时无财产可供执行的，可以要求被执行人定期报告。

第二节 直接强制措施

近年，中央及最高人民法院下大力气解决"执行难"，各种关于"老赖"被限制以及一些地方法院的创新措施（如对被执行人的子女的升学等加以限制）屡屡见诸报端。这些强执措施对督促被执行人履行义务发挥了应有的作用。另外，真正能兑现执行依据、实现申请执行人权益、令被执行人"肉疼"的则是直接强制措施。本节对"传统"的强执措施——"查冻扣"、执行被执行人的到期债权加以介绍。

20. 查询、冻结、划拨

查询、冻结、划拨（扣划），简称"查冻扣"。因查询、冻结属于划拨的前期动作，故在此合并介绍。

查询，是指法院依照法律规定，向相关机关调取单位或者个人的资金信息。广义上来说，司法查询不限于资金信息，还包括被执行人的婚姻状况信息、房产信息、机动车信息、股权信息及其他根据案件要求办案机关需要掌握的信息。冻结，是指人民法院在进行诉讼保全或者强制执行时，依照当事人的申请或者依照职权,对被执行人在银行等金融单位的存款采取的不准其提取或转移的一种强制措施,是法律赋予人民法院的专项职权,其目的是保证生效法律文书能够得到顺利执行。① 如前述的司法查询,广义上冻结的对象不仅限于资金,股权、机动车、房产、土地都是冻结的对象。划拨,是指人民法院通过银行或者信用合作社等单位,将作为被执行人的存款,按人民法院协助执行通知书规定的数额划入申请执行人的账户内的执行措施。② 法院在办理执行案件的过程中,扣划的对象不仅限于商业银行,信用社、公积金管理中心、社保中心乃至腾讯公司、支付宝(中国)网络技术有限公司都是协助执行对象。

2014年,最高人民法院联合原银监会出台了《关于人民法院与银行业金融机构开展网络执行查控和联合信用惩戒工作的意见》(法〔2014〕266号),笔者认为该份文件的标志性意义在于提出"网络查控"的概念,即充分利用现代网络技术,改变实地查控的做法,在线对被执行人名下的存款强制执行。

随后最高人民法院陆续出台《人民法院、银行业金融机构网络执行查控工作规范》(法〔2015〕321号)等文件,大力推进网络查控。网络查控的出现,使强执效率得到了空前的提高。举个简单的例子,笔者在法院工作时经办的一起执行案件,标的额为数十万元,在拿到案件的当晚,查控系统即反馈该被执行人在山东某银行有大额存款,如果按照传统做法,笔者去实地划拨该笔存款,来回至少需要两天的时间。但通过网络查控技术,笔者不出办公室即实现了案款的扣划。事后该被执行人在电话中表示,他自知执行案件法院会采取强制措施,正在计划转移名下存款,可怎么也没想到法院速度会如此之快。

目前,国内大部分全国性商业银行(如建设银行、农业银行、中国银行、工商银行、招商银行、中信银行、浦发银行、兴业银行)已上线银行存款网络冻结功能和网络扣划功能,部分银行上线金融理财产品网络冻结功能。除了最高人民法院通过银保监会和各大银行对接之外,各省级高级人民法院

---

① 参见江苏省泰州市海陵区人民法院执行裁定书,(2017)苏1202执异65号。
② 参见陕西省石泉县人民法院执行裁定书,(2019)陕0922执异12号。

也通过当地银保监机构与本地银行、各银行业金融机构省级分行建立网络对接。微信、支付宝也已对接网络查控系统。从笔者掌握的信息看，目前网络查控系统尚未与外资银行建立连接。

21. 不能划拨的款项

虽然划拨的威力很大，但并非"万物皆可划"，最高人民法院在不同时期，先后以批复、函、答复的形式罗列了各种不得扣划的资金。当然，在这些文件中，也说明一些款项可以扣划（如离退休金），不过需要满足一定条件。笔者经整理，以表格形式罗列如表3-1所示：

表3-1 不得扣划资金种类

资金种类	依据	内容/备注
工会经费	最高人民法院《关于产业工会、基层工会是否具备社团法人资格和工会经费集中户可否冻结划拨问题的批复》（法复〔1997〕6号）	人民法院在审理案件中，不应将工会经费视为所在企业的财产，在企业欠债的情况下，不应冻结、划拨工会经费及"工会经费集中户"的款项
党费	最高人民法院《关于强制执行中不应将企业党组织的党费作为企业财产予以冻结或划拨的通知》（法〔2005〕209号）	在企业作为被执行人时，人民法院不得冻结或划拨该企业党组织的党费，不得用党费偿还该企业的债务
信用证开证保证金	最高人民法院《关于人民法院能否对信用证开证保证金采取冻结和扣划措施问题的规定》（法释〔1997〕4号）	人民法院在审理或执行案件时，依法可以对信用证开证保证金采取冻结措施，但不得扣划
国有企业下岗职工基本生活保障资金	最高人民法院《关于严禁冻结或划拨国有企业下岗职工基本生活保障资金的通知》（法〔1999〕228号）	各地人民法院在审理和执行经济纠纷案件时，不得将该项存于企业再就业服务中心的专项资金作为企业财产处置，不得冻结或划拨该项资金用以抵偿企业债务

续表

资金种类	依据	内容/备注
社保基金	最高人民法院《关于在审理和执行民事、经济纠纷案件时不得查封、冻结和扣划社会保险基金的通知》（法〔2000〕19号）	不得查封、冻结或扣划社会保险基金；不得用社会保险基金偿还社会保险机构及其原下属企业的债务
离退休金	最高人民法院《关于执行程序中能否扣划离退休人员离休金退休金清偿其债务问题的答复》（法研〔2002〕13号）	人民法院在执行时可扣划，但应当为离退休人员留出必要的生活费用。生活费用标准可参照当地的有关标准确定
证券交易结算资金	最高人民法院《关于部分人民法院冻结、扣划被风险处置证券公司客户证券交易结算资金有关问题的通知》（〔2010〕民二他字第21号）	应严格按照《证券法》，最高人民法院《关于冻结、扣划证券交易结算资金有关问题的通知》（法〔2004〕239号），最高人民法院、最高人民检察院、公安部、中国证券监督管理委员会《关于查询、冻结、扣划证券和证券交易结算资金有关问题的通知》（法发〔2008〕4号），最高人民法院《关于依法审理和执行被风险处置证券公司相关案件的通知》（法发〔2009〕35号）的相关规定进行。人民法院在保全、执行措施中违反上述规定冻结、扣划客户证券交易结算资金的，应坚决予以纠正
邮政储蓄存款	最高人民法院《关于人民法院依法有权查询、冻结和扣划邮政储蓄存款问题的批复》（法复〔1996〕1号）	"其他有储蓄业务的单位"，包括办理邮政储蓄业务的邮政企业
国防科研经费	最高人民法院执行工作办公室《关于哈尔滨工程大学国防科研经费解除冻结，停止扣划的函》（法经〔1995〕118号函）	应属国防科工委拨付给其为完成上述项目的国家预算内拨款，不能挪作他用

续表

资金种类	依据	内容/备注
旅行社质量保证金	最高人民法院《关于执行旅行社质量保证金问题的通知》（法〔2001〕1号）	除上述情形之外，不得执行旅行社质量保证金。同时，执行涉及旅行社的经济赔偿案件时，不得从旅游行政管理部门行政经费账户上划转行政经费资金
保险公司资本保证金	中国银保监会办公厅《关于规范银行业金融机构协助有权机关办理保险公司资本保证金账户查询、冻结、扣划有关事宜的通知》（银保监办发〔2020〕91号）	银行业金融机构接到有权机关对于保险公司资本保证金账户资金的查询、冻结、扣划指令时，应当按照法律法规规定，通过人工或系统等方式，向有权机关提示账户资金仅可用于清算时清偿债务等特定用途，以及账户允许查询但不得冻结、扣划等安排

22. 保证金能否扣划

与前述达成"共识"无法扣划的款项不同，借款人存放于贷款人处的保证金能否扣划颇具争议，近年来因扣划保证金而引起的诉讼数量不少。那么保证金到底能否扣划呢？

对于这个问题，最高人民法院以指导案例54号（〔2014〕民申字第1239号——中国农业发展银行安徽省分行诉张大标、安徽长江融资担保集团有限公司执行异议之诉纠纷案）表明态度。该案裁判要旨为：当事人依约为出质的金钱开立保证金专门账户，且质权人取得对该专门账户的占有控制权，符合金钱特定化和移交占有的要求，即使该账户内资金余额发生浮动，也不影响该金钱质权的设立。该裁判要旨换句话说就是，在质权成立的情况下，债权人对保证金有优先受偿权。

由于提供保证金作为担保已是银行的一种常规操作。有效的设立质权，对银行来说就尤为重要。笔者以为，保证金质权的设立，应当满足以下条件：（1）签订生效的书面质押合同（根据《民法典》第427条，设立质权必须签订书面合同）；（2）出质人交付保证金且保证金特定化（质权自保证金交付

第三章 对付被执行人的"兵器"——强制执行措施解析

时设立,特定化即指专门用于债权担保,不做他用);(3)债权存续。

实践中大多数银行均采取了合规操作来设立质权。但笔者注意到,即使在最高人民法院发布前述指导案例后,因扣划保证金而引起的执行异议、执行异议之诉的数量仍呈现上升趋势(见图3-2)。

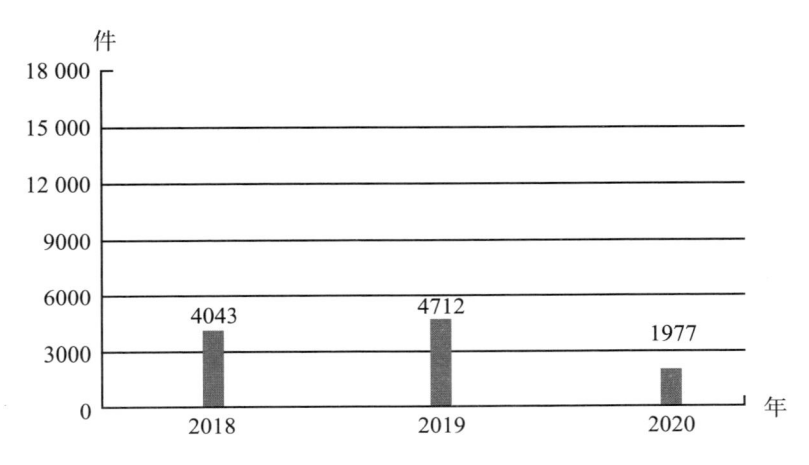

图3-2 与保证金有关的执行异议之诉数量

年份	数量(件)
2018	4043
2019	4712
2020	1977

注:本图通过"威科先行法律信息库",以"执行异议之诉""保证金"为关键词搜索而得。

之所以出现这种情况,笔者认为是因为:(1)较之查封、冻结房产、机动车后仍需通过操作变现,扣划实际是最简便、最有效实现申请执行人申请的方式;(2)网络查控系统反馈被执行人的财产信息时,并不会对是不是为保证金加以区分;(3)由于被执行人财务状况的恶化,保证金可能是相关案件申请执行人唯一的"财产线索"。

最高人民法院《关于案例指导工作的规定》(法发〔2010〕51号)第7条规定:最高人民法院发布的指导性案例,各级人民法院审判类似案例时应当参照。但是在实践中仍会有各种新的情况和见解的出现。笔者办理的一起因错误扣划保证金而引起的执行异议之诉中,在经历一审败诉、高级人民法院发回重审、二次一审、二次上诉后,最终某沿海省份高级人民法院支持了"扣划保证金"这一诉求。其理由是涉案执行标的物的执行程序已终结(已发放给申请执行人),如笔者所代理的一方仍坚持维权,应通过执行监督程序解决。

23. 如何正确地执行到期债权

执行被执行人的到期债权，其实是一个老生常谈的话题。

《执行工作规定》第45~53条已把法院执行到期债权的"正确姿势"表述得非常清楚。然而，因执行到期债权而引发的执行异议及相关纠纷仍层出不穷。如何对待被执行人的债务人提出的"异议"，常常是这些纠纷的争议焦点。概言之，在债务人提出异议的情况下，法院应无条件停止执行（债权经生效法律文书确认的除外），《执行工作规定》第47条（第三人在履行通知指定的期间内提出异议的，人民法院不得对第三人强制执行，对提出的异议不进行审查）对此已有明确说明。实际上，除了该条规定，最高人民法院在多份文件及诸多案例中对正确对待"异议"表明态度，笔者梳理规定、摘选部分案例，如表3-2、表3-3所示。

表3-2 执行在第三人处到期债权相关规定

相关规定	具体条文
最高人民法院《关于人民法院执行工作若干问题的规定（试行）》第47条	第三人在履行通知指定的期间内提出异议的，人民法院不得对第三人强制执行，对提出的异议不进行审查
最高人民法院《关于认真贯彻实施民事诉讼法及相关司法解释有关规定的通知》	在对到期债权的执行中，应当依法保护次债务人的利益，对于次债务人在法定期限内提出异议的，除到期债权系经生效法律文书确定的外，人民法院对提出的异议不予审查，即应停止对次债务人的执行，债权人可以另行提起代位权诉讼主张权利。对于其他利害关系人提出的异议符合《民诉法》第227条（现行《民诉法》第234条）规定的，人民法院应当按照相应程序予以处理
最高人民法院《关于在执行工作中规范执行行为切实保护各方当事人财产权益的通知》第3条	坚决杜绝超范围、超标的查封、扣押、冻结财产……

表3-3 执行在第三人处债权相关案例

案号	内容摘录
（2016）最高法执监25号	1. 在被执行人为工程承包方、第三人为工程发包方的情况下，如申请执行人主张对第三人予以强制执行，只能适用《执行规定》关于"被执行人到期债权的执行"相关制度。 2. 华北建设公司在本案中系作为到期债权第三人，该公司在执行过程中已对债务提出异议，无论异议是否成立，执行法院均不应进行实质审查，应释明申请执行人提起代位权诉讼予以救济，而不得对华北建设公司予以强制执行
（2017）最高法执监215号	本案中，承德市中级人民法院并未向卓越公司发出履行到期债务的通知并指定提出异议的期间，因此，卓越公司提出异议的期间并不受限，对其在执行过程中提出异议、否认债权债务关系存在的，人民法院不应予以审查。河北省高级人民法院裁定未对该事实进行审查，认为应通过审判程序解决，符合法律规定。申诉人的上述主张，缺乏法律依据，最高人民法院不予支持
（2017）最高法执监57号	在本案中，太平洋公司是否接受了内蒙古太平洋公司的财产及其接受行为是属于注册资本抽逃或正常资金往来，还是属于无偿受让等性质，应通过诉讼程序进行确认，不宜在执行程序直接加以认定。内蒙古自治区包头市中级人民法院在执行程序中直接认定太平洋公司在2477万元范围内对内蒙古太平洋公司的债务承担偿还责任并冻结相关账户，没有事实和法律依据

如果申请执行人认为被执行人在第三人处存在到期债权而第三人予以否认的话，应当通过提起代位权诉讼进行维权。而对于被执行人的债务人来说，情况可能就复杂得多。如法院错误理解"异议"，或者错误理解"次债务人""利害关系人""案外人"等概念，强行扣划被执行人的债务人的存款，则对被执行人的债务人而言维权成本非常之高。笔者办理的一起执行监督案件中就是一个典型，在该起案件中，在债务人提出异议、申请人也已提起代位权诉讼的情况下，法院仍旧强制扣划存款，当事人维权5年。在甲公司提出异议的情况下，法院仍旧冻结了其银行存款，为此该

客户几乎穷尽所有救济方式，笔者简述如下：

（1）丁公司诉丙公司，胜诉；丁公司向法院申请执行并向法院提供财产线索，丙公司在甲公司处有"债权"，法院遂向甲公司发出协助执行通知书。

（2）甲公司提出异议，未果，法院冻结甲公司账户，甲公司提出执行异议，被驳回。驳回的理由：按《民诉法》第234条审查，甲公司理由不足。

（3）执行异议之诉（一审），被驳回。驳回的理由：挂靠无法改变合同相对性。实际施工人乙公司虽对涉案工程款享有债权，但并无优先性（一审审理期间，实际施工人乙公司将发包方甲、被挂靠方丙公司诉至法院，法院判决涉案工程款归乙公司所有）。

（4）执行之诉（二审），被驳回。驳回的理由：作为协助义务人，甲公司有义务向丙公司支付剩余工程款。

（5）申请再审获得支持。支持的理由：一旦甲公司提出异议，法院即应停止执行。申请执行人丁公司如认为丙公司在甲公司处有债权，应通过代位权诉讼维权（申请再审期间，法院从甲公司账户中划拨相应款项）。

（6）此外，在执行异议之诉一审、二审期间，丁公司即已通过代位权诉讼向甲公司主张权利。经二级法院审理，均败诉被驳回。

即使是律师，也常常被"案外人""利害关系人"等概念弄得"傻傻分不清楚"。《民诉法解释》第501规定：人民法院执行被执行人对他人的到期债权，可以作出冻结债权的裁定，并通知该他人向申请执行人履行。该他人对到期债权有异议，申请执行人请求对异议部分强制执行的，人民法院不予支持。利害关系人对到期债权有异议的，人民法院应当按照《民诉法》第234条规定处理。对生效法律文书确定的到期债权，该他人予以否认的，人民法院不予支持。根据该规定，除生效法律文书确定的到期债权之外，法院执行被执行人对他人的到期债权时，存在两种情形的不同路径选择：一是"他人"提出异议时，人民法院对申请执行人的请求不予支持；二是除"他人"以外的"利害关系人"提出异议的，则按照《民诉法》中案外人执行异议的程序推进。因此，《民诉法解释》第501条第2款的"利害关系人"即是《民诉法》第234条中的"案外人"，只有落入该概念项下的主体方可提起案外人执行异议以及案外人异议之诉。倘若到期债权所指向的次债务人

（"他人"）提出执行异议后，申请执行人就无权再通过执行程序向次债务人求偿，而是应当通过代位权诉讼途径主张权利。

笔者在办理上述案件的过程中，还注意到法院在办案过程中的一个"瑕疵"——错误地使用了协助执行通知书，正确的做法应是法院向甲公司发送"到期债务履行通知书"，错用协助执行通知书与到期债务履行通知书的情况在执行过程中较为多见。到期债务履行通知书是指被执行人怠于对第三人行使债务的请求权，导致申请执行人的债权无法实现，申请执行人可以请求人民法院对第三人发出到期债务履行通知书。协助执行通知书是指针对被执行人不履行到期债务的情况下，人民法院对被执行人财产负有登记、保管等法定义务单位或者个人下发协助执行通知书，要求他们协助人民法院查询、冻结或者扣划工作。[1] 二者的区别主要体现在如下方面：

一是适用阶段不同。到期债务履行通知书仅适用于执行阶段，而协助执行通知书不仅适用于执行阶段，也适用于审判阶段（如办理保全用）。

二是针对的事项不同。到期债务履行通知书针对的是债权，并且是"明确、到期"的债权，而协助执行通知书针对的事项不仅仅是债权，也可能是收入、未到期债权或者其他事项（如查封被执行人名下不动产）。

三是接收对象不同。到期债务履行通知书发送给被执行人的债务人（次债务人），而协助执行通知书发送对象包括被执行人的工作单位、次债务人（债权未到期或相关案件尚在审判阶段）公积金管理中心、社保中心等单位。

四是救济途径不同。第三人如对法院发出的到期债务履行通知书有异议，应当在规定时限内提出，产生的效果就是法院无权对第三人采取强执措施。而对于协助执行通知，如协助执行人有异议，可以通过提出执行异议的方式来进行维权。

除了"协助执行通知书"与"到期债务履行通知书"的区别，笔者认为有必要在此处简述"到期债权"与"收入"的区别，不仅仅是律师有时对二者"傻傻分不清楚"，一些执行工作人员也对此不加以区分并错引法条。

---

[1] 陈建华：《到期债务履行通知书与协助执行通知书的区别》，载《人民法院报》2020年6月4日，第8版。

有关"收入"与"到期债权"的各种区别，网上各种法律实务文章、法学论文已多有论述，笔者在此不做赘述。笔者在这里介绍一种"简单粗暴"的办法：执行"收入"时，被执行人只能是自然人，而不能是法人。

兴许有读者提出，法律或司法解释从未规定收入的主体是自然人，笔者如何能断定收入的主体是自然人？《民诉法》第250条规定：被执行人未按执行通知履行法律文书确定的义务，人民法院有权扣留、提取被执行人应当履行义务部分的收入。但应当保留被执行人及其所扶养家属的生活必需费用。《执行工作规定》第29条规定：被执行人在有关单位的收入尚未支取的，人民法院应当作出裁定，向该单位发出协助执行通知书，由其协助扣留或提取。对其中提到的"但应当保留被执行人及其所扶养家属的生活必需费用"加以分析，即可得出"被执行人为自然人，方可执行收入"的结论。这一观点最高人民法院在众多执行审查类裁判文书中多有提及。例如，《民诉法》第250条及《执行工作若干问题规定》第35~37条规定了对被执行人收入的执行。上述规定中的"收入"是指公民基于劳务等非经营性原因所得和应得的财物，主要包括个人的工资、奖金、劳务报酬等。本案中，申请执行人主张的被执行人在卓越公司处的未支付工程款，系申请执行人主张被执行人与卓越公司之间存在建筑工程施工合同法律关系，卓越公司依据该合同所应支付的合同对价，与工资、奖金、劳务报酬等不同，不属于上述规定中的"收入"。[①] 而被执行人的到期债权所指向的次债务人既有可能是法人，也有可能是次债务人。如前所述工资、奖金、劳务报酬以及稿酬等均应归入"收入"序列，而非到期债权。

但在实践中，部分执行员对"收入""到期债权"不加区分地运用并错引法条，进而引发一系列执行异议、复议。这种做法，不仅没有很好地维护申请执行人的合法权益，也给案外人、利害关系人平添诉累，也在一定程度上造成了司法资源的浪费。最常见的一个错误是将"工程款"定性为"收入"，依《执行工作规定》第29条、第30条发出协助执行通知书及裁定，要求协助义务人不得向被执行人支付工程款。此种类型的"错误裁定"非常

---

① 最高人民法院执行裁定，(2017) 最高法执监215号。

多见，读者可自行搜索，笔者手头经办案件中亦有一例，该份裁定中，在被执行人为法人单位的情况下，法院仍引用《执行工作规定》第36条、第37条对"租金"加以控制。

实务经验

1. 目前的网络查控，对于部分金融机构的资金，无法进行额度冻结（即按照案件标的额冻结），只能进行金额冻结（在账户现有金额的范围内进行冻结）。

2. 轮候冻结不等于冻结，只有一种预期效力，轮候冻结实质上没有法律效力。

3. 银行要求客户提供保证金作为担保，一定要签订书面合同，合同名称明确表述为"保证金质押合同"。维权时如通过相关账户名称、账户设置、钱款流向等间接因素来倒推相关账户为保证金账户时则比较被动。

4. 第三人在接到到期债务履行通知书后，一定要在规定的时限内提出书面异议，口头提出异议的，也应当要求法官记入笔录。

相关规定

1. 最高人民法院、中国银行业监督管理委员会《关于进一步推进网络执行查控工作的通知》（法〔2018〕64号）（部分）

银行业金融机构应研究完善银行端，网络查控数据库，确保网络查控系统反馈的数据和线下柜台查询的数据保持一致；应提升银行端网络查控数据库性能，提高反馈速度和反馈率，解决查控数据积压问题；自收到全国法院网络执行查控系统发起的网络查控请求24小时之内，应予以有效反馈。

2. 最高人民法院印发《关于依法制裁规避执行行为的若干意见》的通知（法〔2011〕195号）（部分）

严格落实财产报告制度。对于被执行人未按执行通知履行法律文书确定义务的，执行法院应当要求被执行人限期如实报告财产，并告知拒绝报告或者虚假报告的法律后果。对于被执行人暂时无财产可供执行的，可以要求被执行人定期报告。

3. 最高人民法院《关于湖北横向经济物资贸易公司与中国冶金进出口湖北公司、中国农业银行武汉市分行汉口支行返还保证金请示案的答复》[（2001）民监他字第8号]（部分）

湖北省高级人民法院：

你院鄂高法〔2001〕127号《关于湖北横向经济贸易公司与中国冶金进出口湖北公司、中国农业银行武汉市分行汉口支行返还保证金一案的请示》收悉。经本院审判委员会研究，答复如下：

一、中国农业银行武汉市分行汉口支行强行划拨保证金，抵还其对中国冶金进出口湖北公司贷款的行为没有法律依据，构成侵权，应承担民事责任。

4. 最高人民法院执行工作办公室《关于到期债权执行中第三人超过法定期限提出异议等问题如何处理的请示的答复》（〔2005〕执他字第19号）（部分）

辽宁省高级人民法院：

你院《关于开原市农村信用社、开原市农村信用合作社联合社申请执行辽宁华银实业开发总公司一案的疑请报告》收悉。经研究，答复如下：

一、本案执行法院在向第三人送达履行到期债务通知书的同时，即裁定将第三人列为被执行人，并查封其财产，在程序上是错误的，应予纠正。

二、第三人在收到履行到期债务通知书后，未在法定期限内提出异议，并不发生承认债务存在的实体法效力。第三人在法院开始强制执行后仍有异议的，应当得到司法救济。

5. 最高人民法院执行工作办公室《对甘肃高院〈关于能否强制执行金昌市东区管委会有关财产的请示〉的复函》（〔2001〕执他字第10号）

甘肃省高级人民法院：

你院甘高法〔1999〕07号《关于能否强制执行金昌市东区管委会有关财产的请示》收悉。经研究，答复如下：

我们认为，预算内资金和预算外资金均属国家财政性资金，其用途国家有严格规定，不能用来承担连带经济责任。金昌市东区管委会属行政性单位，人民法院在执行涉及行政性单位承担连带责任的生效法律文书时，只能用该行政单位财政资金以外的自有资金清偿债务。为了保证行政单位正常的履行职能，不得对行政单位的办公用房、车辆等其他办公必需品采取执行措施。

此复

6. 最高人民法院执行工作办公室《关于攀枝花市国债服务部与重庆市涪陵财政国债服务部证券回购纠纷执行请示案的复函》（〔2003〕执他字第7号）

四川省高级人民法院：

你院〔2001〕川执督字第100号《关于攀枝花市国债服务部申请执行重庆市涪陵财政国债服务部证券回购纠纷案件的请示报告》收悉。经研究，答复如下：

同意你院第一种意见。

根据《公司法》第四条第二款规定："公司享有由股东投资形成的全部法人财产权，依法享有民事权利，承担民事责任。"因此，具有独立法人资格的重庆市涪陵国有资产经营公司（以下简称经营公司）对其持有的"长丰通信"国家股股票享有全部的财产权。被执行人重庆涪陵区财政局虽然投资开办了经营公司，并占有其100%的股权，但其无权直接支配经营公司的资产，其权力只能通过处分其股权或者收取投资权益来实现。因此，执行法院只能执行涪陵区财政局在经营公司的股权或投资权益，而不能直接执行经营公司所有的股票。

7. 最高人民法院《关于查封法院全部处分标的物后轮候查封的效力问题的批复》（法函〔2007〕100号）

北京市高级人民法院：

你院《关于查封法院全部处分标的物后，轮候查封的效力问题的请示》（京高法〔2007〕208号）收悉。经研究，答复如下：

根据《最高人民法院关于人民法院民事执行中查封、扣押、冻结财产的规定》（法释〔2004〕15号）第二十八条第一款的规定，轮候查封、扣押、冻结自在先的查封、扣押、冻结解除时自动生效，故人民法院对已查封、扣押、冻结的全部财产进行处分后，该财产上的轮候查封自始未产生查封、扣押、冻结的效力。同时，根据上述司法解释第三十条的规定，人民法院对已查封、扣押、冻结的财产进行拍卖、变卖或抵债的，原查封、扣押、冻结效力消灭，人民法院无需先行解除该财产上的查封、扣押、冻结，可直接进行处分，有关单位应当协助办理有关财产权证照转移手续。

此复

第三节　间接强制措施

如果把直接强制措施比喻成"进球"（实现申请执行人权益），那么间接强制措施就是"助攻"（督促被执行人履行义务），无论是传统的间接强制措施（如司法拘留），还是最近10来年出现的间接强制措施（如限制消费、列入失信被执行人名单），在社会整体信用体系的构建中，都发挥非常重要的作用。本节将向各位读者介绍各种常见间接强制措施。

24. 被限制消费后如何救济

限制消费，并不是将被执行人及相关人员的"消费"一棍子打死，而是限制被执行人及相关人员的"高消费"以及"非生活或者经营必需的有关消费"。根据最高人民法院官方的统计，全国法院三年共限制1985万人次高消费[①]（共限制1463万人次购买机票，限制522万人次购买动车、高铁票）。可以说，限制消费对解决"执行难"、督促被执行人履行义务发挥了重要作用。

作为律师，在办理涉及限制高消费的案件中，经常遇到两个问题：一是程序性问题，解除限高的救济途径，是提起执行异议还是申请执行实施法官纠正？二是实体性问题，即被执行人是公司的，能否对前法定代表人限高？

关于第一个问题，《强化善执意见》出台前，各个法院各有做法，甚至

[①] 周强：《全国法院三年共限制1985万人次高消费》，载中国法院网2018年1月10日，https://www.chinacourt.org/index.php/article/detail/2018/10/id/3541937.shtml。

在同一中级人民法院辖区内做法也不统一。有的法院认为应当通过执行异议解决，有的法院认为应当走"纠正"程序，有的当事人通过执行异议要求解除限高，有的当事人通过执行异议提出解除限高却被告知程序不对，去找执行实施法官处理。这种不统一的做法也令律师无所适从。

《强化善执意见》出台后，上述争论得以终止。该意见第 18 条规定：畅通惩戒措施救济渠道。自然人、法人或其他组织对被纳入失信名单申请纠正的，人民法院应当依照失信名单规定第 12 条规定的程序和时限及时审查并作出处理决定。对被采取限制消费措施申请纠正的，参照失信名单规定第 12 条规定办理。也即申请解除限高，通过"纠正"程序进行。

关于第二个问题，目前并无确定性的意见。各级法院不同的做法都有，笔者摘录支持与不支持的法院裁定如下，见表 3-4、表 3-5，供读者参考。

表 3-4　不支持对前任法定代表人限高的案例

案号	法院	"本院认为"部分
（2019）京执监 57 号	北京市高级人民法院	海淀法院不应继续对黄某以法定代表人特定身份采取限制高消费措施。第一中院裁定撤销海淀法院（2019）京 0108 执异 104 号执行裁定，解除对黄某的限制高消费措施的裁定，并无不当，本院予以支持
（2019）京 01 执异 250 号	北京市第一中级人民法院	本案中，执行法院对刘某某采取限制高消费的措施时，其已不再担任道纪公司的法定代表人，依法应当撤销对刘某某的限制高消费措施。故刘某某的请求，本院予以支持。裁定撤销本院（2018）京 01 执 712 号限制消费令对刘某某采取的限制消费措施
（2019）京 01 执复 97 号	北京市第一中级人民法院	2018 年 8 月 27 日，龙涵公司法定代表人变更后，执行法院不得再以黄某为龙涵公司法定代表人的特定身份对其限制高消费。本案中，现有证据不能证明黄某符合上述身份条件（影响债务履行的直接责任人员），故继续对其采取限制高消费措施无事实和法律依据

表 3-5　支持对前任法定代表人限高案例

案号	法院	"本院认为"部分
（2018）鲁执异 277 号	山东省高级人民法院	在判决生效前后，多次参与了新大地公司股权的转让，侯某某控制或者能够影响被执行人新大地公司的事实存在高度可能性，本院在执行实施过程中认定侯某某为被执行人新大地公司的主要负责人、影响债务履行的直接责任人并无不妥。侯某某提出异议，主张自己并非主要负责人或者影响履行债务的直接责任人员，其负有举证反驳的责任，但其并未提交充分的证据证明，该主张缺乏事实依据，本院不予支持
（2018）沪 0104 执异 222 号	上海市徐汇区人民法院	虽然杨某自 2016 年 7 月 21 日起不担任颂和公司的法定代表人，但其仍是股东，仍继续就颂和公司向孙某某还款事宜进行沟通协调，系颂和公司与孙某某签订补充协议书的经办人，也确认从其个人账户代颂和公司向孙某某支付部分本金及利息。因此，杨某系影响颂和公司债务履行的直接责任人员，本院在执行期间，限制杨某高消费的措施，于法有据。杨某的异议请求不能成立，本院不予支持
（2018）浙 1082 执异 82 号	浙江省临海市人民法院	虽然王某某提出自己目前不是法定代表人，也不是股东，要求撤销限制高消费，但作为前法定代表人、影响债务履行的直接责任人和实际控制人，在执行实施阶段，我院对其采取限制高消费的行为是合法有据的，且我院对王某某实行限制高消费措施在前，而公司法定代表人及股权变更在后，根据最高人民法院《关于公布失信被执行人名单信息的若干规定》和最高人民法院《关于限制被执行人高消费及有关消费的若干规定》的有关规定，被执行人为单位的，被纳入失信被执行人名单和采取限制消费措施后，该公司的法定代表人及影响其债务履行的直接责任人员、实际控制人员不得实施高消费行为，故其异议请求本院不予支持

可以说，大部分解除限高的案件与前任法定代表人有关。在此阶段变更法定代表人，有逃避执行的嫌疑，但是也不能排除正常商业安排、人事变动的合理需求。因此，《关于在执行工作中进一步强化善意文明执行理念的意见》第 17 条规定：单位被执行人被限制消费后，其法定代表人、主要负责人确因经营管理需要发生变更，原法定代表人、主要负责人申请解除对其本人的限制消费措施的，应举证证明其并非单位的实际控制人、影响债务履行的直接责任人员。人民法院经审查属实的，应予准许，并对变更后的法定代表人、主要负责人依法采取限制消费措施。实际上，在前述案例中，无论成功解除限高的还是没有解除的，体现的裁判理念与前述规定是一致的。因此，对于前任法定代表人而言，要想解除限高，"自证清白"很重要。

25. 一处失信、处处受限

失信被执行人，俗称"老赖"，相应的，失信被执行人名单也被称为"老赖榜"。与被限制消费对象一样，最高人民法院在官网上对二者均有公示，通过最高人民法院官网查询即可。一些地方人民法院也通过地铁站、商业广场的大显示屏对"老赖"进行公示。根据最高人民法院公示的数据，截至 2020 年 10 月 19 日，全国法院共计公布失信被执行人名单 6 082 678 例。在督促执行、完善社会信用体系方面发挥了极为重要的作用。

"一处失信、处处受限。"——这是党中央、国务院、最高人民法院在实施信用惩戒时秉持的理念。最高人民法院会同国家发改委等 40 多个部门完善工作机制，在招标投标、融资信贷、市场准入、高消费等方面对失信被执行人实行信用惩戒。笔者相信，随着社会整体信用体系的不断完善，失信被执行人将越发"寸步难行"。

笔者认为，律师在办理执行案件的过程中，应当明白并向客户释明"失信"与"限高"并非同一概念。失信被执行人（个人）就是限制高消费对象，限制高消费对象不一定是被执行人。限制高消费的对象除了被执行人之外，还可能是被执行人的法定代表人、实际控制人或者影响债务履行的直接责任人员，而失信被执行人只能是被执行人。这一点在《强化善执意见》中亦有说明。该意见第 16 条规定：单位是失信被执行人的，人民法院不得将其法定代表人、主要负责人、影响债务履行的直接责任人员、实际控制人等纳入失信名单。

26. 如何认识、运用司法拘留

在各种执行措施中，比起纳入失信被执行人名单、限制高消费等措施，"司法拘留"明显属于传统"老三样"序列的执行措施，甚至比查封、冻结、扣划这些同属传统手段的措施还要"传统"，你无法从"司法拘留"上看见一点点所谓新潮的"互联网＋"的影子。办理过司法拘留的法官和参与处理司法拘留的律师都知道，司法拘留是个不折不扣的"力气活"，同时带有一定的人身风险性，但就是这么一个"粗笨重"的活，在对付"老赖"的过程中发挥了显著的作用。在信用体系尚不完善的今天，司法拘留这种带有直接冲击力、限制人身自由的强制措施，对"老赖"的威慑力甚至可以说强过纳入失信被执行人名单、限制高消费等措施。对此笔者有深切体会，面对司法拘留，大部分被执行人都"乖乖"履行了法律文书确定的义务或者与申请人达成和解。可以这么说，一些"老赖"在面对纳入失信名单、限高措施的时候总是能发现漏洞、钻空子，但是当面对威严的法警和冰冷的手铐的时候，大多选择"投降"。对维护当事人权益如此重要的一个大招，作为律师理应了解，尤其是那些专业处理不良资产、专注执行案件的律师，更应熟悉。

（1）如何认识司法拘留。

《民诉法》及其解释中只是将其概称为"拘留"，笔者认为因为这种措施是由法院采取的，遂将其统称为"司法拘留"。最高人民法院院、公安部发布的《关于开展司法拘留社会矛盾化解工作的意见》中笼统地将司法拘留定义为"法院对妨害诉讼或执行的行为人依法采取的强制措施"。

（2）律师如何运用司法拘留。

很多法官觉得司法拘留这活没技术含量，律师也会有这种想法，觉得自

第三章 对付被执行人的"兵器"——强制执行措施解析

己在这个过程中发挥的空间不大。我想说的是，正是这个"技术含量不高"的活，能够帮助法官结案，也能帮助客户维权。

在一定程度上来说，执行工作需要当事人或律师与法官互相配合才能开展得比较好，这点在司法拘留过程中表现得尤为明显。

如果被执行人拒绝履行义务，同时，申请人这边又有信息线索找到其的话，律师和当事人需要做的是：①确定被执行人的经常居住地、工作地点，关于确定被执行人或者被执行人的法定代表人、实际控制人的地点，实际操作中是个难点，尤其是对那种警惕性比较高的被执行人，目前一些地方人民法院通过手机定位的方式来查找被执行人，这无疑是申请执行人的"福音"。②确定地点后，提前与法官联系约时间，一旦与法官约好时间，你需要提前在"行动地点"蹲守，确认被执行人在场（防止执行员跑空）。③如果被执行人"如愿"出现，恭喜你，案件有很大的概率可以进入"权利反转"，对方如能配合完全履行义务是最好的，如无法履行，这时候执行和解的权利也在你方，如对方仍旧拒绝履行，你也可以有很充分的理由要求对其实施司法拘留。

笔者分享两个我在法院曾经承办的执行案件：

①如果把追加股东、配偶为被执行人这样的活儿比作足球中的"传控技术"的话，"司法拘留"显然属于老式的"长传冲吊"，但"冲吊"有时会有意想不到的效果。我在法院刚独立承办案件不久时，在一起积案执行中，被执行公司注册资金很高，但实际就是个"皮包公司"，公司账户上分文不剩，心急如焚的申请执行人强烈要求追加公司股东为被执行人，后来我询问他能否找到被执行人的法定代表人，谈话后他通过朋友关系找到了这位被执行公司的法定代表人，于是乎，我成功地为申请执行人追回借款30余万元。

②在另外一起被执行案件中，在公司名下无财产，无法找到法定代表人的情况下，经请示领导，笔者对公司"实际控制人"实施司法拘留并成功结案。对"实际控制人"实施司法拘留，法律依据在于《民诉法》第117条，但是对于这个"实际控制人"如何认定，需要通过当事人谈话笔录、实际调查等方式加以确认。在能确认之前，慎用司法拘留。

27. "工商冻结"与"活封"机动车

商业的流动性注定企业会频繁变更股东、股权等事项，对被执行企业股权、股东变更等登记事项加以限制的强制执行措施，法院将此通称为"工商冻结"，对被执行人采取这种方式，就好比"点穴"，限制其内部更新，督促其履行。

在最高人民法院、国家工商总局《关于加强信息合作规范执行与协助执行的通知》（法〔2014〕251号）出台前，法院甚至可以不加区分地对被执行人企业的工商信息加以完全"锁定"，诸如法定代表人变更、抵押登记等事项均无法办理。该通知出台后，加之近年保护企业的呼声不断，"工商冻结"操作日渐规范化，现在市场监管局协助法院办理的事项如该通知第7条（1）查询有关主体的设立、变更、注销登记，对外投资，以及受处罚等情况及原始资料（企业信用信息公示系统已经公示的信息除外）；（2）对冻结、解除冻结被执行人股权、其他投资权益进行公示；（3）因人民法院强制转让被执行人股权，办理有限责任公司股东变更登记；（4）法律、行政法规规定的其他事项。

通过车管所查封机动车，实际上法院并未取得相关机动车的控制权，因此又被俗称为"活封"，采取"活封"措施后，相关机动车暂时无法办理过户、转出、变更、抵押、停驶、注销登记等各项登记业务，当然并不妨碍相关机动车上路行驶。执行员常说的"四查"即指"查存款、查房产、查工商、查车"。

在一些大城市，因为政府对机动车实施限购政策，随即出现"借名买车"的现象，该种现象近年有增无减，并且衍生出一系列诉讼（主要是执行异议和执行异议之诉），主要是实际买（用）车人在执行案件中以案外人的身份来主张权利，以此对抗申请人的强制执行。该类执行异议之诉常常能够得到支持（执行异议一般无法得到支持，该阶段一般不对车辆归属做实质性审查），即根据《民法典》第225条的规定及《异议和复议规定》

第 25 条将在车管所的登记定性为"登记"而非"确权",以此维护实际购买人的权益。

28. 迟延履行期间的加倍部分债务利息和迟延履行金

加倍部分债务利息是指被执行人除支付上述一般债务利息之外还应因其迟延履行而必须支付的具有惩罚性质的利息。① 迟延履行期间的债务利息包括迟延履行期间的一般债务利息和加倍部分债务利息。其中,一般债务利息是指按银行同期贷款最高利率计付的利息。本节所述内容不涉及一般债务利息。迟延履行金是指被执行人因未按生效判决、裁定和其他法律文书指定的期间履行给付金钱或其他义务时,由人民法院裁定,由被执行人缴纳用以弥补申请人损失,同时惩诫被执行人违法行为的款项。② 二者均是针对被执行人不按执行依据履行义务所采取的惩罚性措施,但仍有所不同:

一是二者指向的案件类型不同。迟延履行期间的加倍部分债务利息针对的是金钱给付类的执行案件,而迟延履行金则针对的是非金钱给付类的执行案件(如判决赔礼道歉)。

二是二者来源不同。加倍部分债务利息在相应的执行依据中均有明确表述(如果未按本判决指定的期间履行给付金钱义务,应当依照《民诉法》第260 条之规定,加倍支付迟延履行期间的债务利息),但迟延履行金则不同,属人民法院执行权调控的范畴,是在民事执行的司法实践中一种特定的促使被执行人自觉履行判决、裁定等法律文书义务的强制执行措施。③ 根据《民诉法解释》第 507 条的规定,被执行人未按判决、裁定和其他法律文书指定的期间履行非金钱给付义务的,无论是否已给申请执行人造成损失,都应当支付迟延履行金。已经造成损失的,双倍补偿申请执行人已经受到的损失;没有造成损失的,迟延履行金可以由人民法院根据具体案件情况决定。

---

① 参见北京市第二中级人民法院执行裁定书,(2015) 二中执异字第 01471 号。
② 参见江苏省南通市中级人民法院民事判决书,(2019) 苏 06 民终 1699 号裁定书。
③ 参见江苏省南通市中级人民法院民事判决书,(2019) 苏 06 民终 1699 号裁定书。

三是二者计算方式不同。根据《迟延利息解释》第1条的规定，加倍部分债务利息=债务人尚未清偿的生效法律文书确定的除一般债务利息之外的金钱债务×日万分之一点七五×迟延履行期间。但迟延履行金则不同，如前所述，迟延履行金的计算相对来说有较大自由裁量权，可由人民法院根据具体案情决定。如图3-3所示，即是一份法院酌定迟延履行金的裁定。

> 因政法频道迟延履行了"赔礼道歉"义务，根据《最高人民法院关于适用〈中华人民共和国民事诉讼法〉的解释》第五百零七条"被执行人未按判决、裁定和其他法律文书指定的期间履行非金钱给付义务的，无论是否已给申请执行人造成损失，都应当支付迟延履行金。已经造成损失的，双倍补偿申请执行人已经受到的损失；没有造成损失的，迟延履行金可以由人民法院根据具体案件情况决定。"规定，黄某某要求政法频道向其支付迟延履行金的异议请求具有法律依据，本院予以支持。结合本案具体情况，该迟延履行金本院酌定为500元。综上，依照《中华人民共和国民事诉讼法》第二百二十五条、《最高人民法院关于人民法院办理执行异议和复议案件若干问题的规定》第十七条第（三）项规定，裁定如下：
>
> 一、长沙电视台政法频道向黄某某支付迟延履行金500元；
> 二、驳回黄某某的其他异议请求。
> 如不服本裁定，可以自本裁定书送达之日起十日内，向湖南省长沙市中级人民法院申请复议。
>
> 审　判　长　彭丁云

图3-3　涉及迟延履行金的裁定（部分截图）

有关加倍部分的债务利息的利率，司法解释已经做了明确规定，有关本金、一般债务利息及加倍部分债务利息的偿付顺序问题（也就是所谓的"先本后息"还是"先息后本"的问题），将在后续财产分配章节详述。

29. 限制出境、执行悬赏、与公安机关联动

较之前述的执行措施，本部分所述的执行措施使用频率略低。但自最高人民法院提出"用两到三年的时间解决执行难"以来，本部分所述执行措施使用的频率和次数都实现了较大增长。

限制措施的使用次数随着对外交流的频繁也在上升。根据最高人民法院2019年的工作报告，2018年全国限制出境3.4万人次，同比上升54.6%。

与司法拘留一样，限制出境也采取“决定书”的形式，如对决定不服，《异议和复议规定》第 9 条规定，可向上级法院提出复议。笔者在实践中发现个别法院用“裁定”实施限制出境，笔者认为这是一个“低级错误”，如采用裁定的形式实施限制出境，将有可能导致当事人需采用异议—复议的形式来维权，而非司法解释规定的直接提起复议。

执行悬赏的依据是最高人民法院《关于民事执行中财产调查若干问题的规定》（法释〔2017〕8 号）第 21 条（被执行人不履行生效法律文书确定的义务，申请执行人可以向人民法院书面申请发布悬赏公告查找可供执行的财产），在地方人民法院的司法实践中早已有之。各地人民法院的官网基本上都能搜到各种执行悬赏公告。图 3 –4 即为一起典型执行悬赏公告。

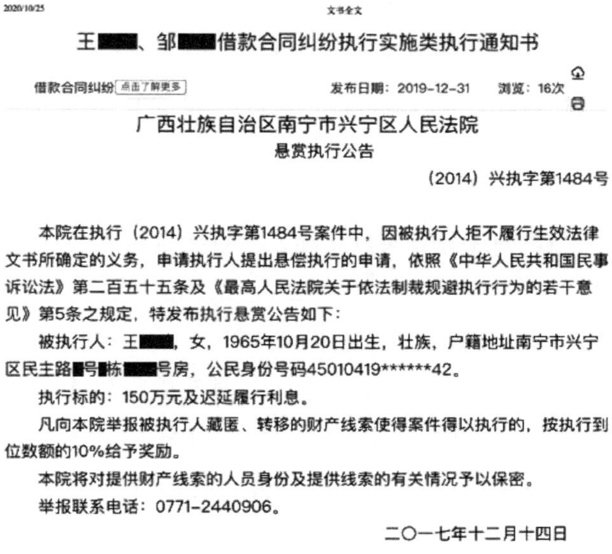
2020/10/25　　文书全文

王[redacted]、邹[redacted]借款合同纠纷执行实施类执行通知书

借款合同纠纷 点击了解更多　　发布日期：2019-12-31　浏览：16次

广西壮族自治区南宁市兴宁区人民法院

悬赏执行公告

（2014）兴执字第1484号

本院在执行（2014）兴执字第1484号案件中，因被执行人拒不履行生效法律文书所确定的义务，申请执行人提出悬偿执行的申请，依照《中华人民共和国民事诉讼法》第二百五十五条及《最高人民法院关于依法制裁规避执行行为的若干意见》第5条之规定，特发布执行悬赏公告如下：

被执行人：王[redacted]，女，1965年10月20日出生，壮族，户籍地址南宁市兴宁区民主路[redacted]号[redacted]栋[redacted]号房，公民身份号码45010419******42。

执行标的：150万元及迟延履行利息。

凡向本院举报被执行人藏匿、转移的财产线索使得案件得以执行的，按执行到位数额的10%给予奖励。

本院将对提供财产线索的人员身份及提供线索的有关情况予以保密。

举报联系电话：0771-2440906。

二〇一七年十二月十四日

图 3 –4　悬赏公告

由于法院职权及强制执行手段的局限性，法院并不能实时掌握被执行人的行踪，尤其是那些意图逃避履行义务的被执行人的行踪。因此，在实践中出现了一种做法，即在一定时期内，法院集中将一批难以查找到行踪的被执行人的公民身份证号码提供给公安部门，由公安部门将该部分被执行人身份信息录入系统，一旦该部分被执行人使用身份证（如住宿、乘坐高铁），公安就会将信息传递给法院。该种方法是法院与公安部门实现联动的一种典型方式，严格说来这并不能归入强制执行措施，而是一种工作方法。不要小瞧该种方法，笔者从事执行员工作时，曾通过该种方式拿下数起"骨头案"。该种工作方式如能实现常态化、机制化，无疑是申请执行人的"福音"。

30. 地方法院"创新型"间接强制措施

除了前述的间接强制措施外，各地法院在实践中对强制执行措施也屡有创新，笔者总结起来，大致可归为如下几类：

（1）连带类。据报道，某地一不履行义务的被执行人的子女通过公务员笔试、面试、体检后，在政审环节"卡壳"，原因是其父为"老赖"，该被执行人得知情况后，即时履行还款义务，案件得以顺利执结。类似的做法还有使不履行义务的被执行人的孩子无法顺利升学。

（2）深化执行力度类。一些地方鉴于被执行人名下机动车被查封后，仍能正常使用。与当地高速交警实行联动，一旦被执行人名下机动车要进入高速，由高速民警扣下车辆，交由法院处理。某地法院甚至对被限高的被执行人发出了"限驾令"（限制驾驶小型机动车）。

（3）加大宣传类。针对失信被执行人，某法院与某软件公司达成技术合作，"老赖"的电话无论拨打还是接听，手机屏幕上均显示"某某已被纳入失信被执行人名单"的提示字样。有的法院则专门为"老赖"设置专属彩铃。某地高院的做法更加互联网化，直接自主研发微信小程序"老赖地图"，以使用者位置为定位点，可扫描出定位点周边一定范围内的"老赖"相关信息。有的法院则在传统做法的基础上，通过视频软件发布被执行人信息。

（4）传统方式创新类。"执行无忧"悬赏保险是申请执行人以少量保费投保，在保险公司约定的范围内推出悬赏金，而有效举报"老赖"人财线索的悬赏金，则由保险公司埋单，通过赏金激励和发动社会力量参与法院执行工作，对被执行人产生一定的心理压力，促使其主动履行义务，降低申请执

第三章 对付被执行人的"兵器"——强制执行措施解析

行人负担。[①]

上述执行措施，在实践中都取得了一定成效，但能否升格为常规操作，在全国范围内推广实行，则有待进一步观察。

实务经验

1. 现法定代表人同意被出具的说明、前法定代表人与现工作单位的劳动关系证明、被执行公司的股权信息等都可以用来佐证前法定代表人的"清白"。

2. 屏蔽被执行人的失信信息的前提是被执行人主动履行完毕、法院同意。案件终结本次执行程序并无法实现屏蔽失信信息的效果。

3. 与计算上诉期限、答辩期限等不同的是，拘留的期限15日包含当日。例如，一名被执行人在当日晚间9点被送入拘留所，则此日即为其司法拘留第1日，而非从次日开始起算。如在司法拘留过程中，被执行人如提出复议，律师一定要第一时间递交复议申请，并提醒法官"特事特办"，即联系上级法院单独递交该份申请而不是统一递交，防止出现拘留期限到了，复议申请仍未递交的情况。

4. 限制出境措施既可用于诉讼阶段，也可用于执行阶段。

5. 执行案件即使以终结本次执行程序结案，仍需计算迟延履行期间的加倍部分债务利息，因为案件并未实际执结。

6. 因被执行人的申请，对生效法律文书审查而中止或暂缓执行的期间及再审中止执行的期间亦应计算加倍部分债务利息。一般债务利息不作为计算加倍部分债务利息的基数。

相关规定

1.《关于"尽快制止失信被执行人利用护照进行高消费的建议"问题的答复》

正如您来信所述，目前开展的信用惩戒均以失信被执行人身份证号码或

[①] 参见黄桂梅：《#决胜基本解决执行难#"人民法院+人民保险"凤山法院破解"执行难"有新招》，载广西法院网2018年7月25日，http://gxfy.chinacourt.gov.cn/article/detail/2018/07/id/3403323.shtml。

组织机构代码作为唯一的身份识别标识而实施，确实存在失信被执行人可以使用其他身份证件进行高消费的惩戒漏洞。这一问题的存在主要有两方面的原因：一是目前法律及司法解释均未明确在诉讼、执行立案中人民法院可以采集当事人除身份证以外的其他身份信息，因此对于已提供身份证信息的当事人，人民法院要求其提供护照等其他身份信息缺乏明确依据；二是目前人民法院缺乏采集失信被执行人身份证以外的其他身份证件信息的相关手段。

为了解决这一问题，堵塞对失信被执行人的信用惩戒漏洞，我院正积极推动与公安部出入境管理局建立网络执行查控机制，在对失信被执行人采取限制出入境措施的同时，联网查询包括护照信息在内的所有出入境证件信息。该机制的建立，能够有效采集自然人失信被执行人身份证以外的身份证件信息，并将其纳入到失信被执行人基础信息库中，作为限制其进行高消费或在各领域对其开展信用惩戒的基础身份信息，从而有效制止失信被执行人利用护照等其他身份证件进行高消费。

2. 最高人民法院《关于法院无法解除已执行完毕的银行账户查封的情况反映的答复》

王某某：

你好！我院收到你的情况反映后，及时了解了相关情况。经核查，（2013）龙法执字第00081号案件曾发布被执行人为王某某的失信记录，此外没有查到其他案件有关王丽娜的失信记录。（2013）龙法执字第00081号案件发布的失信记录目前是"已屏蔽"状态，并已将该屏蔽信息推送至各协助执行单位。另经查询人民银行征信中心个人征信记录，亦没有查到你目前存在失信情况的记录。但是，在实践中各商业银行可能会通过征信中心查询贷款人的失信被执行人状态，并在进行贷款审批时，设置相应的程序性限制。比如，查询状态为"失信中"，将不予放贷；查询状态为"已屏蔽"，亦有可能在一定期限内不予放贷。该程序限制以及是否通过贷款审批，属于商业银行的自主行为。关于你被限制贷款的具体原因，建议你与相关商业银行联系进一步确认。

3. 最高人民法院《关于"最高人民法院出台协助执行冻结股权"的答复》

为加强信息合作、规范人民法院与工商行政管理机关的协助执行工作，最高人民法院、国家工商总局于 2014 年 10 月 10 日联合发布了《关于加强信息合作规范执行与协助执行的通知》（法［2014］251 号，以下简称《加强合作通知》）。该通知对进一步加强人民法院与工商行政管理机关信息合作、进一步规范人民法院执行与工商行政管理机关协助执行等事项作了较为明确、系统的规定。

关于来信所反映的你公司在办理"股权冻结情况下，公司增资扩股工作的事宜"，遇到了很多"工商登记+法院判决"的困难，在"协助执行冻结股权"问题上，工商登记机关、人民法院执行机构标准不一、各有各的说法的问题，《加强合作通知》中已作出了明确规定。其中，《加强合作通知》第 7 条规定了工商行政管理机关协助人民法院办理的事项，具体包括"对冻结、解除冻结被执行人股权、其他投资权益进行公示"、"因人民法院强制转让被执行人股权，办理有限责任公司股东变更登记"等。《加强合作通知》第 3 条还规定，"已建立网络执行查控系统的地区，可以通过该系统办理协助事项"，第 4 条规定"未建成网络执行查控系统的地区，工商行政管理机关有条件的，可以设立专门的司法协助窗口或者指定专门的机构或者人员办理协助执行事务"。《加强合作通知》还对人民法院执行、工商行政管理机关协助执行的具体程序作了相应规定。你可按照《加强合作通知》的规定，依法要求人民法院执行机构、工商行政管理机关办理相关事宜。

关于《加强合作通知》的全文，你可登录国家工商行政管理总局门户网站予以查询。

4. 最高人民法院《关于限制出境是否属于国家赔偿范围的复函》（［2013］赔他字第 1 号）

江苏省高级人民法院：

你院（2012）苏法委赔字第 1 号《关于限制出境是否属于国家赔偿范围的请示》收悉。经研究认为，根据《中华人民共和国国家赔偿法》第三十八条的规定，人民法院在民事诉讼过程中违法采取限制出境措施的，属于国家赔偿范围。对于因违法采取限制出境措施造成当事人财产权的直接损失，可以给予赔偿。你院应针对常州市中级人民法院作出的（2007）常民一初字第 78—1 号民事决定是否构成违法采取限制出境的措施予以认定，并依法作出决定。

5. 最高人民法院《关于深化执行改革健全解决执行难长效机制的意见》（法发〔2019〕16号）（部分）

把执行联动各项工作纳入各联动部门职责范围，明确任务，夯实责任，加强考核。促进执行联动工作机制常态化运转，切实解决"联而不动、动而乏力"的问题。

6. 最高人民法院《关于执行案件中车辆登记单位与实际出资购买人不一致应如何处理问题的复函》（〔2000〕执他字第25号）

上海市高级人民法院：

你院沪高法〔1999〕321号《关于执行案件车辆登记单位与实际出资购买人不一致应如何处理的请示》收悉。经研究，答复如下：

本案被执行人即登记名义人上海福久快餐有限公司对其名下的三辆机动车并不主张所有权；其与第三人上海人工半岛建设发展有限公司签订的协议书与承诺书意思表示真实，并无转移财产之嫌；且第三人出具的购买该三辆车的财务凭证、银行账册明细表、缴纳养路费和税费的凭证，证明第三人为实际出资人，独自对该三辆机动车享有占有、使用、收益和处分权。因此，对本案的三辆机动车不应确定登记名义人为车主，而应当依据公平、等价有偿原则，确定归第三人所有。故请你院监督执行法院对该三辆机动车予以解封。

此复

文书模板

异 议

_____人民法院：

贵院发来的（案号）履行到期债务通知书收悉，我司与××公司（被执行人）之间并无任何业务往来/业务往来款已结清，故无法配合执行贵院（案号）履行到期债务通知，特此说明并提出异议。

异议人：

年 月 日

注：

1. 一定要在收到履行到期债务通知书起的 15 日内提出。"异议"不同于"执行异议"，"异议"只需提出即可，并无后续审查程序。

2. 案外人只需提出异议即可，无须提供任何往来账目、凭证供法院审核。申请人如有异议，则应通过代位权诉讼主张权利。

3. 如法院发来的是协助执行通知书，属于文件形式不对；如法院发来的履行到期债务通知书并未注明提出异议的期限，则属严重瑕疵。

纠正错误限高申请

申请人：×××，男/女，××年×月×日出生，×族，……（写明工作单位和职务或者职业），住……联系方式：……

申请执行人：×××

被执行人：×××

纠正事项：撤销依（案号）限制消费令对申请人所采取的限制消费措施。

事实和理由：（可以按序讲述在被限高前相关案件的诉讼、执行情况）。

但申请人在××年×月即已完全退出公司，既非公司法定代表人、股东，也不在公司担任任何职务，更不是公司的实际控制人、主要负责人、影响债务履行的直接责任人员。与××公司的交易完全是公司行为，与申请人个人没有任何关系。贵院对申请人所采取的限制消费措施并无法律及事实根据。

综上，申请贵院依法纠正对申请人所采取的错误限制消费措施。

此致
××人民法院

申请人：

年　月　日

注：

1. 被执行人为单位的，自然人申请纠正错误限高，根本都在于说明申请人并非被执行人时任（现任）法定代表人、负责人、实控人、影响债务履行的直接责任人员。例如，上文部分是笔者在办理一起纠正错误限高时做的论述，又如，前任法定代表人是在判决之后被更换而被限高的，因着重论述法定代表人的更换是正常的公司人事调整，并非规避。

2. 鉴于各法院在能否对前任法定代表人（负责人）采取限高措施时掌握的尺度不一，建议提交纠正申请的同时提交类案检索报告。

第四章　执行维权的另外途径
——执行和解、执行担保解析

很多当事人拿到判决书（裁决书、调解书）后，因为执行不得，常常感叹拿到的是"法律白条"，并对执行工作生出种种不解和抱怨。实际上，抛开可能存在的消极执行、拖延执行等现象，（暂时的）执行不能是当事人在市场经济条件下需要承担的法律风险。无论是申请执行人还是执行工作人员，都希望能顺利执结，一步到位。但现实往往并不如人愿，尤其是在涉及利益分配的执行阶段更为如此。在"一蹴而就"无法实现的情况下，当事人（律师）可能就需要考虑通过"迂回"的方式来维护合法权益，"迂回"的方式即本章要讲的"执行和解"与"执行担保"。

"执行和解"与"执行担保"存在已久，虽然二者是两种不同的维护申请执行人权益的方式，但二者常常同时出现，2008年《执行工作规定》将二者放置在同一部分加以规定，关于执行和解与执行担保的司法解释亦是同日发布。实际操作中，执行和解协议中往往含有执行担保条款，但因关联概念不易区分，常常引起争议。对律师而言，执行和解与执行担保操作过程中争议较多，既是律师的业务机会，也是敦促我们律师需要在这一块下功夫，以更好地维护当事人的合法权益。在一些客户看来，执行和解与执行担保与其而言已是后退一步，办理过程中若再有差池，极有可能迁怒律师。

本章内容中笔者将梳理相关法规，结合案例，以期让读者对二者有一个比较全面的了解，并有助于实际操作。

第一节 执行和解解析

31. 什么是执行和解

众所周知，我们国家十分注重调解的作用，"案件能否调解"几乎是所有民商事案件开庭笔录必备问题之一，笔者常和客户说我们国家的调解是贯穿审判全过程的。实际上，不仅仅是审判过程，无论是诉前（立案）还是诉后（执行阶段）还是庭外（行业调解），可以说"调解"无处不在，"调解"在执行阶段的表现就是"执行和解"，执行和解是指当事人在执行程序中，就如何履行执行依据所确定的内容，互相让步，自愿达成协议，以结束执行程序的行为。[①] 需要指出的是，进入强制执行程序前当事人达成的和解、执行过程中当事人私下达成的和解（没有提交执行法院）都不属于执行和解。执行阶段，在法院主持下达成的和解、当事人私下达成调解并提交法院的，都属于执行和解。

一直以来，执行和解在工作中长期存在，但相关规定一直粗放、缺失，由此引发不少争议问题（如能否依据执行和解直接办理以物抵债）。在执行和解规定出台之前，对执行和解进行规范的仅仅就是2008年《执行工作规定》第86~87条。

在笔者看来，执行和解对案件各方有如下益处：

（1）避免申请执行人被打"法律白条"。"法律白条"的说法由来已久，之所以会出现这个说法，原因就在于执行依据没有得到执行。通过执行和解，双方自愿将履行期限予以延长，最终兑现申请执行人的合法权益。例如，（平泉法院）对有部分履行能力的，要求其先在能力范围内履行，不能履行部分的，做好双方工作，制订可行的分期履行计划，确保执行工

[①] 参见陕西省高级人民法院执行裁定书，（2015）陕执复字第00010号。

第四章　执行维权的另外途径——执行和解、执行担保解析

作和谐进行。① 同时，如在执行和解中加入了执行担保，也将增大申请执行人权益的可兑现性。

（2）给予被执行人一个"喘息""重生"的机会。打一个通俗的比方，执行依据要求的是"一次付清"，执行和解则给了被执行人一个"分期付款"的机会。对于那些背负较多债务，甚至有可能破产的公司而言，执行和解对于维持企业的稳定、逐步重回正轨都大有裨益，尤其是新冠肺炎疫情期间，执行和解有效帮助很多企业复工复产。例如，临武法院接到申请后，执行干警积极联系申请执行人的同时对被执行企业的情况进行调查核实。该矿业公司是一家规模型矿业企业，注册资本1亿元，有职工400余人，由于受疫情的影响迟迟未能复工复产，已数月未发工资，职工情绪较大。在调查核实相关情况后，执行干警在被执行企业能够有效保障申请执行人胜诉权益实现的前提条件下，从疫情防控期间国家鼓励企业复工复产的大局出发，向申请执行人阐明这笔资金对于该矿业公司的重要性，最终该企业得到了申请执行人的理解，双方达成执行和解协议。申请执行人收到该矿业公司第一笔分期履行还款50万元后，执行法官迅速召集合议庭进行合议，于2020年4月22日解除了对该矿业公司银行存款的冻结，使该矿业公司得以及时复工复产。②

（3）下降法院的终本率。因执行案件终结本次执行，并未实际执结，如果执行和解是短期内能够履行并且实际履行的，法院可以"执行完毕"结案；如果是长期履行的，也可以"终结执行"的方式结案。

当然，现阶段的执行和解同样存在一些值得注意的缺陷：一是无形中可能加大申请执行人的维权成本，如果申请执行人选择通过另诉的方式去维权，无疑增加了维权的时间和成本，即使加大了被执行人应承担的法律责任，能否兑现也是未知；二是可能助长被执行人"二次失信"。如同审判阶段，执行阶段的"强调"表现为执行员在没有执行和解的可能性的情况下，强拉双

---

① 参见雷言、丽伟：《平泉：平安创建中的角色更迭》，载《人民法院报》2014年4月20日，第5版。
② 参见陈名波、李果：《临武法院助力企业复工复产》，载《人民法院报》2020年5月15日，第4版。

方进行执行和解,达成"空头执行和解",表现为履行期限过长、无担保财产、解封已查控的被执行人的财产……在这样的情况下,与其说给了被执行人一个"重整"的机会,毋宁说是给了失信被执行人"逃跑"的机会。

32. 执行和解注意事项

因执行和解而引起的争议并不少见。可以说,执行和解常见,但高质量的执行和解并不常见。这就需要律师好好把关,协助当事人(无论是申请执行人还是被执行人)杜绝隐患,能在出现争议时占据主动。

(1) 提交执行法院的"和解协议"才叫"执行和解协议"。

执行和解协议如能在法院主持下达成,则是再好不过,即使不采用当事各方各执一份的形式,相关和解内容至少也应记录法院笔录,如是双方在执行过程中私下达成,则应提交法院入卷备案。

案例12 私下达成的和解协议不属于执行和解协议

某案中申诉人认为双方已私下达成和解并履行完毕,故不应该恢复执行。但无论是异议法院、复议法院还是执行监督法院,均坚持了同一观点,即双方当事人私下达成的和解协议,并不符合执行和解协议的形式要件。本案中,申诉人与申请执行人双方未向执行法院提交书面和解协议副本附卷,也未请求执行法院的执行人员将和解协议的内容记入笔录并盖章,因此双方未达成执行和解协议。

概括说来,法院不掌握的"和解协议"不叫"执行和解协议"。对于更需要和解协议的一方而言(如被冻结账户需要通过达成和解协议谋求解冻),如双方私下和解,只需将和解协议提交(邮寄或者现场递交均可)法院即可。

(2) 接受被执行人的迟延履行、瑕疵履行,可能导致无法恢复执行,只能通过另诉解决。

对于被执行人的迟延履行(如未按约定支付款项)、瑕疵履行(如交付的房屋存有质量问题)如何处理,实际在执行和解规定出台之前,最高人民

第四章 执行维权的另外途径——执行和解、执行担保解析

法院已有表态,根据最高人民法院《关于当事人对迟延履行和解协议的争议应当另诉解决的复函》(〔2005〕执监字第 24-1 号),至于当事人对延迟履行和解协议的争议,不属执行程序处理,应由当事人另诉解决。

案例 13 达成执行和解协议后,申请执行人拒不接受迟延履行,则仍可恢复执行

某案中申请执行人与被执行人签订执行和解协议,其中约定 2015 年 8 月 30 日前被执行人应还款 100 万元,但被执行人在此期限内并未支付该款,故申请执行人于 2015 年 9 月向执行法院申请恢复执行。恢复执行初期,被执行人就履行了执行和解协议约定的剩余部分款项。

笔者以为,迟延履行不得恢复执行是有时间限制的,即应当在"约定时间—恢复执行前"这个时间段内。并且申请执行人应当接受被执行人的迟延履行。

(3)注意区分"执行和解担保"与"执行担保"。

如果仅仅是"执行和解担保",是无法直接执行担保财产或担保人财产的,根据《执行和解规定》,应当要进一步要求担保人在和解协议中承诺当被执行人不履行和解协议时自愿接受强制执行。有关"执行和解担保"与"执行担保"的区分,笔者将在下节再做论述。实际操作中,有的当事人再进一步,不仅要求执行担保,而且要求担保人根据变更、追加规定向执行法院书面承诺自愿代被执行人履行生效法律文书确定的债务,一旦出现不履行和解协议的情况,可以将担保人追加为被执行人。

案例 14 无向执行法院提供担保的意思表示,也无自愿接受执行的表示,故不构成执行担保

某案中涉案的执行和解协议中,申请执行人每年应得的收益金由案外人进行担保(执行和解协议约定,担保范围以丙方在被执行人处的出资额为限,丙方仅对本协议约定的每年付 50 万元进行担保)。后被执行人并未按约履行和解协议,申请执行人申请恢复执行,执行法院不仅直接执行丙方财产,还将丙追加为被执行人。丙方提出异议后被复议法院撤销,复议法院认为,丙方并无向执行法院提供担保的意思表示,也无自愿接受执行的表示,故不构成执行担保。

笔者以为，为避免"执行和解担保"与"执行担保"混淆，实际操作中，可避免将"执行担保"条款约定在执行和解协议中，就执行担保相关事宜单独约定。

（4）对于执行和解协议中约定的过户事项，法院不予以协助。

执行和解规定出台前，确有法院依执行和解协议协助当事人办理过户的。由于执行和解协议并不同于执行依据，并未经司法（仲裁）程序所认可，本质上属于双方当事人达成的新的民事协议，以此为据直接出具裁定办过户，不仅于法无据，而且可能损害其他债权人的权益。

案例15 法院不宜直接裁定依执行和解协议进行过户确定和协助执行

某案中双方当事人达成执行和解协议，约定被执行人将其持有的案涉股权以人民币450万元的价格抵偿给申请执行人，过户手续办理完毕后，双方之间的债权债务消灭，申请执行人向执行法院申请结案。后执行法院据此出具了以物抵债裁定，但被上级法院撤销。申请执行人不服提出执行监督，被驳回。

法院从不禁止当事人达成合意自行处置权利，但涉及财产办理过户手续的，应当由当事人自行办理，执行法院只需按照上述法律规定做执行结案处理即可，不宜直接裁定进行过户确定和协助。

（5）未明确放弃的债权可继续执行。

双方达成了执行和解协议，但并未涉及执行依据的全部内容（如并未涉及违约金部分），在这样的情况下，申请执行人可否就该部分申请恢复执行？答案是可以。

案例16 执行和解协议不要留"尾巴"

某案中双方当事人在执行中达成执行和解，约定由案外人代替被执行人偿还154万元，但对执行依据所确定的剩余款项并未涉及。后申请执行人就剩余款项申请恢复执行，被执行人主张全案执行和解，但并未提供证据，未得到法院支持。

执行和解协议本质上属于双方新达成的"合同"，《民法典》第140条规定：沉默只有在有法律规定、当事人约定或者符合当事人之间的交易习惯时，才可以视为意思表示。对于执行和解协议未涉及的债权部分,无法得出申请执行人放弃的结论。对于这点,律师在起草、审核执行和解协议时,应当加以留意。

(6)执行法院可以对执行和解协议进行审查。

法院对执行和解协议的审查,笔者认为包括两部分:一是对达成的执行和解协议进行审查(无论是法院主持下达成的还是当事人达成后提交法院的),审查的重点并不在于数额、履行期限等,重点应审查执行和解协议是否有违法之处,是否自愿,以及是否可能存在侵害第三人权益、损害其他债权人的情形;二是当申请执行人申请恢复执行或当事人申请执行结案时,应当审查执行和解协议履行情况。

案例17　执行和解在做到全面的同时,还需做到"明确"

某案中涉案的执行和解协议约定:(被执行人)补缴土地出让金234.05万元……项目经仲裁后应当执行的标的款及其他依法产生的费用等,以襄阳市中级人民法院执行庭依法核定为准。最终实际执行标的按终结前依法核定金额为准。和解协议签订后,法院从被执行人账户中扣划234.05万元发还给申请人后,出具了结案通知书。申请执行人不服提出异议被驳回。

复议法院认为,涉案和解协议并未明确和解协议"应当执行的标的款及其他依法产生的费用"具体数额。该条不仅存有歧义且当事人在履行和解协议过程中也未能达成一致意见,属于和解协议对履行标的额约定不明确且在履行过程中发生的实体争议,当事人可以通过其他途径解决。但执行法院在执行程序中对执行和解协议实体争议不能直接进行实体审查并认定和解协议的履行标的额,否则就是以执行程序代替审判程序。复议法院遂撤销异议法院作出的裁定及结案通知。[①]

33. 执行和解相关指导案例解析

最高人民法院颁布的指导案例中,与执行和解相关的共计有4个,考虑

---

① 参见湖北省高级人民法院执行裁定书,(2018)鄂执复81号。

到指导案例涉及民事、行政、刑事、执行及诉讼程序等诸多领域，以 4 个案例的比重来确立有关执行和解的规则，足见执行和解在实践中争议问题不少。这 4 个案例分别是指导案例 2 号、指导案例 119 号、指导案例 124 号、指导案例 126 号。下文笔者做简要评析，因最高人民法院在发布时已给出裁判要旨、案情简介及法院认为部分。故笔者在此基础上，缩减案情介绍，不复述"法院认为"部分，并从律师工作的角度给出评析，附带相关案例［或从正面（与指导案例类似），或从反面（曲解指导案例）来解读］。

（1）指导案例 2 号、指导案例 119 号（该两案例所涉时间节点相同，皆在强制执行之前，且均涉诉讼外和解，故一并讲述）。

指导案例 2 号裁判要旨：民事案件二审期间，双方当事人达成和解协议，人民法院准许撤回上诉的，该和解协议未经人民法院依法制作调解书，属于诉讼外达成的协议。一方当事人不履行和解协议，另一方当事人申请执行一审判决的，人民法院应予支持。

指导案例 119 号裁判要旨：执行程序开始前，双方当事人自行达成和解协议并履行，一方当事人申请强制执行原生效法律文书的，人民法院应予受理。被执行人以已履行和解协议为由提出执行异议的，可以参照《执行和解规定》第 19 条的规定审查处理。

指导案例 2 号案情简介：二审期间，被告与原告签订一份还款协议，约定了还款计划，原告放弃付息请求。后被告以自愿与对方达成和解协议为由申请撤回上诉。二审法院准予撤诉。因被告未完全履行和解协议，原告申请执行一审判决。被告向二审法院提出申请执行监督，主张不予执行一审判决。二审法院出具复函认为：一审法院受理原告申请执行已生效法律文书并无不当，应继续执行。

指导案例 119 号案情简介：二审期间，原告与被告签订《和解协议书》，约定：……至此追日电气公司与滁州建安公司所有账务结清，双方至此不再有任何经济纠纷。和解协议签订后，被告依约向最高人民法院申请撤回上诉，原告也依约向青海省高级人民法院申请解除了保全措施。被告在实际履行过程中，付款金额与双方约定数额略有差异（相差 4000 元），原告收款后出具收据，长期未提出异议。后原告申请强制执行，被告提出异议，青海省高级人民法院对被告提出的异议予以支持，最高人民法院对该异议裁定予以维持。

评析：指导案例2号再次向律师强调了执行和解的时间问题，即必须达成于强制执行期间。对于律师而言，尤其是被告方的律师而言，指导案例119号带来的警示是，此类强制执行前达成的私下和解，需要防止原告在达成和解协议并且被告如约履行的情况下，仍旧申请执行的问题。对此，在留存好按约履行的证据的同时，必须在和解协议中对此有所规制。因为一旦原告申请执行，可能给被告的日常生活造成一定影响，而且只能通过执行异议的方式来进行维权，耗时较长。而对于原告方而言，虽然《民法典》第140条规定，沉默只有在有法律规定、当事人约定或者符合当事人之间的交易习惯时，才可以视为意思表示，但在实际操作中仍应避免出现案例中描述的"沉默不语"的情况。

类似案例：（2017）浙民申2664号。

案情简介：再审申请人提出执行和解协议属于庭外协议，未有法院执行人员参加，依照最高人民法院有关吴某诉四川省眉山西城纸业有限公司的指导案例2号，不应支持该庭外协议。对此法院认为，指导案例2号系当事人未按和解协议履行还款义务，违背双方约定和诚实信用原则，对被执行人提交的以双方达成和解协议为由，主张不予执行原生效判决的请求不予支持的判例。然而，本案中已于执行和解协议订立后实际履行了还款义务，故不能适用该指导案例的裁判要旨，且庭外达成的《执行和解协议》亦属于当事人的真实意思表示，不属于法定无效事由（执行和解协议，即使是当事人私下达成，只要提交法院，也属执行和解协议）。

（2）指导案例124号裁判要旨：申请执行人与被执行人对执行和解协议的内容产生争议，客观上已无法继续履行的，可以执行原生效法律文书。对执行和解协议中原执行依据未涉及的内容，以及履行过程中产生的争议，当事人可以通过其他救济程序解决。

指导案例 124 号案情简介：执行案件双方签订执行和解协议后，执行法院委托评估，评估报告送达当事人后一方立即对评估报告提出异议，此后在执行法院的主持下，双方多次磋商，一直未能就如何履行上述和解协议达成一致。后法院认定执行案应继续执行，对于执行和解协议中双方达成的执行依据并未涉及的内容，双方可以另诉解决。

评析：由于执行和解协议本质上属于一个新的民事合同，所以笔者认为执行和解协议的内容同样要符合"明确、确定"的要求，避免在条文的解读上发生争议或者各执一词的情况。

上述案例中，涉案和解协议的部分内容缺乏最终确定性，鉴于本案和解协议在实际履行中陷入僵局，双方各执己见，一直不能达成关于资产收购的一致意见，导致本案长达十几年不能执行完毕。此外，需要注意的是，《执行和解规定》第 9 条规定：被执行人一方不履行执行和解协议的，申请执行人可以申请恢复执行原生效法律文书，也可以就履行执行和解协议向执行法院提起诉讼。该条的前提是"被执行人一方不履行执行和解协议"（本案是双方均未按约履行，法院也一直在推进执行依据的执行），在此前提下，原告（申请执行人）可以二选一（执恢或者另诉）。但本案处理采取了"各归其所"的方式，即"（属于执行依据的）继续执行 +（新达成、履行中产生的争议）另诉"。

类似案例：（2021）辽 01 执复 5 号。

案情简介：本案双方当事人达成和解协议后，法院中止执行。该和解协议约定：……被执行人将其房屋的使用权，转让给申请人，申请人可以使用该房屋、装修，收益等使用权的一切权利。使用期限为 3 年……但和解协议签订后，并未得到实际履行（被执行人与申请执行人就案涉房屋的使用及收益作出相关安排，亦不具有对抗执行法院另案中的在先保全查封行为的法律效力，同时还存在涉及妨害人民法院执行工作的情形因素），故执行法院根据指导案例 124 号恢复执行。

（3）指导案例 126 号裁判要旨：在履行和解协议的过程中，申请执行人因被执行人迟延履行申请恢复执行的同时，又继续接受并积极配合被执行人的后续履行，直至和解协议全部履行完毕的，属于《民事诉讼法》及相关司

第四章 执行维权的另外途径——执行和解、执行担保解析

法解释规定的和解协议已经履行完毕不再恢复执行原生效法律文书的情形。

指导案例 126 号案情简介：双方达成执行和解协议后，在实际履行的过程中，被执行人的履约时间较约定时间出现了迟延，但申请执行人仍选择接受。但被执行人履行主要义务完毕后，申请执行人申请恢复执行，被执行人提出异议，后案件经复议及执行监督程序，三级法院均认为和解协议已履行完毕，案件不宜恢复执行。

评析：对于被执行方而言，达成的和解协议对办理相关事宜（如产权过户、工商变更）等程序性事项需有充分的预估，留足时间，一旦签约，尽可能按照约定履行。而对申请执行人而言，本案中的情况实际类似指导案例 119 号中的情况，即对于被执行人的迟延履行，给出"旗帜鲜明"的态度（选择接受或拒绝）。

类似案例：（2018）苏执复 188 号。

案情简介：根据执行案件双方达成的协议，被执行人应当在 2013 年 12 月 31 日付清余款，但事实上，被执行人在此时间点后的 2014 年分两次完成 50 万元的支付。在此期间，申请执行人并未提出要求恢复执行。申请执行人于 2015 年提出恢复执行时，被执行人已将执行和解协议的内容履行完毕。因此，法院不予以恢复执行。

实务经验

1. 执行和解协议本质上属于当事人达成的一个新的民事合同。

2. "不履行和解协议恢复执行"适用于执行过程中。终结本次执行程序后当事人达成和解协议，即使提交法院，一方当事人不履行和解协议，案件也并不当然恢复执行。

3. 如果各被执行人的责任是独立的、可分的，在部分被执行人按照执行和解协议履行义务后，因为其他被执行人未履行或未完全履行义务而恢复对原生效法律文书执行时，应视为其已经按照和解协议履行完毕，不应再恢复对其采取执行措施。

相关规定

1. 最高人民法院《关于当事人在执行中达成和解协议且已履行完毕的不应恢复执行的函》（经他〔1995〕2号）

广东省高级人民法院：

关于广州市国营新合企业公司（以下简称"新合公司"）与深圳市蛇口区对外经济发展公司（以下简称"蛇口外经公司"）购销电冰箱合同纠纷一案的执行问题，本院经济庭曾于1994年1月6日要求你院查处，并报结果，但至今未收到你院有关处理情况的报告。新合公司清算组又多次向我院要求纠正广州市东山区法院的错误执行做法。

经审查当事人提供的材料，我院认为：新合公司与蛇口外经公司于1989年12月8日达成的以空调器抵债的和解协议已经履行完毕。蛇口外经公司提出空调器质量不合格证据不足，否认和解协议已履行完毕缺乏依据，广州市东山区法院不应恢复执行〔1989〕东法经字第231号民事判决，请你院通知广州市东山区法院终结执行。蛇口外经公司对空调器质量的异议，可由广州中院对该公司向天河区法院起诉的空调器质量纠纷一案通过审判监督程序处理。

2. 最高人民法院执行工作办公室《关于山东远东国际贸易公司诉青岛鸿荣金海湾房地产有限公司担保合同纠纷执行案的批复》〔(2003)执他字第4号〕

山东省高级人民法院：

你院《关于在人民法院判决、裁定、调解结案后，至申请执行前，当事人之间又达成新的"协议"，如何认定其效力的请示》收悉。经研究，答复如下：

当事人之间在执行前达成的和解协议，具有民事合同的效力。但协议本身并不当然影响债权人申请强制执行的权利。债权人在法定的申请执行期限内申请执行的，人民法院应当受理。

但你院请示的案件中，负有担保责任的被执行提出，因债权人远东国际贸易有限公司与主债务人等四方达成和解协议（简称四方协议），并且在其向人民法院申请解除保全查封时，明确表示调解书中确定的债务已经全部履行完毕，因此本案不能强制执行。鉴于我国目前尚无债务人异议之诉制度，执行法院应当在实际开始执行前对此予以审查核实。如果四方协议确实已经履行了，则说明原调解书确定的债务已经消灭，不能再以该调解书为依据强制执行；否则可以强制执行。

3. 最高人民法院《关于当事人对迟延履行和解协议的争议应当另诉解决的复函》（〔2005〕执监字第24－1号）

四川省高级人民法院：

关于云南龙翔实业有限责任公司（下称龙翔公司）申请执行四川省烟草公司资阳分公司简阳卷烟营销管理中心（下称烟草公司）债务纠纷一案，你院以〔2004〕川执请字第1号答复资阳市中级人民法院，认为龙翔公司申请恢复执行并无不当。烟草公司不服你院的答复，向我院提出申诉。

我院经调卷审查认为，根据我国民事诉讼法和我院司法解释的有关规定，执行和解协议已履行完毕的人民法院不予恢复执行。本案执行和解协议的履行尽管存在瑕疵，但和解协议确已履行完毕，人民法院应不予恢复执行。至于当事人对延迟履行和解协议的争议，不属执行程序处理，应由当事人另诉解决。请你院按此意见妥善处理该案。

4. 最高人民法院《关于进一步贯彻"调解优先、调判结合"工作原则的若干意见》（法发〔2010〕16号）（部分）

努力做好执行案件和解工作。要进一步改进执行方式，充分运用调解手段和执行措施，积极促成执行和解，有效化解执行难题。

5. 最高人民法院《关于进一步规范近期执行工作相关问题的通知》（法〔2018〕141号）（部分）

当事人达成执行和解协议，需要长期履行的，可以以终结执行方式（选择"和解长期履行"情形）报结。执行案件流程系统须进行相应改造，在终结执行内增加"和解长期履行"作为终结执行的一种情形；同时，对该种情形终结执行的案件在报结时可以不作必须解除强制执行措施的要求。因被执行人不履行和解协议申请执行人申请恢复执行原生效法律文书的，以恢复执行方式立案。对接使用最高人民法院执行案件流程信息管理系统的执行法院，由各高级人民法院负责改造系统；直接使用最高人民法院执行案件流程信息管理系统的执行法院，由我院负责改造系统并进行远程升级。

第二节 执行担保解析

34. 什么是执行担保

无论是申请执行人还是代理律师,抑或法官,其实都希望被执行人能一次性遵照执行依据所确定的权益来履行义务。但"理想丰满,现实骨感",很多情况下,即使被执行人有心履行,限于经济条件,当事人未必能做到一次性实现执行依据所确定的权益。在这样的情况下,申请执行人(律师)就得考虑迂回的办法,即在强制执行措施的配合下,灵活运用执行和解和执行担保来实现自身的权益。

根据《执行担保规定》,执行担保所称执行担保,是指担保人依照《民诉法》第 238 条的规定,为担保被执行人履行生效法律文书确定的全部或者部分义务,向人民法院提供的担保。同执行担保一样,一直以来,执行担保在现实工作中长期存在,但相关规定一直粗放、缺失,由此引发不少争议问题(如能否直接追加担保人为被执行人)。在执行和解规定出台之前,对执行和解进行规范的主要就是 2008 年《执行工作规定》第 86~87 条,笔者将上述两条及执行和解规定的要点呈现如表 4-1 所示。

表 4-1 执行担保相关规定集合

相关规定	要点
《执行工作规定》第 54 条	人民法院在审理案件期间,保证人为被执行人提供保证,人民法院据此未对被执行人的财产采取保全措施或解除保全措施的,案件审结后如果被执行人无财产可供执行或其财产不足清偿债务时,即使生效法律文书中未确定保证人承担责任,人民法院有权裁定执行保证人在保证责任范围内的财产

第四章 执行维权的另外途径——执行和解、执行担保解析

续表

相关规定	要点
《民诉法》第 238 条	1. 执行担保向法院提供，并经申请执行人同意。 2. 暂缓执行及暂缓执行的期限由法院决定。 3. 逾期不执行的，执行担保财产或者担保人的财产
《民诉法解释》第 470～471 条	1. 可以提供财产担保，也可由他人提供保证。 2. 执行担保人的财产以担保人应当履行义务部分的财产为限
《执行担保规定》	1. 公司为被执行人提供执行担保的，应当提交公司章程或者相关决议。 2. 暂缓执行的期限不得超过一年。 3. 不得追加担保人为被执行人。 4. 担保人担责后，可通过诉讼向被执行人追偿。 5. 本规定施行前成立的执行担保，不适用本规定

在笔者看来，执行担保对案件各方有如下益处：

（1）增大实现执行依据所确定的权益的概率。需要运用执行担保时，被执行人多为经济状况不佳的自然人或民营企业。如果不借助执行和解、执行担保，等待申请执行人的可能是"终结本次执行程序"的局面，执行担保的加入，可以说在一定程度上给申请执行人提供了一份免费的"准保险"。

执行担保不仅大大避免了法院与被执行人的直接冲突，缓解了被执行人对法院的对抗情绪，而且通过担保者劝说及释法明理并自愿提供担保，增大了案件执结的可能性。例如，2019 年以来，新疆疏附县人民法院接受此类担保执行的案件有 3 件，均在担保期限内履行完毕，占执结案件总数的 10%。[1]

（2）给被执行人一个"喘息""重生"的机会。与执行和解一样，执行担保同样是在给被执行人机会，对申请执行人而言，与其"两手空空"，不如"放水养鱼"，而对被执行人而言，执行担保的运用可能能避免自身更大的财产损失，也有机会将自身（法定代表人、实控人）从限制消费、失信被

---

[1] 参见乔桥：《新疆疏附县法院巧用执行担保措施化解"执行难"》，载全国法院切实解决执行难信息网 2019 年 9 月 25 日，http://jszx.court.gov.cn/main/LocalCourt/241625.jhtml。

执行人名单中解脱出来。从更宏观的角度看，这也符合国家保护民营企业、维护社会稳定的要求。例如，资金链断裂，价值 5 亿元资产欠费被封，某企业面临倒闭。湖北省武汉市硚口区人民法院受案后善意执行，通过置换百万元担保，帮助这家困难企业重生。①

当然，现实操作中，执行担保同样存在不少问题。由于执行担保延缓了申请执行人实现权益的时间节点，客观上造成了一些被执行人利用这段时间转移财产躲避执行的情况。而在一些提供执行担保的案件中，尤其是保证人保证的执行案件，由于保证能力存在不确定性，保证能力的动态变化给制度的实施带来诸多障碍。保证责任的履行没有强制性。执行保证在提供个人无限责任财产担保的同时，没有特定化的担保财产，缺乏对保证人财产等情况的具体审查、监控和强制措施，导致执行担保制度的适用往往流于形式，当保证人未能履行保证责任时，制度上没有有效的强制责任约束。②

35. 执行担保与类似概念的区别

在涉及执行担保的各类执行审查案件中，因概念混淆而引起的争议不在少数。笔者在此部分分析"执行担保"和"执行和解"、"执行担保"和"第三人书面承诺代为履行"、"执行担保"和"执行和解担保"的区别。争议主要发生在后两组概念。

（1）"执行和解"与"执行担保"的区别。

从字面意思看，二者并不难以区分，此处讲述二者区别，亦是帮助读者更深入理解这两个概念。

一是对象不同。执行和解协议是案件各方自愿达成的（当然也可能是在法院的主持下），而执行担保则不同，执行担保的对象是法院，担保人要向

---

① 参见涂莉、东成、余月：《武汉市硚口法院善意执行助企业重生》，载《人民法院报》2020 年 8 月 4 日，第 1 版。

② 参见杜佳鑫、王娜嬛、王东兴：《论执行保证制度的困境与解决机制》，载《人民法院报》2020 年 7 月 2 日，第 8 版。

执行法院而不是向对方当事人提供担保；同时要取得申请执行人的同意。

二是效果不同。执行和解一旦达成，所引起的效果是中止执行或案件的终结执行（选择"和解长期履行"情形）。而执行担保所引起的效果是暂缓执行。

三是期限不同。执行和解中，双方可以选择和解长期履行，笔者接触到的案例中，当事双方达成履行期1年以上的案件并不少见。而执行担保中，暂缓执行的期限最长不得超过1年。

四是被执行人不履约的后果不同。一旦被执行人不履行执行和解协议，所引起的后果是恢复执行或申请执行人另诉；而暂缓执行期限届满后被执行人仍不履行义务的，法院可以依申请执行人的申请恢复执行，并直接裁定执行担保财产或者保证人的财产。

当然，二者亦有相同之处，执行和解与执行担保，客观上都使执行程序暂时性的停止。同时，二者也不必然引起法院对被执行人解除在执行过程中所采取的强制措施。

（2）"执行担保"与"第三人书面承诺代为履行"的区别。

虽然执行担保与书面承诺的对象都是执行法院，但是二者所引起的效果却有所不同，具体来说，二者效果的区别在于能否使第三者被追加为被执行人。笔者认为，《执行担保规定》出台之前，依执行担保追加担保人为被执行人的案子不在少数，故《执行担保规定》第11条专门强调不得将担保人变更、追加为被执行人。

实际上，执行担保与第三人承诺书面履行中，虽然都包含"承诺"的意思表示，但二者承诺的内容并不相同。根据《执行担保规定》第4条，执行担保"承诺"的是"被执行人于暂缓执行期限届满后仍不履行时担保人自愿接受直接强制执行"；而根据《变更追加规定》第24条的规定，第三人（如）被追加为被执行人，需"承诺自愿代被执行人履行生效法律文书确定的债务"，显然，后者的范围超过了前者。

以（2020）云执复129号执行裁定书为例，该案中，各方当事人执行和解协议，约定："为了确保余款3 557 316.94元的支付，乙方公司（艾亭公司）、乙方法定代表人安某烈本人、乙方公司总经理徐某本人均无条件向甲方

（白某某、侯某某）承诺，分别以其名下的公司及个人、家庭财产为本合同全部还款义务的顺利履行向甲方提供无限连带保证还款责任，其各自无限连带还款责任保证期限为自本协议签订之日起至本协议约定的还款义务全部履行完毕之日止期限届满后的两年内。"异议法院据此将第三人追加为被执行人，后被复议法院撤销，复议法院认为，上述约定并无"向执行法院书面承诺自愿代被执行人履行生效法律文书确定的债务"的意思表示，属执行担保。

（3）"执行担保"与"执行和解担保"的区别。

较之于执行担保与第三人书面承诺代为履行，执行担保与执行和解担保从字面上看，确实更加不容易区分。律师在处理执行案件中，务必加以留心，否则极易陷客户于被动境地。

笔者认为，二者区别如下：

一是定位不同。笔者认为，执行担保是一种维护申请执行人合法权益的一种手段，不同于普通民事担保，而执行和解担保实为普通民事担保，适用于《民法典》关于担保的规定。

二是对象不同。执行担保的对象是执行法院，而执行和解担保是在当事人之间或当事人与第三人之间达成，对象是申请执行人。

三是效果不同。执行担保能使执行案件暂缓执行，而执行和解担保并不能使案件暂缓执行。

四是被执行人不履行义务的后果不同。执行担保中，暂缓执行期限满后，被执行人不履行义务的，法院可以执行担保财产或保证人的财产；而执行和解担保则不同，被执行人不履行义务的，申请执行人如欲追究担保人的责任，则需通过另诉的方式进行。

以（2018）桂06执异6号案为例，该案中，执行案件双方及第三方达成执行和解协议，其中约定"三、李某良与高某成对上述执行款项承担担保责任"。执行和解协议达成后，被执行人未履行相应义务。执行法院认为第三人的行为构成执行担保，裁定将其追加为被执行人（笔者认为，无论是否构成执行担保，都不应将该第三人追加为被执行人），后该裁定被执行法院撤销，法院认为，上述第三人的担保意思表示并非向执行法院作出，而是向执行申请人作出，故不构成执行担保。

鉴于实际操作中部分法官亦对二者的判断出现偏差（客观来说，相关执行担保书、执行和解协议中文字表述的模糊性也对造成这种偏差创造了空间），笔者建议，律师在办理执行担保案件时，尤其是将执行担保内容含于执行和解协议中时，明确以文字表述说明相关担保内容属于何种类型的担保，防止各方事后出现扯皮。

36. 执行担保注意事项及疑点解析

在做好准确区分执行担保与类似概念的同时，一些办理执行担保在操作中可能出现的"误差"及疑点也值得我们留意，稍不留神，可能导致"竹篮打水一场空"。

（1）执行担保的对象是法院，并得到申请执行人的同意。

关于本条注意事项，在之前的内容中已多有表述。要成立执行担保，实际需要同时得到法院和申请执行人的同意。如果申请执行人甚至律师错误以为执行担保如同执行和解，对象是申请执行人，则将生生"贻误战机"。虽然执行担保与执行和解都需要将书面材料提交给法院，但不同之处在于，执行担保需要得到法院的同意，执行和解更贴近于备案，法院对协议的合法性会进行审查，但并不干涉协议的内容。

案例18　未得到申请执行人、法院同意的"担保"并非"执行担保"

一起案件中，案外人直接向法院账户汇入1320万元为被执行人"担保"，执行监督法院认为，上述行为未得到申请执行人的同意，法院也未同意，亦未采取暂缓执行措施，故无法成立执行担保。

（2）执行担保书应具备《执行担保规定》第4条所要求的内容。

不同于《民法典》第470条对合同内容的规定是"一般包括"，《执行担保规定》第4条对执行担保书相关内容的规定是"应当载明"，也即具备担保方式、被执行人于暂缓执行期限届满后仍不履行时担保人自愿接受直接强制执行的承诺等内容的执行担保书，才是一份合格的执行担保书。一般而言，担保人的基本信息、担保方式等信息都是常规内容，通常情况下都会有表述。唯独"被执行人于暂缓执行期限届满后仍不履行时担保人自愿接受直接强制执行的承诺"的表述常被忽略，该表述的缺失，容易导致混淆执行担保与普通担保。

案例 19　缺失相关要件，"执行担保书"并未被认定为"执行担保书"

一起案例中，第三人出具的担保书虽然载明"提供执行担保"，但法院认为，该份担保书并未提供给法院，原件由申请执行人保存，且并未提及债务人到期不履行债务，担保人自愿接受强制执行的内容。故法院不认为该担保书为执行担保书。

（3）不能执行担保人对第三人的到期债权。

《执行担保规定》出台前，能否将执行担保人追加为被执行人一直是实务中的争议点，执行担保人对第三人的到期债权，前提是担保人被追加为被执行人，《执行担保规定》已明确规定不得将担保人追加为被执行人，当然也不能执行担保人对第三人的到期债权。

案例 20　对于执行担保人对第三人的到期债权，可以通过提起代位权诉讼的方式进行

担保人所提供的执行担保，以担保人对第三人的到期债权为担保。后被执行人未履行义务，法院认为，因此，对本案以外的第三人享有到期债权的主体是被执行人，并非担保人。只有当被执行人不能清偿债务时，才能向对被执行人负有履行到期债务的第三人申请执行。首创公司在本案中的法律地位是担保人，而非被执行人。关于能否执行担保人对第三人享有的到期债权，法律及司法解释没有规定，且该第三人否认存在债务。故无法执行担保人对第三人的到期债权，申请执行人如欲维权，可另行通过代位权诉讼进行。

（4）指导案例 120 号解析。

裁判要旨：在案件审理期间保证人为被执行人提供保证，承诺在被执行人无财产可供执行或者财产不足清偿债务时承担保证责任的，执行法院对保证人应当适用一般保证的执行规则。在被执行人虽有财产但严重不方便执行时，可以执行保证人在保证责任范围内的财产。

第四章　执行维权的另外途径——执行和解、执行担保解析

案情简介：诉讼程序中，案外人向青海省高级人民法院提供担保书，承诺家禾公司无力承担责任时，愿承担被告应承担的责任，担保最高限额1500万元，案件进入执行程序后，经青海省高级人民法院调查，被执行人除已经抵押的土地使用权及在建工程外（在建工程价值4亿余元），无其他可供执行财产。执行中，青海省高级人民法院作出执行裁定，要求担保人在3日内清偿金桥公司债务1500万元，并扣划担保人金泰公司银行存款820万元。担保人对此提出异议，被执行人尚有在建工程及相应的土地使用权，请求返还已扣划的资金。异议法院和执行法院均不予以支持。复议法院认为，此处担保人的承诺，类似一般保证，并非只有在债务人没有任何财产可供执行的情形下，才可以要求一般保证人承担责任，即债务人虽有财产，但其财产严重不方便执行时，可以执行一般保证人的财产。

解析：现有指导案例中，并无关于执行担保的案例。指导案例120号是现有案例中同时涉及"担保""执行"的，故在此一并讲述。笔者以为，此类案件重点在于对"严重不方便执行"的判断，指导案例中，案件标的额与被执行人名下财产价值相去甚远，且被执行人名下财产涉及抵押，显属"严重不方便执行"。再如，被执行人名下机械设备虽然价值甚高，但不易移动，且用途较窄，笔者认为也可归入"严重不方便执行"的序列。

实务经验

1. 对于案外人提供执行担保的，无论是申请执行人代理律师还是执行员，都应当对其工作背景、履行能力等有所了解。一旦出现保证人无法偿还的情况，容易引起申请执行人的不满。

2. 因执行担保而暂缓执行的，并不意味着前期执行工作中所采取的强制执行措施必然被解除。

相关规定

1. 广东省高级人民法院执行局《关于执行程序法律适用若干问题的参考意见》（部分）

问题二：申请执行人、被执行人和第三人签订执行和解协议，约定由第

三人为该协议的履行提供担保,该担保是否属于执行担保?

处理意见:同时具备以下条件的,构成执行担保:由被执行人向执行法院提出申请;该担保须经申请执行人同意且由执行法院审查许可;担保人应当向执行法院提交担保书,并将担保书副本送交申请执行人;提供财产担保的,应参照相关法律规定办理相应手续。

2. 浙江省高级人民法院执行局《关于印发〈关于执行担保若干疑难问题解答〉的通知》(浙高法执〔2013〕4号)(部分)

五、第三人以某项财产提供执行担保,但其还负有其他债务,执行担保所涉及的申请执行人对该项财产是否享有优先受偿权?

答:执行担保不同于民事担保,所涉申请执行人对担保财产不享有实体法上的优先受偿权。

但如果第三人既以某项财产提供执行担保,又以该项财产向所涉申请执行人依法设定抵押或质押,在此情况下,所涉申请执行人对该项财产享有优先受偿权。

六、第三人仅有的财产因负债被查封后,能否再为其他案件提供执行担保?

答:在此情况下,第三人只能以信用提供执行担保,即使法院接受其担保,所涉申请执行人也不能参与担保人此前被查封的财产的分配。但如果该财产执行后有剩余,或者因故被解除查封,接受执行担保的法院可对剩余部分或已经解封的财产予以执行。

文书模板

执行担保保证书

××人民法院:

你院在执行(案号)一案中,因……被执行人向你院申请暂缓执行,暂缓执行的期限是　年　月　日至　年　月　日。本人/本单位自愿提供名下产权证号为××的房产作为担保并配合办理担保物权公示手续/提供保证。如被执行人××在你院决定暂缓执行的期限届满后仍不履行义务,你院可以直接

第四章 执行维权的另外途径——执行和解、执行担保解析

执行本人/本单位的担保财产/名下财产。

保证人：
年　月　日

注：

1. 上述模板，是笔者根据最高人民法院发布的《诉讼文书样式》中"担保书模板"略加修改而成。

2. 执行担保包括财产担保和保证。笔者建议要求第三人或者被执行人提供财产作为担保，因保证并无法掌握保证人名下财产情况，可能导致被执行人规避执行。

3. 保证人如是个人，需签字并捺手印；如是单位，则需加盖公章。

（案号）案执行和解协议

甲方（申请执行人）：××公司

住所地：

乙方（被执行人）：××公司

住所地：

丙方（担保方）：××（居民身份证号码：）

地址：

联系电话：

甲、乙、丙三方经自愿友好协商，就（案号）案达成如下执行和解协议，三方遵照执行：

一、乙方按本协议支付甲方共计人民币　　万元。按本协议约定支付完毕后即视为案件执行完毕，甲方不再向乙方主张权利。

二、乙方于　年　月　日前支付甲方人民币　　万元。

三、剩余款项人民币　　万元，乙方分　期偿还甲方：

1.

2.

甲方收款账户：

户名：

开户银行：

账号：

四、如乙方按照第二条的约定支付相应款项，甲方申请解除对丙方的限制消费措施并申请将乙方移出失信被执行人名单。

五、如乙方未能按照本协议的约定按时足额支付任意一期相应款项，甲方有权申请法院恢复执行，并重新申请将乙方列为失信被执行人并对丙方实施限制高消费措施或甲方向人民法院主张乙、丙方继续履行本协议。

六、乙方按约支付本协议第二条所约定的款项后，甲方向法院申请撤回追加丙方为被执行人的起诉。

七、乙方按照本协议全部履约完毕后，甲方向法院申请执行和解完毕，（执行依据）即实际履行完毕（执行费由乙方负担），双方再无其他争议。

八、本协议一式四份，甲、乙、丙三方各执一份，××人民法院留存一份，具有同等法律效力。自三方盖章或签字（捺手印）后成立并生效。

九、履行过程中，甲、乙、丙三方对本协议的条文理解出现不一致的，以甲方意见为准。

甲方：　　　　　　乙方：　　　　　　丙方：

法定代表人：　　　法定代表人：

　　　　　　　　　　　　　　　　　　年　月　日

注：

1. 此模板源于笔者为客户起草的一份执行和解协议，为方便读者对执行和解协议有更直观的了解，最大程度地保留了协议中的内容。

2. 本模板中丙方的担保，为执行和解担保，非执行担保。

第五章　严格贯彻法定主义
——追加被执行人解析

能不能把他（她）的配偶追加进来？能不能把他们的法定代表人（股东、实际控制人）追加进来？能不能把他们的主管单位（母公司）追加进来？估计每个律师在办理执行案件遇到僵局时，都可能面对来自当事人的类似上述的"灵魂拷问"。

变更、追加当事人，其难点在于"追加"，笔者以为，"追加被执行人"类似于律师职业，都是"听起来很美，说起来很容易，做起来很难"的事。根据北京市第二中级人民法院（以下简称北京市二中院）的统计，近3年，北京市二中院执行二庭共受理追加被执行人案件356件，其中2017年受理89件，2018年受理114件，2019年1~9月受理153件。从数据来看，追加被执行人案件收案率不断攀升，但追加请求获得法院支持率并不高。从裁决结果来看，执行二庭审结的上述356件案件中，有145件被驳回追加请求（申请），约占比40.73%，75件获得支持，约占比21.07%，132件撤回追加申请，约占比37.08%，另有4件终结审查，约占比1.12%。[①] 从上述统计数据看，仅有约两成追加申请的案件得到了支持。

笔者以为，追加、变更当事人并非目的，实现执行依据所确定的权益才是目标。毋庸置疑，成功追加被执行人能增加维权筹码，更好更快地执行到位。很多时候，客户在经过释明后也知道追加被执行人的难度，一次成功的追加无疑是律师展示"软实力"的好机会。提升追加被执行人的准确率，避

[①] 参见邵倩雯：《北京二中院：申请追加被执行人案件注意误区》，载中国法院网2019年11月22日，https://www.chinacourt.org/index.php/article/detail/2019/11/id/4684750.shtml。

开常见误区，是笔者在本章内容中希望向读者传递的内容。

第一节 变更、追加当事人的"正确打开方式"

37. 追加当事人所遵循的理念

变更、追加当事人，对于案件各方主体而言都可以说是兹事体大、利益攸关。一般而言，没有请求就没有判决，没有判决就没有执行。然而，追加被执行人是个例外。被执行主体的追加，是指人民法院在民事执行程序中因出现法定原因，将与直接被执行人有义务关联的案外人，依法增加为被执行人的一项法律制度。[①] 最高人民法院于 2016 年出台《变更追加规定》，把原本散见于法律和司法解释中的关涉变更追加当事人的规定加以整合。以期变更追加当事人实践的良好运行。[②]

事实上，无论是《变更追加规定》出台前还是出台后，正如北京市二中院所统计的数据，追加被执行人的成功率一直不高。当事人各种各样的追加理由并未落入变更追加规定所列举的情形中。从最高人民法院到各地高级人民法院，或许在其他审判执行实务问题上存有争议，各有做法，然而在追加被执行人这一点上，在理念方面，从上到下，保持了高度一致——严格遵循法定主义。

"追加被执行人必须遵循法定主义原则，从现行法律和司法解释的规定看，并无关于……的规定"，"执行程序中追加被执行人，意味着直接通过执行程序确定由生效法律文书列明的被执行人以外的人承担实体责任，对各方当事人的实体和程序权利将产生极大影响。因此，追加被执行人必须遵循法定主义原则"，上述表述以及类似表述，反复出现在各级法院论理部分。

[①] 最高人民法院执行裁定书，（2019）最高法执监 91 号。
[②] 参见阙梓冰：《执行程序中变更、追加当事人制度的价值理念与具体适用》，载《人民法院报》2019 年 8 月 1 日，第 5 版。

第五章 严格贯彻法定主义——追加被执行人解析

正是因为对"法定主义"的严格遵守，实践中常常出现的一种情况是：律师援引最高人民法院《关于依法制裁规避执行行为的若干意见》（法〔2011〕195号）的相关规定申请追加被执行人而得不到支持。该意见第20条规定：依法变更追加被执行主体或者告知申请执行人另行起诉。有充分证据证明被执行人通过离婚析产、不依法清算、改制重组、关联交易、财产混同等方式恶意转移财产规避执行的，执行法院可以通过依法变更追加被执行人或者告知申请执行人通过诉讼程序追回被转移的财产。虽然很多当事人及律师援引该条要求追加被执行人，但笔者未见获得支持的案例（个别案件在执行异议阶段获得支持后又被上级法院纠正），概因上述文件并非司法解释，离婚析产、关联交易、财产混同等方式并非法定变更追加被执行人的情形。

38. 变更、追加当事人的前提条件、形式

在司法解释的层面，最高人民法院曾出台过两部关于变更、追加被执行人的司法解释，分别是2008年的《执行工作规定》（第76～83条）及《变更追加规定》。《变更追加规定》中所列的追加情形涵盖了2008年《执行工作规定》所列的情形。依照《变更追加规定》，追加被执行人的前提条件包括三种类型，笔者以表格形式概括如表5-1所示：

表5-1 《变更追加规定》中追加被执行人的前提条件

前提条件	相应法条
不能清偿生效法律文书确定的债务	第13条、第14条第1款、第15条、第16条
财产不足以清偿生效法律文书确定的债务/无遗留财产或遗留财产不足以清偿债务	第14条第2款、第17条、第18条、第19条、第20条、第25条
其他条件包括：（1）死亡；（2）分立；（3）未经清算即注销；（4）书面承诺	第10条、第12条、第21条、第23条、第24条

上述条件中,"不能清偿生效法律文书确定的债务"和"不足以清偿生效法律文书确定的债务"初看并无太大区别,细细比较之下仍有所不同。参照已废止的最高人民法院《关于适用〈中华人民共和国担保法〉若干问题的解释》(法释〔2000〕44号)第131条(本解释所称"不能清偿"指对债务人的存款、现金、有价证券、成品、半成品、原材料、交通工具等可以执行的动产和其他方便执行的财产执行完毕后,债务仍未能得到清偿的状态),"不能清偿"指对被执行人名下财产执行完毕后,债务仍未能得到清偿的状态。"不足以清偿"则是指即使被执行人的财产没有执行完毕,但根据现所控制的财产和掌握的资料,也可认定无法足额清偿所欠债务。

执行过程中,无论是变更还是追加被执行人,都需通过执行异议的方式来进行,法院出具支持或不予支持的裁定(后续可能还有执行复议或执行异议之诉)。有一种情况是,在申请执行前,生效法律文书确定的权利人在进入执行程序前合法转让债权,债权受让人直接依执行依据申请执行的,法院是否还需出具变更申请执行人的裁定?指导案例34号给出了答案,该案例所涉文书为(2012)执复字第26号,裁判要旨为生效法律文书确定的权利人在进入执行程序前合法转让债权的,债权受让人即权利承受人可以作为申请执行人直接申请执行,无须执行法院作出变更申请执行人的裁定。

笔者注意到,在执行异议之后告知当事人救济途径这一点上,一些法院或是没有指明救济途径,或是将本应通过复议救济的事由告知为通过"执行异议之诉"来救济(反之亦然)。这些程序上的低级错误,既导致追加被执行人的裁定可能被撤销,给办案法官的考核带来影响,也给当事人带来诉累,实在得不偿失。实际上,《变更追加规定》第32条说得非常清楚,即除依第14条第2款、第17~21条作出的裁定适用执行异议之诉救济之外,其他均通过复议程序进行。

实务经验

1. 案件终结本次执行程序后追加被执行人成功的,可以申请法院恢复执行。法院将新立一个案号中带有"执恢"的案件。

2. 追加被执行人也需要一个过程,并非一蹴而就,需要做好执行异议以

第五章 严格贯彻法定主义——追加被执行人解析

及执行异议之诉的准备，整个过程，可能需要耗时半年乃至一年。

3. 听证并非执行异议、复议案件的必经程序。案件是否属于"事实清楚、权利义务关系明确、争议不大"，法院有很大的自由裁量权，如果复议法院在这一点的认识上与异议法院相左，则可能以此为由发回重新审查。

📄 相关规定

1. 最高人民法院执行局《关于追加被执行人是否立执行异议立案审查的答复》

简单的快乐：

您好！《关于执行程序中被追被执行人是否应当作为执行异议立案审查的咨询》收悉。经研究，答复如下：

执行程序中追加被执行人属于执行审查类案件中执行异议案件的一种类型。《最高人民法院关于执行立案结案若干问题的意见》第九条是根据民事诉讼法的相关规定，对执行异议案件的类型予以明确，除了包括《中华人民共和国民事诉讼法》第二百二十五条、第二百二十七条规定的执行行为异议、案外人异议外，还包括管辖权异议、变更追加被执行人、债务人异议、不予执行仲裁裁决或者公证债权文书等。《最高人民法院关于人民法院办理执行异议和复议案件若干问题的规定》系对各种执行异议案件办理的规定，并非仅限于执行行为异议和案外人异议，如该司法解释第七条第二款系处理债务人异议的规定、第二十二条系处理某一情形下不予执行公证债权文书的规定。随后颁布施行的《最高人民法院关于民事执行中变更、追加当事人若干问题的规定》是处理民事执行中变更、追加当事人事宜的专门司法解释，以进一步弥补和完善民事诉讼法和原有司法解释对该部分内容规定的不足，特别是为了充分保障当事人的诉权，根据其他法律的相关规定，明确了当事人在某些情形下提起异议之诉的权利。因此，《最高人民法院关于人民法院办理执行异议和复议案件若干问题的规定》《最高人民法院关于民事执行中变更、追加当事人若干问题的规定》《最高人民法院关于执行立案结案若干问题的意见》之间，以及上述司法解释、规范性文件与《中华人民共和国民事诉讼法》之间，并不存在矛盾和冲突。追加被执行人依照最高人民法院

《关于人民法院案件案号的若干规定》，以案件类型代字"执异"立案审查，符合法律、司法解释和规范性文件的相关规定，并不表示这类案件属于执行行为异议或者案外人异议案件。

感谢您对人民法院执行工作的关心和支持！

最高人民法院执行局

2019 年 8 月 29 日

2. 最高人民法院《关于在执行工作中规范执行行为切实保护各方当事人财产权益的通知》（法〔2016〕401 号）（部分）

在执行程序中直接变更、追加被执行人的，应严格限定于法律、司法解释明确规定的情形。各级人民法院应严格依照即将施行的《最高人民法院关于民事执行中变更、追加当事人若干问题的规定》，避免随意扩大变更、追加范围。

3. 最高人民法院《关于人民法院执行公开的若干规定》（法发〔2006〕35 号）（部分）

第十二条 人民法院对案外人异议、不予执行的申请以及变更、追加被执行主体等重大执行事项，一般应当公开听证进行审查。

第二节 容易成功追加被执行人的案件类型

《变更追加规定》第 10~25 条以列举的方式说明了可以追加被执行人的 16 种情形。在追加事由中，有的追加情形成功率相对较高（如第 20 条规定的追加不能证明财产独立的一人公司的股东为被执行人），有的追加情形则相对少见（如第 25 条规定的追加无偿得到被执行人财产的企业或者法人）。丰台法院执行局审查裁决组近年来共受理 1320 件追加被执行人案件，在发布会上，丰台法院执行局法官赵乾介绍，追加被执行人成功的常见案件类型主要分为 7 种：一是不能证明公司财产独立于自己财产的一人有限责任公司的股东；二是未缴纳或未足额缴纳出资的股东；三是抽资出逃的股东；四是未依法履行出资义务即转让股权的股东；五是合伙企业的普通合伙人或有限合伙企业的有限合伙人；六是分支机构的法人；七是向执行法院书面承诺自愿代被执行人履行债务的第三人。①

本节内容，笔者参照丰台法院总结的容易追加被执行人成功的案件类型，加以归类进行介绍。

39. "混缴抽转"——追加股东为被执行人的四字诀

网上经常有文章分析公司法定代表人承担的各种风险。实际上，从追加被执行人的角度看，股东才是最大的"风险集中点"，在追加事由中，涉及股东的事项是最多的（《变更追加规定》第17~21条均涉及股东，第22条实际上也涉及股东，对第22条的解析见后文）。而且，注册资本认缴登记制的实施、实体经济的不景气都放大了股东被追加为被执行人的"风险"，笔者将追加股东为被执行人的事由概括为四个字——混缴抽转。"混"即"混同"，依《变更追加规定》第20条（作为被执行人的一人有限责任公司，财产不足以清偿生效法律文书确定的债务，股东不能证明公司财产独立于自己的财产）；"缴"即"未缴纳或未足额缴纳出资"，依《变更追加规定》第17条（作为被执行人的营利法人，财产不足以清偿生效法律文书确定的债务）；"抽"即"抽逃"，依《变更追加规定》第18条（作为被执行人的营利法人，财产不足以清偿生效法律文书确定的债务）；"转"即"提前转让"，依《变更追加规定》第19条（作为被执行人的公司，财产不足以清偿生效法律文书确定的债务，其股东未依法履行出资义务即转让股权），以下进行分述。

（1）追加一人公司的股东为被执行人是追加事由中成功率最高的。

由于举证责任的倒置，以及很多公司经营者（又具备股东身份）与公司人格混同，使追加一人公司的股东成为被执行人的成功率远远高过其他追加

---

① 参见杨澜：《丰台法院提示：追加被执行人切不可想当然》，载《丰台报》2020年10月23日，第2版。

事由。

要想追加股东为被执行人，需要具备两个条件：一是财产不足以清偿生效法律文书确定的债务，二是股东不能证明公司财产独立于自己的财产。由于举证责任的倒置，被追加方缺席听证、放弃举证的后果就是被追加为被执行人，并对涉案债务承担连带责任。

笔者注意到，面对此类案件，大部分被追加的执行人在举证方面都不太成功。如前所述，很多有限责任公司都存在"公私不分"的情况，更不要说一人有限公司。股东能成功举证，躲过被追加的情形少之又少。要想"免灾"，除了平日严格遵守财务规定，实现个人与公司的财务"隔绝"，同时，在举证中，需要提交能证明个人财产与公司财产相互独立的审计报告，如此，方不至于引火烧身。

（2）仅有未缴纳或者未足额缴纳就够了吗？

关于追加未缴纳或者未足额缴纳出资的股东为被执行人，网上文章不少，各种观点都有。如何贴近法官的思路，"追"到想"追"的人，是我们律师应做的功课。笔者在此以自身承办的案件为例，供读者朋友参考。

笔者介入该案是在案件进入强制执行后，而且笔者接手案件时案件已终结本次执行，其执行依据是一份商事仲裁裁决，被执行人是一家戏剧制作公司。该公司名下无房、无车、无存款，且卷入多起诉讼及执行案件。公司大股东为甲（公司法定代表人、实际控制人）和乙公司。

笔者接手该案后，通过查阅工商资料，发现股东甲认缴出资额为305万元，认缴期限至2033年1月。遂提起执行异议要求追加该股东，后被法院驳回，其理由是证据不足。笔者代理申请执行人继续提起执行异议之诉，得到了法院支持，将甲追加为被执行人，并在未足额缴纳的范围内承担补充责任。

法院的思路是：首先，认定被执行人已不具备清偿能力，因被执行人无房、无车、无存款，案件已终结本次执行程序。其次，法院认为需要重点审查两个问题：一是被告的出资是否应该加速到期？二是被告提出的足额缴纳是否成立？关于第一个问题，结合《变更追加规定》第17条、《企业破产法》第35条（人民法院受理破产申请后，债务人的出资人尚未完全履行出资义务的，管理人应当要求该出资人缴纳所认缴的出资，而不受出资期限的限制）等，可以认定被执行人已具备破产原因，故被告的出资应加速到期。关于第二个问题，笔者通过公司章程、工商信息、企业信用报告等加以佐证，法院认为被告应依最高人民法院《关于适用〈中华人民共和国公司法〉若干问题的规定（三）》第20条的规定（当事人之间对是否已履行出资义务发生争议，原告提供对股东履行出资义务产生合理怀疑证据的，被告股东应当就其已履行出资义务承担举证责任）承担举证责任。举证过程中，由于被告未提供第三人（被执行人）签发的出资证明书，其提供的出资凭证也无法自圆其说。最终，法院认定被告在未出资范围内对债务承担连带责任。

这是笔者在2020年办理成功的一起案件。法院论理部分虽未提及《第九次全国法院民商事审判工作会议纪要》（非司法解释，不能作为裁判依据），然而裁判思路实际与该会议纪要第6条高度一致。第6条是关于股东出资能否加速到期的问题。对此，第6条有如下说明：在注册资本认缴制下，股东依法享有期限利益。债权人以公司不能清偿到期债务为由，请求未届出资期限的股东在未出资范围内对公司不能清偿的债务承担补充赔偿责任的，人民法院不予支持。但是，下列情形除外：①公司作为被执行人的案件，人民法院穷尽执行措施而无财产可供执行，已具备破产原因，但不申请破产的；②在公司债务产生后，公司股东（大）会决议或以其他方式延长股东出资期限的。

笔者经办的该起案件，法院论理部分实际上是对上述第一种除外情形的内容的展开。《第九次全国法院民商事审判工作会议纪要》第6条的规定为律师办理此类案件指明了方向。当然，还有一个前提就是被告确实还存在未缴纳的出资。

（3）何谓"抽逃出资"。

笔者在前一节中指出，是否听证，法院有很大的自由裁量权，有些异议法院觉得"事实清楚、权利义务关系明确、争议不大"的案件，复议法院未必如此认为，并会以未进行听证为由撤销异议裁定，发回重新审查。笔者以为，虽无司法解释的明确规定，但较之其他追加的理由，认定"抽逃出资"从整体上而言相对复杂，需要抽丝剥茧、深入了解的细节更多，单凭一面之词难以认定，因此，以抽逃出资为由追加被执行人的案件，理应进行听证。笔者承办的一起对抽逃出资进行检察监督的案件中（被追加人认为其未抽逃出资，不应被追加为被执行人），检察建议中的一条便是"对复杂疑难、事实不清"的案件未进行听证，可惜法院并未采纳该建议。

以抽逃出资为由追加被执行人，需要满足如下两个条件：一是财产不足以清偿生效法律文书确定的债务；二是确有抽逃出资的行为。抽逃出资是指公司成立后股东非经法定程序从公司抽回相当于出资数额的财产，同时继续持有公司的股份。关于如何认定抽逃出资，可以参考最高人民法院《关于适用〈中华人民共和国公司法〉若干问题的规定（三）》第12条的规定［公司成立后，公司、股东或者公司债权人以相关股东的行为符合下列情形之一且损害公司权益为由，请求认定该股东抽逃出资的，人民法院应予支持：①制作虚假财务会计报表虚增利润进行分配；②通过虚构债权债务关系将其出资转出；③利用关联交易将出资转出；④其他未经法定程序将出资抽回的行为］。

根据《变更追加规定》第32条的规定，若对以抽逃出资为由追加股东或者驳回执行异议之诉不服的，应当提起执行异议之诉，而非申请复议。在有如此明确规定的情况下，笔者注意到有不少法院在此"打滑犯错"，即在不考虑实体认定是否正确的情况下，仅仅因为告知救济途径错误（应当告知提起执行异议之诉而告知通过复议程序救济），导致上级法院认定"适用法律错误"，进而导致异议裁定被撤销，发回重新审查。

在追加股东成功的理由中，常见的是"注入验资账户后即转出"的"套路"，当然，以此理由追加股东的多见于实施认缴制之前的公司，由于认缴制的实施，以此为由追加股东的案件将会逐渐减少。除此之外，笔者注意到一个理由——法定代表人的注意义务。实际上，担任法定代表人，是要承担很多责任和风险的。关于追加被执行人，对于那些挂名担任公司法定代表人的股东而言，在面对可能被追加的局面时，其很有可能因为"未尽法定代表人"的注意义务而被追加。法定代表人的注意义务实际意味着，对于自身的出资款，即使被其他股东（实际经营人或者其他高管）转走，法院仍可能会将该股东（法定代表人）追加为被执行人。

（4）可以追加未届出资期限即转让股权的股东为被执行人。

有关能否追加未届出资期限即转让股权的股东为被执行人的问题，也有很多研究文章，要求符合破产条件的有之，要求保护股东期限利益的有之，众说纷纭。

笔者以为，由于追加被执行人应严格遵循法定主义，所以，能否以未届出资期限即转让股权为由追加原股东，还是要回归法条本身。从法条本身看，这与《变更追加规定》第17条、第18条一样，都是两个条件：一是财产不足以清偿生效法律文书确定的债务；二是其股东未依法履行出资义务即转让股权。但是，如何理解"未履行出资义务即转让股权"，实践中各个法院却是各有观点，读者且先看之：

①不应追加型：北京正润能源公司于2014年4月24日成立，据公司章程记载，高某认缴出资的时间为2017年3月27日。2015年3月29日，高某将其对北京正润能源公司的500万元出资转让给国信智玺中心，并于其后办理了工商登记。北京正润能源公司对案涉债务提供担保发生于前述出资转让之后。因此，法院认为，因高某转让出资时，其认缴出资的时间尚未届满，故其出资义务一并转移。在没有证据证明其与国信智玺中心的转让行为违反法律、法规的强制性规定的情况下，高某转让出资的行为不属于出资期限届满而不履行出资义务的情形。[①]

②应当追加型：公司股东在认缴出资期限未届至即转让股权，应视为其以行为明确表示不再履行未届期的出资义务，这属于未依法履行出资义务即转让股权的情形，依申请执行人申请，应追加其为被执行人。理由：股东对公司的责任与其认缴出资的时间无关，"公司债务不能清偿"是股东承担补充责任的前提，公司章程对股东认缴出资期限的约定系内部约定，不能对抗善意第三人，认缴出资期限的约定是一个可选择的时间点，股东在未届出资期限的情况下即转让股权，可视为股东对其法定义务的"预期违约"。[②]

---

① 北京市高级人民法院判决书，(2019) 京民终359号。
② 李春芬、廉玉光、王惠敏：《能否追加未届认缴出资期限即转让股权的股东为被执行人》，载《人民法院报》2019年9月12日，第9版。

③视情况追加型：认缴的股份实质上是股东对公司承担的负有期限利益的债务，在股权转让得到公司认可的情况下，视为公司同意债务转移，出让人退出出资关系，不再承担出资义务，除非有证据证明其系恶意转让以逃避该出资义务……周某义在出资期限即将届满之前的诉讼过程中再次转让股权，具有转让股权以逃避出资义务的恶意，有违诚信，侵害了金州公司对外债权人天顺公司的合法权益，不能就此免除其对金州公司补足出资，并对金州公司不能清偿的生效法律文书确定的债务承担补充赔偿责任的义务……许某兰在金州公司认缴的出资期限届满前转让股权不属于瑕疵股权转让，亦无证据证明其转让股权具有逃避出资义务的恶意，其对金州公司不再负有补足出资的义务，亦不应再对股权转让之后金州公司负有的对外债务中不能清偿的部分承担补充清偿责任。[①]

《第九次全国法院民商事审判工作会议纪要》中明确指出，在注册资本认缴制下，股东依法享有期限利益。因此，笔者以为上述第二种观点并不可取，如果将那些未届出资期限即转让股权的原股东一概追加进来，无疑会大大扼杀经济活力。正如第一种观点所言，未届出资期限即转让股权的，出资义务当然也一并转让。

笔者以为，在上述观点中，第三种观点更为可取，对于那些存有恶意的股东，如公司已无能力偿还债务，在这种情况下仍旧转让未届出资期限的股权的，其可被追加为被执行人。对于那些公司在正常运营期间，有充足资产偿还债务的，股东当然可以转让股权，包括出资期限未届满的。

40. 确认"非独立"关系，追加法人（直接执行分支机构的财产）

无论是追加法人为被执行人抑或是直接执行法人分支机构的财产，前提都是"不能清偿生效法律文书确定的债务"。当被执行人是法人时，直接执行法人分支机构的财产还有限制，即"直接管理的责任财产不能清偿"。追

[①] 四川省高级人民法院民事判决书，(2019) 川民终277号。

加法人（直接执行分支机构的财产）的要点在于需要确定被执行人与待追加主体之间、被执行人与"分支机构"（需法院确认是否属于分支机构）之间存在"非独立关系"。根据《企业法人登记管理条例》第 34 条的规定，企业法人设立不能独立承担民事责任的分支机构，由该企业法人申请登记，经登记主管机关核准，领取营业执照，在核准登记的经营范围内从事经营活动。法人通常会在企业内部设立各种职能部门（如法务部、人力资源部等），因此需要将二者加以区别，职能部门与分支机构的区别在于是否领取营业执照。

较之疑点更多的追加股东为被执行人而言，笔者以为该点比较容易理解，实践中争议不多。当然，仍有申请执行人或者法院在此处把握不准，或是导致浪费时间，平添诉累。例如，有的法院将协助执行人等同于被执行人，将擅自解冻待扣划款项银行的上级分行列为被执行人的；再如，有申请执行人将政府下属事业单位与政府的关系理解为分支机构与法人的关系，进而要追加政府为被执行人的；又如，有的法院在《变更追加规定》已有明确规定的情况下，将法人的分支机构追加为被执行人后再采取强制措施。

相应法条能否脱口而出并不重要，笔者以为，无论是作为申请执行人还是作为其他方的代理人，律师需要始终谨记追加被执行人应严格遵循法定主义。只有以此为行动理念，方能维护好当事人的合法权益。

41. "明确"承诺代为履行

根据《变更追加规定》第 24 条，要追加第三人为被执行人，必须符合几个条件：一是第三人要提交书面承诺，二是该承诺是向执行法院提交的，三是该承诺的内容为第三人自愿代为履行债务。[①] 笔者以为，除了上述条件，还有一个条件同样不可忽视，即本条置首的时限要求——"执行中"，时段、提交对象的限制，排除了执行前的和解以及当事人之间的私下和解。

[①] 海南省高级人民法院执行裁定书，(2020) 琼执复 49 号。

较之颇具"技术含量"的追加股东为被执行人,笔者以为追加承诺代为履行的第三人为被执行人的要义在于明确,即以书面形式让第三人清楚无误地表明其愿意替被执行人代为履行执行依据所确定的债务。从维护申请执行人的权益角度看,笔者建议此处的书面形式最好是单独以"承诺""说明"的形式专就"代为履行"事宜递交法院,而不是夹杂在各种谈话笔录或执行担保协议中,这样容易造成歧义。

需要指出的是,在实践中,无论是当事人还是法院,均存在容易混淆"第三人承诺代为履行"与"执行担保"的情况。二者在时间段上(均是执行中)、提交对象(均需提交法院)、主体(执行担保可能涉及第三人)上确实存在相同或相似之处。但二者最大的区别之处在于,法院可依"第三人承诺代为履行"追加第三人为被执行人,而对提供担保的第三人则可执行相应的担保财产或者根据其作出的保证执行其财产。但不得将其追加为被执行人,笔者试举数例供读者参考。

案例21 未明确承诺"代为偿还"的"承诺"不能视为"第三人代为承诺"

庆业煤炭公司法定代表人在法院的调查笔录中陈述:我公司开工后会尽快用约定的煤炭替吉电能源有限公司偿还债务,尽早把问题解决,也就是说,在执行程序中我公司保证(担保)替吉林吉电能源有限公司对长春市兴民小额贷款有限公司的欠款履行完。

执行异议法院依据上述陈述将该煤炭公司追加为被执行人。煤炭公司提出复议,上级法院撤销了该份追加裁定。

复议法院认为,从整段话来理解只是表明庆业煤炭公司同意用约定的煤炭为吉电能源有限公司偿还债务,而不能扩大理解为庆业煤炭公司同意用其公司财产为吉电能源有限公司偿还债务,因此该笔录并非庆业煤炭公司向执行法院作出的自愿代被执行人履行生效法律文书所确定的债务的书面承诺。[1]

---

[1] 吉林省高级人民法院执行裁定书,(2019)吉执复18号。

第五章 严格贯彻法定主义——追加被执行人解析

案例 22 将执行和解协议中的承诺混同第三人承诺代为履行

第三人在和解协议中承诺：如被执行人未按协议履行，其必须在一星期内将涉案船只交给法院，若逾期，则对 180 000 元债务承担连带责任，并据此向执行法院提交了承诺书。然后法院将该第三人追加为被执行人。

案例 21 是执行法院将执行担保"误认"为"第三人承诺代为履行"的典型例子。鉴于实践中多见此类"误会"，笔者建议除了在处理"第三人承诺代为履行"时要做到"明确"之外，在处理执行担保时，可以考虑注明"不构成第三人代为履行的承诺"，以最大限度地屏蔽风险。总之，笔者建议执行担保人在执行和解协议或者执行担保函中减少使用"承诺""接受法律制裁"之类的模糊表述，以防被追加为被执行人。

42. 《变更追加规定》第 22 条和第 25 条的"同"和"不同"

《变更追加规定》第 22 条规定：作为被执行人的法人或其他组织，被注销或出现被吊销营业执照、被撤销、被责令关闭、歇业等解散事由后，其股东、出资人或主管部门无偿接受其财产，致使该被执行人无遗留财产或遗留财产不足以清偿债务，申请执行人申请变更、追加该股东、出资人或主管部门为被执行人，在接受的财产范围内承担责任的，人民法院应予支持。第 25 条规定：作为被执行人的法人或非法人组织，财产依行政命令被无偿调拨、划转给第三人，致使该被执行人财产不足以清偿生效法律文书确定的债务，申请执行人申请变更、追加该第三人为被执行人，在接受的财产范围内承担责任的，人民法院应予支持。

两条所涉的追加事由（均是关于无偿接受）并未在丰台区人民法院所列的容易追加被执行人成功的事由之中，但以此为由提出追加的申请执行人不在少数。要想准确把握这两条，笔者以为需要理解这两条的"同"和"不同"。

第 22 条和第 25 条的相同之处在于均要求（被执行人）"财产不足以清

偿"和（第三方）"无偿接受"。笔者理解的此处的"财产不足以清偿"是一个确定、不会再有改变的状态，而不是因被执行人的名下财产暂未能被处置或变现而形成的一个暂时状态。在笔者经办的一个复议案件中，异议法院依照被执行人与主管部门均签字的财产移交清单而追加被执行人的主管部门为被执行人，该主管部门遂提出复议，在复议听证中，法院发现该份财产清单中部分财产（如土地）并未移交，尚待评估，也就是被执行人的财产"是否足以清偿债务"尚无法确定，因此，复议法院裁定撤销了异议裁定。申请执行人还需要证明第三方的"无偿接受"，这一点较之证明"不足以清偿"难度相对较小。

二者的"不同"之处也有两点。一是接受财产的主体不同。第22条对第三方主体作出了限制，限于"股东、出资人和主管部门"，而第25条对第三方主体并无限制。二是原因不同。第22条所列的理由是解散事由（被注销或出现被吊销营业执照、被撤销、被责令关闭、歇业等解散事由），第25条所列的理由是行政命令，行政命令是指行政主体依法要求行政相对人为或者不为一定行为（作为或者不作为）的意思表示。

笔者以为，准确把握两条"同"和"不同"去办理追加被执行人案件的同时，还要注意相互之间的时间顺序。比如，在《变更追加规定》第22条中，"无偿接受财产"必须发生在出现"解散事由"之后，而不是之前。同样，在《变更追加规定》第25条中，财产被行政命令无偿化转给第三人，应当是发生于相关法人或者其他组织是被执行人时期，而非在此之前。

实务经验

1. 相关的执行案件即使处于中止执行状态，也并不影响追加被执行人程序的进行。生效判决的执行程序中止与否，仅决定追加的被执行人执行程序的中止与否，但案件的实体审理结果并不受该生效判决的中止执行的影响。

2. 从有可能被追加为被执行人的角度看，设立一人有限公司并不是一个明智的选择，很有可能出现个人财产偿还公司债务的情况。

3. 部分保险公司推出了一种新的保险险种，即保险公司出具保函，向执行法院承诺如存在执行错误则愿意承担责任，一旦出现执行错误需要执行回转,法院可在执行回转程序中追加该保险公司为被执行人。

4. 追加事由并无诉讼时效的限制。

相关规定

1. 最高人民法院《关于机关法人作为被执行人在执行程序中变更问题的复函》（法函〔2005〕65号）

青海省高级人民法院：

你院2005年3月22日的请示收函。经研究，答复如下：

鉴于在执行过程中，被执行人在机构改革中被撤销，其上级主管部门无偿接受了被执行人的财产，致使被执行人无遗留财产清偿债务，按照《最高人民法院关于适用〈中华人民共和国民事诉讼法〉若干问题的意见》（法发(92)22号）第271条和〈最高人民法院关于人民法院执行工作若干问题的规定（试行）〉（法释〔1998〕15号）第81条的规定，可以裁定变更本案的被执行人主体为被执行人的上级主管部门，由其在所接受财产价值的范围内承担民事责任。

此复

2. 最高人民法院执行工作办公室《关于在执行程序中不可以企业注册资金不实为由而否认其法人资格等问题的答复》（〔2001〕执他字第12号）

江西省高级人民法院：

你院〔2001〕赣高法执指字第8号请示报告收悉。经研究，答复如下：

人民法院在执行程序中，对企业法人资格的问题，应当以工商局行政管理机关所作的企业登记为准，不可以企业注册资金不实为由而否认其法人资格。如果能够认定被执行人注册资金不实，其开办单位江西农业大学印刷厂应在注册资金不实的范围内承担责任；如果江西农业大学印刷厂注册资金不实，其开办单位江西农业大学应在注册资金不实的范围内容承担责任。

3. 最高人民法院执行工作办公室《关于能否追加被执行人开办单位的开办单位为被执行人问题的答复》（〔2006〕执他字第7号）

新疆维吾尔自治区高级人民法院：

你院〔2004〕新执监字第227号《关于能否两次适用〈关于人民法院执

行工作若干问题的规定（试行）》第八十条追加开办单位的开办单位为被执行人的请示》收悉。经研究，答复如下：

同意你院第二种意见。我院《关于人民法院执行工作若干问题的规定（试行）》（下称《执行规定》）第八十条明确规定："被执行人无财产清偿债务，如果其开办单位对其开办时投入的注册资金不实或抽逃注册资金，可以裁定变更或追加其开办单位为被执行人，在注册资金不实或抽逃注册资金范围内，对申请执行人承担责任。"按照上述规定，人民法院只能追加被执行人的开办单位在其开办时投入的注册资金不实或抽逃注册资金时对申请执行人承担相应的责任，并无其他弹性规定。因此，追加被执行人开办单位的开办单位为被执行人无法律依据，对《执行规定》第八十条不能作扩大适用。

4. 最高人民法院执行工作办公室《关于股份有限公司转让其正在被执行的独资开办的企业能否追加该股份有限公司为被执行人问题的复函》（〔2002〕执他字第2号）

广西壮族自治区高级人民法院：

你院桂高法〔2001〕294号《关于股份有限公司转让其正在被执行的独资开办的企业能否追加该股份有限公司为被执行人的请示》收悉。经研究，答复如下：

一、中国四川国际合作股份有限公司（以下简称四川公司）转让北海中川国际房地产开发公司（以下简称北海公司）的股权，收取受让人支付的对价款不属抽逃北海公司的注册资金，即不能以抽逃资金为由追加四川公司为广西城乡房地产开发北海公司申请执行北海公司一案的被执行人。

二、四川公司转让北海公司股权的行为，是依据《公司法》的规定合法转让的行为。因该转让既不改变北海公司的独立法人地位；也未造成北海公司资产的减少；且四川公司转让北海公司而获益的1000万元，是四川公司通过转让股权获得的对价款，该对价款也不是四川公司在北海公司获得的投资权益或投资收益；至于四川公司与北海公司的并表财务报告等，并不表明四川公司对北海公司的债权债务有继受关系或者属法人人格滥用行为。因此，北海市中级人民法院追加四川公司为被执行人没有事实依据和法律依据。

5. 最高人民法院《对〈关于非诉执行案件中作为被执行人的法人终止，人民法院是否可以直接裁定变更被执行人的请示〉的答复》（法行〔2000〕16号）

山东省高级人民法院：

你院鲁高法函［1999］62号《关于非诉执行案件中作为被执行人的法人终止，人民法院是否可以直接裁定变更被执行人的请示》收悉。经研究，答复如下：

人民法院在办理行政机关申请人民法院强制执行其具体行政行为的案件过程中，作为被执行人的法人出现分立、合并、兼并、合营等情况，原具体行政行为仍应执行的，人民法院应当通知申请机关变更被执行人。对变更后的被执行人，人民法院应当依法进行审查。

第三节　追加被执行人的"误区"

俗话说：成功的理由有很多种，失败的理由都差不多。根据《变更追加规定》，总计在16种情形下可以追加被执行人。各级法院在裁判文书、各种会议纪要中都阐述过追加被执行人应坚持"法定主义"原则（限于追加规定所列的16种情形），但是总有当事人，试图用该16种理由之外的理由去申请追加被执行人，即使在《变更追加规定》出台之后，这种情况也并没有得到根本性的改变。北京市二中院指出，申请执行人的追加请求多数被驳回或撤回，一方面，是因为在执行中追加第三人为被执行人，案件审查标准严格，申请人存在举证不能或者证据不足的问题；另一方面，相当一部分申请执行人对追加被执行人程序的基本原则、法定情形等缺乏必要的认识，甚至存在理解误区，故其请求难以获得支持①。北京市二中院总结的常见误区包括：夫妻一方为被执行人，申请执行人申请追加其配偶为被执行人的误区；有限责任公司为被执行人，申请执行人申请追加公司法定代表人、股东为被执行人的误区；追加被执行人为股东后，再次请求追加该股东的股东为被执行人

---

① 参见邵倩雯：《北京二中院：申请追加被执行人案件注意误区》，载中国法院网2019年11月22日，https://www.chinacourt.org/index.php/article/detail/2019/11/id/4684750.shtml。

的误区；以恶意转移、隐匿财产为由，请求追加第三人为被执行人的误区；案外人作出执行担保后，申请执行人申请追加担保人为被执行人的误区；申请执行人申请追加法人分支机构为被执行人的误区。笔者对上述"误区"分门别类，并加以解读，以供读者参考。

43. 执行依据确定的被执行人为夫妻一方的，执行中不得裁定追加被执行人的配偶为被执行人

在执行程序中试图将夫妻另一方追加为被执行人，可以说是追加被执行人的"最大误区"，虽然在各类法律实务文章中，常见各种诸如"重磅！最高人民法院一锤定音，可以追加夫妻另一方……"之类的"标题党"，但事实上是夫妻另一方不能在执行程序中被追加为被执行人。

关于这一点，在最高人民法院的裁判文书、主管领导的讲话中都已有一脉相承、观点一致的说明。《变更追加规定》出台前，最高人民法院在相关裁判文书中有如下论述：执行程序中追加被执行人，意味着直接通过执行程序确定由生效法律文书列明的被执行人以外的人承担实体责任，这对各方当事人的实体和程序权利将产生极大影响。因此，追加被执行人必须遵循法定主义原则，即应当限于法律和司法解释明确规定的追加范围，既不能超出法定情形进行追加，也不能直接引用有关实体裁判规则进行追加。从现行法律和司法解释的规定看，并无关于在执行程序中可以追加被执行人的配偶或原配偶为共同被执行人的规定，申请执行人上海瑞新根据《婚姻法》及其司法解释（已废止）等实体裁判规则，以王某军前妻吴某霞应当承担其二人在婚姻关系存续期间之共同债务为由，请求追加吴某霞为被执行人，甘肃省高级人民法院因现行法律或司法解释并未明确规定而裁定不予追加，该裁定并无不当，上海瑞新的申诉请求应予驳回。[①]

而在 2016 年的一次对最高人民法院审判委员会原专职委员杜万华专委的

---

① 最高人民法院执行裁定书，（2015）执申字第 111 号。

第五章　严格贯彻法定主义——追加被执行人解析

采访中，杜专委明确指出，为什么社会对最高人民法院《关于适用〈中华人民共和国婚姻法〉若干问题的解释（二）》（已废止）第 24 条反响这么大？一个原因是，在执行阶段直接认定夫妻共同债务。实践中确实出现过这样的情况，债权人拿到法院判决直接向法院申请强制执行，有的基层人民法院直接引用最高人民法院《关于适用〈中华人民共和国婚姻法〉若干问题的解释（二）》（已废止）第 24 条，把未参加诉讼的配偶一方直接追加为被执行人，这显然不合适。我们当时制定这个司法解释本身就是司法审判的裁判标准，夫妻共同债务的认定只能在审判阶段而不能在执行阶段。在 2015 年 12 月召开的第八次全国法院民事商事审判工作会议上，我们专门强调，夫妻共同债务应当通过审判程序来认定，不能由执行程序认定。如果夫妻共同债务可以通过执行程序认定，那没有参加诉讼的配偶一方就失去了利用一审、二审和审判监督程序维护自己合法权益的机会，这对其是不公平的。我们认为，在执行过程中，被追加为被执行人的夫妻一方认为不能执行自己的财产的，有权依法提出执行异议；如果该执行异议被驳回，被追加为被执行人的夫妻一方认为执行依据有错误的，有权依法提起案外人申请再审之诉；对此再审申请，人民法院应当立案审查，鉴于夫妻一方没有参加原审诉讼，法院可以提审或者指令再审；进入再审后，鉴于原审诉讼遗漏当事人，人民法院可以依法撤销原审判决，发回重审。[①]

如此反复强调，但仍有很多当事人、律师以此为由提出执行异议。正确的做法应该是在"一前一后"两个程序中解决，"前"即指在之前的"审判或仲裁程序中"将涉案债务认定为夫妻共同债务，"后"是指另诉，要求另一方配偶来承担责任。

44. 财产混同、关联交易，并非追加被执行人的法定理由

在笔者进行分析之前，先看如下两份文书：

[①] 参见王春霞：《家事审判改革为相关立法提供实践依据》，载《中国妇女报》2016 年 3 月 3 日，第 4 版。

文书1：本院依照……最高人民法院关于依法制裁规避执行行为的若干意见第20条之规定，作出了（2013）张中执字第96-1号裁定，追加湖南太丰矿业集团有限责任公司、垣县太丰冶炼有限责任公司、花垣太丰矿山有限责任公司为本案的被执行人。①

文书2：在本案中，舒晓东主张以"恶意串通""人格混同""关联交易"等为由申请追加天伦神州公司为被执行人，这不属于执行程序中变更、追加当事人的法定情形，本院不予支持。②

上述两份文书都涉及最高人民法院《关于依法制裁规避执行行为的若干意见》第20条。该条规定，依法变更追加被执行主体或者告知申请执行人另行起诉。有充分证据证明被执行人通过离婚析产、不依法清算、改制重组、关联交易、财产混同等方式恶意转移财产规避执行的，执行法院可以通过依法变更追加被执行人或者告知申请执行人通过诉讼程序追回被转移的财产。

第一份文书的裁判时间在《变更追加规定》出台前，依照该规定追加了被执行人，第二份文书则没有支持追加，其裁判时间在《变更追加规定》出台后。应该说，《变更追加规定》的出台使"法定事由追加"的理念得到进一步的强化。《关于依法制裁规避执行行为的若干意见》第20条之所以不能成为追加被执行人的依据，理由有二：一是该意见仅是司法政策，并非司法解释，无法成为裁判依据。二是该规定本身实际上的阐述也非常清晰，该规定的立法本意是符合以离婚析产、不依法清算、改制重组、关联交易、财产混同等方式恶意转移财产规避执行的，且符合变更、追加被执行人法定情形的，才可以追加为被执行人；而不符合变更、追加为被执行人法定情形，需要通过诉讼程序追回的，可以通过诉讼程序追回恶意转移的财产，因此，并不是符合上述几种规避执行的情形就可以追加转移财产一方为被执行人。这与最高人民法院要求的"法定追加"情形保持一致。

---

① 湖南省张家界市中级人民法院执行裁定书，（2013）张中执异字第4号。
② 北京市高级人民法院执行裁定书，（2018）京执复198号。

第五章 严格贯彻法定主义——追加被执行人解析

45. 不能以实体法上的规定来主张追加被执行人

一个常见的误区就是申请将担保人追加为被执行人，其思路也是按照实体法上关于连带担保责任的规定，要求将担保人追加为被执行人。关于此问题，《执行担保规定》第11条规定得非常明确，即暂缓执行期限届满后被执行人仍不履行义务，或者暂缓执行期间担保人有转移、隐藏、变卖、毁损担保财产等行为的，人民法院可以依申请执行人的申请恢复执行，并直接裁定执行担保财产或者保证人的财产，不得将担保人变更、追加为被执行人。在实际操作中，要注意将执行担保与"第三人代为承诺履行"相区别，以防止误伤。

至于北京市二中院提到的另外两个"误区"，即追加股东的股东、法定代表人为被执行人。关于这两个理由，均非《变更追加规定》所列理由，在此不再赘述。

实务经验

1. 虽然不能将公司的法定代表人（实际控制人）追加为被执行人，但并不妨碍对法定代表人（实际控制人）采取"限高"、司法拘留等强制执行措施。

2. 一旦被追加为被执行人，需要承担的责任同执行依据所确定的被执行人一样，而非从被追加之时开始计算。

相关规定

1. 最高人民法院《关于人民法院在执行程序中能否将已参加过诉讼、但生效裁判未判决其承担实体义务的当事人追加或变更为被执行人的问题的答复》（［2007］执他字第5号）

青海省高级人民法院：

你院［2006］青执他字第1号《关于青海省储备物资管理局二五一处与

· 139 ·

中国建设银行李家峡支行、原建行李家峡支行劳动服务公司、原李家峡加油站借欠油料款纠纷一案的请示报告》收悉。经研究，答复如下：

对已参加诉讼、但生效裁判未判决其承担实体义务的当事人，人民法院在执行程序中如需追加或变更该当事人为被执行人，除非追加或变更该当事人为被执行人的事实和理由，已在诉讼过程中经审判部门审查并予以否定，否则，并不受生效裁判未判决该当事人承担实体义务的限制。根据现行法律和司法解释，人民法院有权依据相关法律的规定，直接在执行程序中作出追加或变更该当事人为被执行人的裁定。

基于以上答复意见，请你院自行依法妥善处理本案。

2. 最高人民法院《关于采取民事强制措施不得逐级变更由行为人的上级机构承担责任的通知》（法〔2004〕127号）（部分）

一、人民法院在执行程序中，对作为协助执行人的金融机构采取民事强制措施，应当严格依法决定，不得逐级变更由其上级金融机构负责。依据我院与中国人民银行于2000年9月4日会签下发的法发（2000）21号即《关于依法规范人民法院执行和金融机构协助执行的通知》第八条的规定，执行金融机构时逐级变更其上级金融机构为被执行人须具备五个条件：其一，该金融机构须为被执行人，其债务已由生效法律文书确认；其二，该金融机构收到执行法院对其限期十五日内履行偿债义务的通知；其三，该金融机构逾期未能自动履行偿债义务，并经过执行法院的强制执行；其四，该金融机构未能向执行法院提供其可供执行的财产；其五，该金融机构的上级金融机构对其负有民事连带清偿责任。金融机构作为协助执行人因其妨害执行行为而被采取民事强制措施，不同于金融机构为被执行人的情况，因此，司法处罚责任应由其自行承担；逐级变更由其上级金融机构承担此责任，属适用法律错误。

二、在执行程序中，经依法逐级变更由上级金融机构为被执行人的，如该上级金融机构在履行此项偿债义务时有妨害执行行为，可以对该上级金融机构采取民事强制措施。但人民法院应当严格按照前述通知第八条的规定，及时向该上级金融机构发出允许其于十五日内自动履行偿债义务的通知，在其自动履行的期限内，不得对其采取民事强制措施。

3. 最高人民法院《对〈关于非诉执行案件中作为被执行人的法人终止，人民法院是否可以直接裁定变更被执行人的请示〉的答复》（法行〔2000〕16号）

山东省高级人民法院：

你院鲁高法函〔1999〕62号《关于非诉执行案件中作为被执行人的法人终止，人民法院是否可以直接裁定变更被执行人的请示》收悉。经研究，答复如下：

人民法院在办理行政机关申请人民法院强制执行其具体行政行为的案件过程中，作为被执行人的法人出现分立、合并、兼并、合营等情况，原具体行政行为仍应执行的，人民法院应当通知申请机关变更被执行人。对变更后的被执行人，人民法院应当依法进行审查。

文书模板

执行异议书

异议人（申请执行人）：×××，性别，××年×月××日出生，×族，……（写明工作单位和职务或者职业），地址……联系方式：……

被申请人：×××

第三人（被执行人一）：×××

第三人（被执行人二）：×××

请求事项：

请求依法追加被申请人为异议人与第三人强制执行一案（加括弧注明案号）的被执行人。在其未出资范围内对被执行人不能清偿的债务承担连带清偿责任。

事实和理由：

……

鉴于被申请人系被执行人的股东，因经贵院穷尽执行措施，被执行人仍无财产可供执行，根据《关于民事执行中变更、追加当事人若干问题的规定》第20条的规定，被执行人的股东应当被追加为被执行人。另外，根据

《全国法院民商事审判工作会议纪要》（法〔2019〕254号）第6条的规定，已具备破产原因，但未申请破产的，股东应当承担责任。

综上，异议人为维护自身合法权益，请求贵院依法将未届出资期限的被申请人追加为被执行人，并在其未出资范围内对被执行人不能清偿的债务承担连带清偿责任，望准许。

此致
××人民法院

异议人：
年　月　日

注：

1. 根据最高人民法院发布的诉讼文书样式，标题为"执行异议书"，并非"追加被执行人申请书""执行申请书"等。

2. 对于事实部分，笔者建议陈述案件的诉讼情况、执行情况以及被申请人与被执行人的关系；对于变更理由部分，由于追加被执行人采取"法定主义"，笔者建议理由部分一定要紧密贴合《变更追加规定》所列的事由。

3. 有关被追加的被执行人应当承担的责任形式问题，笔者注意到法院之间掌握尺度不一，部分法院认为是连带责任，部分法院认为是补充责任，或者在裁定主文中未予以明确。根据《第九次全国法院民商事审判工作会议纪要》第6条的规定，其应是补充赔偿责任。笔者建议在提出请求事项时，仍表述为要求被追加的被执行人承担连带责任。

第六章　一锤能否定音？
——关于司法拍卖

司法拍卖，即使对于律师，可能也是一个"熟悉又陌生"的名词。说它熟悉，每每说起执行案件的进展，律师可能会说被执行人的房产、股权马上要进行拍卖了之类；说它陌生，实际上很多律师并不真正了解它。司法拍卖是否就是商业拍卖？是否所有人都可以参加司法拍卖？如果对司法拍卖结果有异议如何处理？司法拍卖不成功如何处理？上述疑问，或许能在本章内容中找到答案。

本章第一节中，笔者对什么是司法拍卖以及一些争议问题、注意事项加以介绍；第二节内容，则站在竞买者的角度，对司法拍卖加以介绍；第三节内容，则和以物抵债有关。

第一节　司法拍卖的定义及对司法拍卖有异议时的救济

46. 什么是司法拍卖

司法拍卖，是指人民法院在民事执行程序中，依法行使公权力，对被执行人可供执行的财产采取拍卖的方式进行变价的强制措施。[①] 司法拍卖何时有之，笔者并未考证。但提到司法拍卖，就不得不提最近十年内才出现的网

---

① 河北省沧州市运河区人民法院民事裁定书，（2018）冀0903民初3039号。

络司法拍卖。2012年，网络司法拍卖由浙江法院系统开全国之先，笔者认为网拍是最近十年法院系统最成功的创新，其一经问世，短时间内即推广到全国。最高人民法院先后制定《网拍意见》和《网拍规定》加以规范。可以说，网络司法拍卖几乎已等同于司法拍卖。截至2019年3月，全国法院共进行网络司法拍卖110万次，成交量31万件，成交额6863亿元，标的物成交率68.7%，溢价率61.3%，为当事人节约佣金213亿元。[①]

2020年，"直播带货"的火热，也同样推及司法拍卖。近日，首场《司法拍卖推介+强制腾房现场》直播活动在淘宝平台阿里拍卖官方直播平台正式开播。在阿里拍卖官方直播过程中，财产处置团队执行法官谢海峰、陆月手把手教网友如何参与司法拍卖竞买，并对司法拍卖中的问题进行答疑解惑。截至直播结束，宛城区人民法院"迎双节网拍专场"直播浏览量达40万人次，200余万网友点赞，已有7套法拍房、1辆法拍车和1宗股权成交，成交额已达987.7万余元。[②] 如果不是出现了"法拍房""执行法官"的字眼，还以为会是一条娱乐新闻。可以说，网拍的出现，对提升效率、节约资金、减少司法拍卖暗箱操作的空间以及便利司法拍卖各方（包括竞买人、法院以及申请执行人等）的作用非常明显。

这种"接地气"的形式，并不意味着司法拍卖等同于商业拍卖，从本质上来说，司法拍卖是一种直接性强制执行措施。虽然同样都带着"拍卖"二字，但司法拍卖并不等于商业拍卖。

首先，主体不同。司法拍卖的主体是法院，其与司法拍卖各方并非平等关系；而无论是法人、自然人还是其他组织，都有可能成为商业拍卖的主体，他们之间是平等关系。

其次，平台不同。网络司法拍卖出现之前，司法拍卖同样会由拍卖公司来开展，并需支付一定的佣金。网络司法拍卖出现之后，司法拍卖一般在网络司法拍卖平台上进行（包括淘宝、京东等），而无须支付佣金。现实中，

[①] 参见周强：《最高人民法院关于研究处理对解决执行难工作情况报告审议意见的报告》，载中国法院网2019年4月24日，https://www.chinacourt.org/article/detail/2019/04/id/3850699.shtml。

[②] 参见刘亚南、魏旭倩：《2小时司法拍卖直播成交近千万元——南阳宛城法院迎双节网拍活动开场火爆》，载《人民法院报》2020年9月29日，第4版。

商业拍卖仍由各拍卖公司操作,并需要支付佣金。

再次,依据不同。商业拍卖依据《拍卖法》展开,而司法拍卖的依据是《民诉法》《民诉法解释》《网拍规定》《拍卖变卖规定》。

最后,性质不同。司法拍卖本质上属于一种强制执行措施,措施的采取是为了维护申请执行人的合法权益;商业拍卖的本质属于一种商业行为,旨在最大限度地兑现拍品的价值。有关司法拍卖的性质,指导案例 125 号阐述得非常清楚:人民法院进行司法拍卖是人民法院依法行使强制执行权,就查封、扣押、冻结的财产强制进行拍卖变价进而清偿债务的强制执行行为,其本质上属于司法行为,具有公法性质。该强制执行权并非来自当事人的授权,因此无须征得当事人的同意,也不以当事人的意志为转移,而是基于法律赋予的人民法院的强制执行权,即源于《民诉法》及相关司法解释的规定。即便是在传统的司法拍卖中,人民法院委托拍卖企业进行拍卖活动,该拍卖企业与人民法院之间也不是平等关系,该拍卖企业的拍卖活动只能在人民法院的授权范围内进行。因此,人民法院在司法拍卖中应适用《民诉法》及相关司法解释对人民法院强制执行的规定。

事实上,除了司法拍卖,执行程序中还有一种财产处置方式——变卖。变卖是指人民法院不通过拍卖而直接向特定买受人出卖执行标的物的执行措施。实践中,采取司法拍卖的形式较多,变卖较少,虽同样带有一个"卖"字,并且同样可在司法拍卖平台操作,但二者仍有诸多不同。

首先,采取的先后顺序不同。拍卖并非变卖的前置程序,根据《网拍规定》,变卖可在网拍二次无果后进行;根据《拍卖变卖规定》,对查封、扣押、冻结的财产,当事人双方及有关权利人同意变卖的,可以变卖,而无须一定经过拍卖程序。

其次,价位不同。如果通过拍卖变现,起拍价不得低于评估价或者市价的 70%,即最终的成交价肯定高于此值;如果通过变卖变现,最低的变卖价不得低于评估价的 1/2。

最后,二者在期间上多有不同。例如,变卖的周期为 60 日,而拍卖的周期远远少于变卖周期。再如,一次拍卖和二次拍卖之间的间隔有时间要求,而二次变卖并无此类要求。

47. 失信被执行人或者限制消费人员能否参加司法拍卖

笔者目前承办的一起执行审查案件，在历经执行异议（中级人民法院）、复议（高级人民法院）皆被驳回后，向最高人民法院提出了执行监督申请，目前最高人民法院已出具受案通知书。

该案案情如下：在一场涉及股权的司法拍卖中，笔者的客户同样参与了竞拍，但并未竞拍成功，最终被张三竞拍成功。但经查，张三在多起案件中为被执行人，且已被列入失信被执行人名单或被限制消费，初步估算债务约3000万元。笔者遂代理客户提起执行异议和复议，要求撤销本次司法拍卖，理由是张三并不具备法律、行政法规和司法解释规定的竞买资格。但执行异议和复议均被驳回，理由是《限高规定》虽然规定了被执行人违反限制消费令的行为应承担的责任，但并未规定当事人参加特定交易应具备某种资格，亦未否定当事人违反限制消费措施所为交易的效力。故买受人虽然存在违反限制消费措施的行为，但不能认定其参加司法拍卖不具备竞买资格。另外，网络司法拍卖程序是利用网络交易平台，通过公开竞价的拍卖方式实现标的物交易价格最大化。结合本案相关证据，综合考虑财产处置变现、维护当事人权利和节约司法资源、提高效率等角度，本次拍卖程序亦不应撤销。对此，笔者难以认同。

首先，因买受人是限制消费人员而撤销相关司法拍卖的，已有先例。

《人民司法》（案例）2018年第20期中曾刊载文章《被限制高消费的被执行人不能竞拍房产》（见图6-1），所涉案例中有如下论述：《限高规定》第1条第2款规定："纳入失信被执行人名单的被执行人，人民法院应当对其采取限制消费措施。"第3条规定，被执行人为单位的，被采取限制消费措施后，被执行人及其法定代表人、主要负责人、影响债务履行的直接责任人员、实际控制人不得实施购买不动产或者新建、扩建、高档装修房屋的行为。国家发展和改革委员会、最高人民法院、国土资源部联合下发的《关于对失信被执行人实施限制不动产交易惩戒措施的通知》（发改财金〔2018〕370号）

规定:"各级人民法院限制失信被执行人及其失信被执行人的法定代表人、主要负责人、实际控制人、影响债务履行的直接责任人员参与房屋司法拍卖。"……根据《异议和复议规定》第 21 条第 2 款"当事人、利害关系人提出异议请求撤销拍卖,符合买受人不具备法律规定的竞买资格情形的,人民法院应予支持"的规定,黑龙江中盛房地产开发有限责任公司违反法律规定,参加不动产竞买的行为,属于"不具备法律规定的竞买资格"的情形,申诉人吴某禄请求撤销拍卖的主张,依法应予支持。①

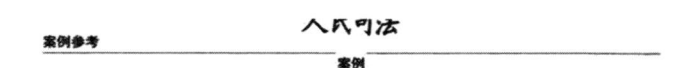

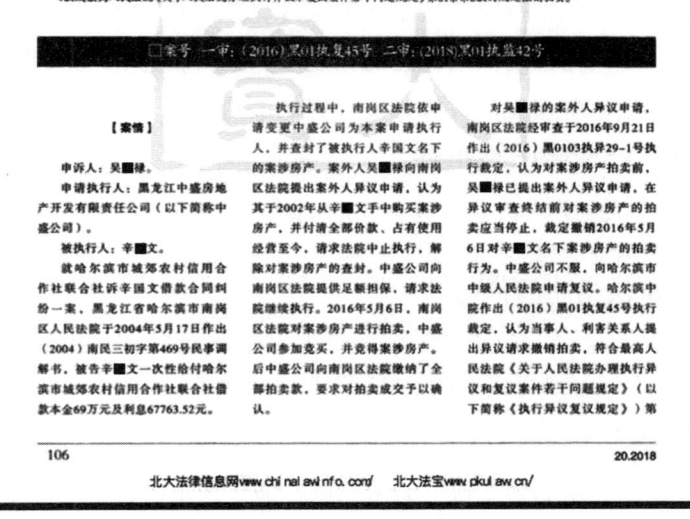

图 6-1 文章《被限制高消费的被执行人不能竞拍房产》(部分截图)

---

① 黑龙江省高级人民法院执行裁定书,(2018)黑 01 执监 42 号。

笔者在该起案件中以上述案件及专业文章为例与承办法官沟通时，法官认为我国并非判例法国家，另案情形并不适用于本案，对此，笔者不能认同。我国虽非判例法国家，但最高人民法院同样要求"同案同判"，2018年出台的国家发展和改革委员会、最高人民法院、国土资源部《关于对失信被执行人实施限制不动产交易惩戒措施的通知》（发改财金〔2018〕370号）中明确要求，各级人民法院限制失信被执行人及失信被执行人的法定代表人、主要负责人、实际控制人、影响债务履行的直接责任人员参与房屋司法拍卖。既然被限制消费人员无法参加司法拍卖中的竞买房产，当然同样不能参加竞买股权以及其他物品。

其次，如果不通过事后纠正的方式撤销涉案司法拍卖而默许"老赖"参加司法拍卖并且竞买成功，也与国家提出的让"老赖""一处失信、处处受限"的限制不相符。笔者认为，如果不撤销该次司法拍卖，从裁判效应的角度看，其实际是在向社会传递："老赖"也可以参加司法拍卖。笔者认为这是一个很危险的信号。

读者朋友如果经办撤销司法拍卖的案件，不妨以此为一个角度作为切入点。当然，从建设完善的信用社会的角度看，最好的办法是从源头杜绝此类情况，即将网拍系统与失信被执行人（限制消费）名单相关联，自动过滤上述人员，使其无法参加司法拍卖。

48. 撤销司法拍卖的情形

一、撤销司法拍卖的情形一

如对一次司法拍卖有异议，要求撤销，那么应当以执行异议的形式提出，如不服，可以在法定期限内继续申请复议。无论是申请追加被执行人还是撤销司法拍卖，笔者以为都是"商战"。如果说追加被执行人是一场难度系数较高的"商战"，那么撤销司法拍卖的难度系数可以说是极高。虽然笔者并无准确的统计数据，但较之追加被执行人时的数十个理由，不得不说，撤销司法拍卖的情形少得可怜，而且相对都比较"高冷"。撤销司法拍卖采法定主义，具体情形分布于两部司法解释中，分别是《网拍规定》（第31条）和《异议和复议规定》（第21条），笔者梳理后，以表格形式呈现如下（见表6-1）：

表6-1 撤销司法拍卖的情形

相关规定	情形
《网拍规定》《异议和复议规定》共有	1. 恶意串通，损害当事人或者其他竞买人利益的； 2. 买受人不具备竞买资格； 3. 违法限制竞买人参加竞买或者对不同的竞买人规定不同竞买条件的； 4. 严重违反法定程序
《网拍规定》独有	5. 展示及瑕疵说明严重失实； 6. 网络故障、数据错误致拍卖结果严重错误
《异议和复议规定》独有	7. 拍卖公告违法

笔者按照上述情形逐项介绍。必须说明的是，由于撤销司法拍卖的情形相对"高冷"，举证要求较高，实践中能够撤销成功的案例相对较少，故撤销成功的，往往都"一针见血"。

情形1：恶意串通，损害当事人或者其他竞买人利益的。

点评：在实践当中，笔者尚未见过以此理由撤销司法拍卖成功的案例，在指导案例125号中，申诉人的理由之一就是相关各方存在恶意串通的情况，但同样并未成功，概因该项理由对异议一方举证要求非常高。

情形2：买受人不具备竞买资格。

点评：较之上一个理由，本理由的命中率相对较高。前文提到的失信被执行人（"限高"对象）不能参加司法拍卖就是个例子，对于竞买成功的买家，不妨从中国执行信息公开网中查询被执行人，从而对其进行一个基本的尽职调查，或许会有意想不到的收获。

例如，参加某次司法拍卖竞买成功后悔拍，又参加新一次竞拍并再次中标的，同样也应撤销（《拍卖变卖规定》第22条明确规定原买受人不得参加竞买)。再如,一起司法拍卖中,涉案拍品是农村承包地,如最终买受人的户籍并非本村而是市区,该起司法拍卖同样要被撤销。总之,理由多少并不重要,重要的是"精准打击"。

情形3:违法限制竞买人参加竞买或者对不同的竞买人规定不同竞买条件的。

点评:除了情形2外,司法拍卖的"包容性"理应很强,通过充分的竞争,以最大限度地保证申请执行人的利益,并兑现执行依据。但现实往往并不如法理般尽如人意。例如,在最高人民法院监督的一起案件中,就某高级人民法院委托拍卖的一宗土地,拍卖机构在公告中擅自对竞买人作出这样的条件限制:国家一级建筑施工企业,注册资本2亿元以上,获得过"兴×杯"的建筑质量奖。按图索骥,符合这些条件的竞买人实际上只有一家,系为某企业量身定做。这是典型的"萝卜拍卖",当然应当撤销。①

情形4:严重违反法定程序。

点评:本情形的自由裁量空间较大,应当结合具体案情予以确定。在一起案件执行过程中,若评估时只评估地上的建筑物,并以此价作为确定拍卖保留价的依据,会直接导致房地分离;如果坚持房地一并处置,则确定的保留价存在明显遗漏土地价值的错误,存在贱卖被执行人财产的嫌疑。最终该起拍卖被上级人民法院以"严重违反法定程序"为由(违背房地一体原则)予以撤销。

二、撤销司法拍卖的情形二

上一部分介绍的撤销司法拍卖的理由均为《网拍规定》及《异议和复议规定》所共有,这一部分介绍的理由则为两部司法解释各自独有。

情形5:展示及瑕疵说明严重失实,致使买受人产生重大误解,购买目的无法实现。

点评:该理由是对法院在司法拍卖工作中的约束。随着执行案件数量的

---

① 参见江必新、刘贵祥主编:《最高人民法院关于人民法院办理执行异议和复议案件若干问题规定理解与适用》,人民法院出版社2015年版,第272页。

增加，相应地，需要通过拍卖、变卖来实现变现的案件数量也在增加。这就对执行工作人员工作的细致程度提出了考验。各个司法拍卖平台仅负责"传递"，其所"传递"的有关拍品的相关信息的真实性仍旧由法院负责。

在一起撤销司法拍卖的案件中，执行法院将涉案拍品的地理位置信息书写错误，导致系统自动生成的地图将拍品标注于某市市区（实际位于该市郊区），且临近某重点小学，上述错误信息，直接导致买受人作出错误判断，并参与竞拍。这即是一起典型的展示失误的案例。

情形6：由于系统故障、病毒入侵、黑客攻击、数据错误等原因致使拍卖结果错误，严重损害当事人或者其他竞买人的利益。

点评：该理由是对平台在司法拍卖工作中的约束。现实中此类案例也较少，笔者检索到依该理由撤销司法拍卖的两起案件中，相关司法拍卖平台均出具了书面说明，确认拍卖时存在障碍（如系统出现错误）。如果没有司法拍卖平台的"助力"，以此为由申请撤销拍卖难度极大。

情形7：未按照法律、司法解释的规定对拍卖标的物进行公告。

点评：该理由同样是对法院工作的约束。最高人民法院审判委员会经过讨论认为，从严格规范人民法院司法拍卖程序的角度，对公告程序必须从严要求，只要不按规定的拍卖程序一律撤销拍卖。[①]《拍卖变卖规定》第9条规定：拍卖公告的范围及媒体由当事人双方协商确定；协商不成的，由人民法院确定。拍卖财产具有专业属性的，应当同时在专业性报纸上进行公告。与住宅、商铺、手机、机动车、股权等财产不同，一些资产的专业属性极强，非专家或者本行业人士难以操控，也无法实现其价值，而为了更好地实现该拍品的价值，提升成交率，则需要通过行业媒体进行传播。例如，拍品如是采矿权时，应在矿产业传媒（如《中国矿业报》）进行公告；再如，拍品如是船舶，则应在船舶业媒体（如《中国船舶报》）进行公告。在一起案例中，拍品为加油站，因仅在司法拍卖平台上进行了公告，而未在专业媒体上公告，后被法院裁定撤销司法拍卖。当然，未按照法律、司法解释的规定对拍卖标

[①] 参见江必新、刘贵祥主编：《最高人民法院关于人民法院办理执行异议和复议案件若干问题规定理解与适用》，人民法院出版社2015年版，第273页。

的物进行公告的情形非仅限于"专业属性拍品未在专业媒体上公告的情形",公告时间不足、信息不准确同样是以此为由撤销司法拍卖的情形。

49. 撤销司法拍卖失败的案例

正所谓他山之石,可以攻玉。能成功撤销司法拍卖的理由就那么几个,之下是无数个失败案例。《异议和复议规定》第21条第5款对撤销司法拍卖做了兜底规定,即"其他严重违反拍卖程序且损害当事人或者竞买人利益的情形"。依文义解释,适用该条需要同时满足两个条件,一是严重违反程序;二是损害当事人或竞买人利益。在撤销司法拍卖的案例中,异议的角度多从程序问题着手,但在裁判者眼中,多未达到"严重"的程度,其几乎均被归入瑕疵行列,也即做法不妥但在可容忍的范围内。

例如,一个常见的理由是"评估报告过期",评估报告一般都会注明评估报告的有效期(一年及起止时间),而在一些案件中,拍卖实际进行时间可能发生在评估报告有效期外,据此,一些律师往往以此为由提出异议,笔者也曾用过该理由。不过,效果并不尽如人意,除非涉事拍品的价格发生了重大变化(如当地房价、地价猛涨,原评估报告的估值来已无法准确展现拍品的价值),一般来说,法院仍倾向于维持司法拍卖的稳定性。关于这一点,也在最高人民法院《关于人民法院确定财产处置参考价若干问题的规定》(法释〔2018〕15号)中有所体现,该规定第27条第3款规定,人民法院在议价、询价、评估结果有效期内发布一拍拍卖公告或者直接进入变卖程序,拍卖、变卖时未超过有效期6个月的,无须重新确定参考价,但法律、行政法规、司法解释另有规定的除外。

再如,根据《网拍规定》第12条的规定:网络司法拍卖应当先期公告,拍卖公告除通过法定途径发布外,还应同时在网络司法拍卖平台发布。拍卖动产的,应当在拍卖15日前公告;拍卖不动产或者其他财产权的,应当在拍卖30日前公告。在一起案件中,法院发布公告的时间晚于法定时间10个小时左右(根据司法解释的规定,最晚在当日0时前发出,但实际发出是在当日的上午 10 时），对此，复议法院认为，主持拍卖的法院存在程序瑕疵的问题。但是结合案情，考虑拍卖公告期不足时间毕竟只有 10 个小时，且一日中的 0 时至 10 时通常并非有意竞拍人查询、浏览公告的热点时间，不至于实质影响公告的受众范围，故该程序瑕疵不足以实际影响公告的有效性，并不符合前述司法解释规定的情形，因此，不应以此为由撤销涉案司法拍卖[①]。

此外，有的当事人提出异议，称在拍卖公告发布 3 日前未以书面或者其他能够确认收悉的合理方式收到网络司法拍卖的事项通知，或称未送达成交裁定书。上述事由，均属"瑕疵"，其并未达到"严重违反程序且损害当事人利益"的程度。律师在处理此类执行纠纷案件时，不妨站在中立的角度，从上述两个维度考量，并提前和当事人做好沟通与释明。

实务经验

1. 参加司法拍卖前一定要做好准备。司法拍卖同样是一场商战，在竞争优质资产或者对相关方利益攸关的资产时表现尤甚。因此，参与司法拍卖前笔者建议做充分的准备，无论是资金上，竞拍策略上，还是竞拍地点的选择。在笔者参与的一起司法拍卖中，竞争对手甚至直接采用信号干扰的方式来阻止笔者的客户报价。

2. 在执行过程中，对当事人针对评估报告提出的异议如何处理存有争议。有的法院直接以评估机构的回复来回复当事人，有的则会通过执行异议的方式予以审查。

相关规定

1.《来信人反映司法拍卖问题及答复意见》

来信人贺某涛反映：其在 2016 年 3 月 12 日上午 10 点在淘宝网司法拍卖中拍下了《巩义市人民法院关于巩义市永新路×号楼附 4 号的房屋的公告（三次）》的标的物巩义市永新路×号楼附 4 号的房屋，在三天内已经付清全款，之后因执行异议立案，处理异议进程缓慢，存在推诿扯皮，请求督促办

[①] 最高人民法院执行裁定书，(2018) 最高法执复 87 号。

案人员依法按程序办理。

答复意见：根据法律和司法解释规定，如有案外人对被执行的财产根据民事诉讼法第 227 条的规定提出异议，法院应当立执行异议案件进行审查。如裁定驳回异议，案外人还可以继续提出案外人异议之诉。案外人异议通常是因为案外人认为对被处置的标的物享有实体上的权利，比如所有权。案外人异议的结果是要从实体上排除对标的物的执行。因此，案外人异议的结果直接决定了标的物能否裁定过户给买受人。因此，必须等待判决结果作出后，视结果处理。现在案外人异议之诉正在进行中，需等待相关法院按程序在法定审限内作出裁决。如来信人认为法院在办理案件过程中给其造成损失，可以通过申请国家赔偿的方式维护自己合法权益。

2. 最高人民法院《关于司法拍卖网络服务提供者名单库的公告》

最高人民法院司法拍卖网络服务提供者名单库评审委员会通过委托第三方评估机构评估方式对全部申报材料进行评审，根据评审和投票结果，以下网络服务提供者提供的网络司法拍卖平台纳入名单库（排名不分先后）：

一、淘宝网，网址为 www.taobao.com；

二、京东网，网址为 www.jd.com；

三、人民法院诉讼资产网，网址为 www.rmfysszc.gov.cn；

四、公拍网，网址为 www.gpai.net；

五、中国拍卖行业协会网，网址为 www.caa123.org.cn。

3. 最高人民法院《关于认真做好网络司法拍卖与网络司法变卖衔接工作的通知》（法明传〔2017〕455 号）（部分）

三、关于网络司法变卖公告期、变卖期的问题。网络司法变卖期为 60 天，人民法院应当在公告中确定变卖期的开始时间。

四、关于变卖价确定的问题。网络司法变卖的变卖价为网络司法拍卖二拍流拍价。各级人民法院应当认真领会《网拍规定》关于确定一拍、二拍起拍价的精神，在评估价（或市场价）基础上按《网络规定》进行降价拍卖。

五、关于竞买人资格确定的问题。竞买人交齐变卖价全款后，取得竞买资格。竞买人可以向法院指定的账户交纳，也可以在变卖平台上在线报名并交纳。竞买人向法院指定账户交纳的，人民法院应当及时通过操作系统录入并推送给确定的变卖平台。

六、关于网络司法变卖流程的问题。变卖期开始后，取得竞买资格的竞买人即可以出价。自第一次出价开始进入 24 小时竞价程序，其他取得竞买资格的竞买人可在竞价程序内以递增出价方式参与竞买。竞价程序参照《网拍规定》第二十条规定进行，加价幅度参照我院法明传（2017）第 253 号通知要求进行设置。竞价程序内无其他人出价的，变卖财产由第一次出价的竞买人竞得；竞价程序内有其他人出价的，变卖财产由竞价程序结束时最高出价者竞得。变卖成交的，竞价程序结束时变卖期结束。

九、关于未经拍卖直接进行变卖财产如何处置的问题。未经拍卖直接进行变卖的财产，按照《最高人民法院关于人民法院民事执行中拍卖、变卖财产的规定》进行变卖。

4. 最高人民法院《关于对第三人通过法院变卖程序取得的财产能否执行回转及相关法律问题的请示复函》（〔2001〕执他字第 22 号）

山东省高级人民法院：

人民法院在执行中依法采取拍卖、变卖措施，是基于国家公权力的行为，具有公信力，买受人通过法院的拍卖、变卖程序取得财产的行为，不同于一般的民间交易行为，对其受让所得的权益应当予以保护。根据本案的具体情况，买受人已经取得的土地使用权不宜再执行回转。

5. 最高人民法院《关于不动产所有权发生转移的时间如何确定请示与答复》（〔2007〕执他字第 19 号）

云南省高级人民法院：

你院《关于拍卖、变卖财产规定第二十九条规定不动产所有权发生转移是否包括"变卖方式的情形"的请示报告》收悉。经研究，答复如下：

人民法院在执行过程中依法裁定变卖土地使用权的，对该土地使用权转移时间的确定，适用最高人民法院《关于人民法院民事执行中拍卖、变卖财产的规定》第二十九条第二款和最高人民法院、国土资源部、建设部《关于依法规范人民法院执行和国土资源房地产管理部门协助执行若干问题的通知》（法发〔2004〕5 号）第二十七条的规定。你院请示的陕西弘丰农业生产资料有限公司是否已根据陕西省高级人民法院〔2002〕陕高法执一民字第

025-2 号民事裁定书取得争议土地使用权的问题,应当按照上述规定精神,依法予以确定并妥善处理。

此复。

第二节　竞买者视角下的司法拍卖注意事项

对于大多数竞买者而言,参加司法拍卖,其实也是一种投资。有意向投资者可以通过拍卖公告、电话询问等方式对拍品有一个了解。但在实践中,因为司法拍卖而产生的争议仍然不断发生。有竞买成功后迟迟无法办理过户的;有竞买后发现房屋内存有租户的,等等。正所谓"司拍有风险,投资需谨慎",本节内容,笔者以"3 个清楚"向读者传递笔者总结的注意事项。

50.　想清楚

据统计,近两年网络司法拍卖的反悔率增幅分别达 5.8%、6.3%。[1] 反悔率高发的原因并不在本节内容的探讨之列。笔者想要说明的是,《网拍规定》第 24 条规定,拍卖成交后买受人悔拍的,交纳的保证金不予退还,依次用于支付拍卖产生的费用损失、弥补重新拍卖价款低于原拍卖价款的差价、冲抵本案被执行人的债务以及与拍卖财产相关的被执行人的债务。也就是说,从缴纳保证金的那一刻起,竞买人就必须为自己的行为负责。

竞买成功后,如因资金问题、投资意向等因素造成悔拍,尚情有可原。但如"恶意"竞拍形成"天价"后悔拍则纯属"自己跟自己过不去"。2017 年 9 月 7 日 10 时,江苏省南京市秦淮区人民法院在淘宝网司法拍卖一部苹果 7 手机。谁也没想到,这普通的拍品竟然拍出了 27 万余元的"天价"。此次

---

[1] 参见陈怀余、殷芹、楚士将:《网拍反悔率高发的成因及对策》,载《人民法院报》2018 年 8 月 19 日,第 7 版。

拍卖引起了社会高度关注。9月9日21时，秦淮区人民法院通报了相关调查结果，法院对"恶作剧"者刘某某、车某某分别给予罚款2万元、1万元的处罚。①

需要指出的是，"恶意"竞拍属于妨碍执行的情形，除了罚款，根据《民诉法》第114条第5项的规定，还可以适用司法拘留，无论是从可能面临的经济成本还是法律责任看，参与竞拍当慎之又慎。

51. 看清楚

笔者以为，"看"包括两方面的内容，一是实地查看；二是看清楚公告内容。

关于实地查看司法拍品的重要性，一句古诗"纸上得来终觉浅，绝知此事要躬行"来形容再适合不过，对于有意购买的拍品（尤其是不动产），实地查看是最直接并获取一手资料的最好方式。房产标的情况以实际现状为准（包括但不限于地理位置、房屋结构及附属设施、房屋实际用途、装修情况、周边配套、物业服务、水电气、小区环境等），请务必实地看样，并详细了解。②

关于公告的内容，因房产拍卖在司法拍卖中占有相当比重，笔者以房产拍卖公告为例加以说明。笔者以为，涉及房产拍卖时，需要注意以下事项：一是是否存有租赁关系，二是是否存有抵押，三是相关费用（如欠缴的物业费、水电费等），四是法院是否负责腾房（下文内容详述），五是税费的负担，六是是否限购。关于前两点，当事人只要仔细阅读公告即可知悉，但现实中仍有不少在此"翻船"的例子。某房产标的公告写明房屋"租赁期19年"，竞买人参拍前未仔细阅读公告了解清楚，其拍下后，在办理手续时发现租赁合同无法解除，但是竞买人等不了19年，因此，其只能放弃此标的

---

① 参见丁国锋：《网络司法拍卖悔拍牵涉哪些法律问题》，载中国法院网，https://www.chinacourt.org/article/detail/2017/09/id/2994277.shtml。

② 参见王晓姞：《江西：网络司法拍卖房屋的八大注意事项》，载中国法院网，http://jszx.court.gov.cn/main/ExecuteInterlocution/57381.jhtml。

物,并损失保证金20万元。①

在现实中,争议较多的是税费负担、是否限购两个问题。关于税费负担的问题,《网拍规定》第30条规定,因网络司法拍卖本身形成的税费,应当依照相关法律、行政法规的规定,由相应主体承担;没有规定或者规定不明的,人民法院可以根据法律原则和案件实际情况确定税费承担的相关主体、数额。该条规定意即"各自承担"。该类(指统一由买受人负担)载明事项无效。原因主要有二:一是根据税收法定原则,纳税义务人的身份不能因拍卖公告的载明条款而发生转移;二是国家税务总局《关于人民法院强制执行被执行人财产有关税收问题的复函》第4条明确要求:"鉴于人民法院实际控制纳税人因强制执行活动而被拍卖、变卖财产的收入,根据《中华人民共和国税收征收管理法》第五条的规定,人民法院应当协助税务机关依法优先从该收入中征收税款。"也就是说,执行程序中产生的税款应由被执行人承担,并优先从拍卖、变卖财产的收入中扣除。所以,如果网络司法拍卖程序在2017年1月1日前未结束的,竞买人可以主张适用《网拍规定》第30条的规定,并主张《竞买须知》《竞买公告》等载明的诸如"司法网络拍卖产生的税费由买受人负担"的事项无效,其应适用我国税法的相关规定,由买卖双方各自承担法定的税负。②

但在实践中,法院在拍卖税费负担上多采取"一刀切"的模式,即把一般交易行为中应由出卖人支付的各项税负和费用,统一要求由买受人负担。在此模式下,《竞买公告》《竞买须知》中一般会有如下类似的规定:"除需要由出卖人承担的税费外,办理登记所产生的税款及其他费用全部由买受人承担。上述费用包括但不限于契税、印花税、增值税等。拍卖人不承担上述费用,未明确缴费义务人的费用也由买受人自行解决。""拍卖时的起拍价、成交价均不包含买受人在拍卖标的物交割、处置时所发生的全部费用和税费。""买受人应自行办理相关变更手续,并自行承担相应的费用。"下图为

---

① 参见王晓姞:《江西:网络司法拍卖房屋的八大注意事项》,载中国法院网2018年7月23日,http://jszx.court.gov.cn/main/ExecuteInterlocution/57381.jhtml。
② 参见江必新、刘贵祥:《最高人民法院〈关于人民法院网络司法拍卖若干问题的规定〉理解与适用》,中国法制出版社2017年版,第398页。

第六章 一锤能否定音?——关于司法拍卖

笔者浏览司法拍卖平台所截取的图像(见图6-2)。

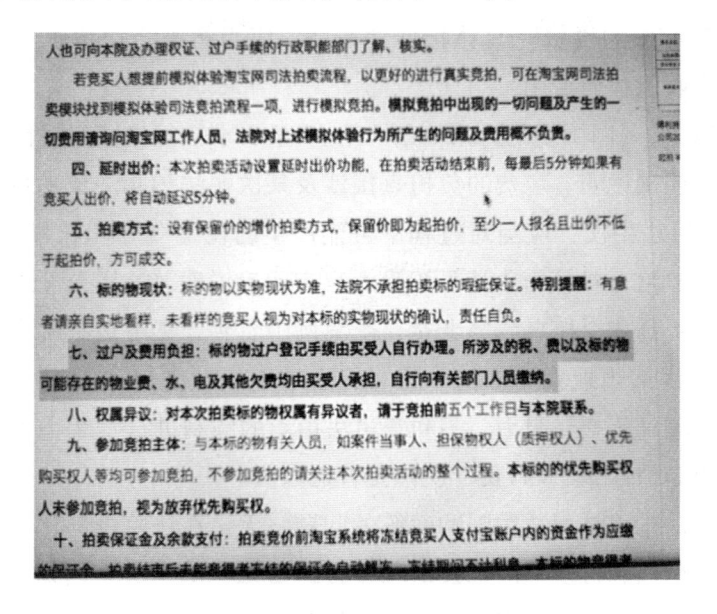

> 人也可向本院办理权证、过户手续的行政职能部门了解、核实。
> 若竞买人想提前模拟体验淘宝网司法拍卖流程,以更好的进行真实竞拍,可在淘宝网司法拍卖模块找到模拟体验司法竞拍流程一项,进行模拟竞拍。模拟竞拍中出现的一切问题及产生的一切费用请咨询问淘宝网工作人员,法院对上述模拟体验行为所产生的问题及费用概不负责。
> 四、延时出价:本次拍卖活动设置延时出价功能,在拍卖活动结束前,每最后5分钟如果有竞买人出价,将自动延迟5分钟。
> 五、拍卖方式:没有保留价的增价拍卖方式,保留价即为起拍价,至少一人报名且出价不低于起拍价,方可成交。
> 六、标的物现状:标的物以实物现状为准,法院不承担拍卖标的瑕疵担保责任。特别提醒:有意者请亲自实地看样,未看样的竞买人视为对本标的实物现状的确认,责任自负。
> 七、过户及费用负担:标的物过户登记手续由买受人自行办理。所涉及的税、费以及标的物可能存在的物业费、水、电及其他欠费均由买受人承担,自行向有关部门人员缴纳。
> 八、权属异议:对本次竞拍标的物权属有异议者,请于竞拍前五个工作日与本院联系。
> 九、参加竞拍主体:与本标的物有关人员,如案件当事人、担保物权人(质押权人)、优先购买权人等均可参加竞拍,不参加竞拍的请关注本次拍卖活动的整个过程。本标的的优先购买权人未参加竞拍,视为放弃优先购买权。
> 十、拍卖保证金及余款支付:拍卖竞价前淘宝系统将冻结竞买人支付宝账户内的资金作为应缴

图6-2 司法拍卖公告(部分截图)

那么,这样"一刀切"的做法是否有效?现在看来,持支持与否定观点的生效法律文书都有。否定该种做法的认为,法律、行政法规对税费负担已有明确规定,执行法院在拍卖公告中要求税费全部由买受人负担没有法律依据。

而支持该种做法的则认为,上述做法与相关司法解释的内容并不矛盾。之所以说不矛盾,在于相关司法解释规定的税费是关于"网络司法拍卖本身形成的",而公告内容中所涉及的税费"是在拍卖成交后过户时"所产生的。根据税收法定原则,相关税费的纳税人由法律规定,具体税种的法定纳税人应为该税种的实际负担者,除非当事人之间有特别约定或实际负担者表示同意。换言之,在法定纳税人与税费实际负担者并非同一人的情形下,实际的税费负担者应该对负担税费这一事实知晓且接受,否则,任何人无权将法律规定之外的义务强加给当事人。具体到本案,拍卖公告对税费负担已经特别提醒,执行法院在拍卖公告中明确了拍卖标的在过户过程中产生的相关税费由买受人负担,既然潜在买受人已通过参加竞买的方式表示其接受此项要求,

· 159 ·

就应当按照拍卖公告的约定缴纳相关税费。[①] 笔者对此的疑惑在于，"网络司法拍卖本身形成的税费"具体指何种税费？应当指网络司法拍卖并不向法院、当事人收取任何费用。

笔者以为，《网拍规定》第 6 条、第 13 条要求执行法院对可能产生的税费及负担有明确说明。税费的负担直接涉及某次司法拍卖的成功概率。一次"合规"的司法拍卖，应当对过程中可能产生的税费（如印花税、增值税）及负担方（到底是被执行人还是买受人）有明确说明，这样公开透明的做法显然有助于提高成交概率。笔者在一个案例中看到，某下级法院在税务负担上以一句"详询当地税务部门"带过，后被上级法院以"加重了买受人负担，客观上增加了交易阻力，不利于司法拍卖的顺利进行"为由撤销。现实中，或是由于惯性，"一刀切"仍然是普遍做法。

关于司法拍卖是否适用限购政策的问题，无论在法院内部，还是在同一地域，司法部门和行政部门也会出现"各执己见"的情况，例如，江苏省高级人民法院就司法拍卖涉当地限购政策问题发出通知，通知明确指出司法拍卖仅受到法律约束，不受地方性房产政策的影响。江苏省高级人民法院发出该通知后，南京当地主管部门（南京市房地产综合执法办公室）也发布通知，明确指出通过司法拍卖取得的不动产，按照住房限购政策来执行。

二者的意见可谓"针尖对麦芒"。

目前来看，大部分城市的司法拍卖并不适用当地的司法政策，但在北京、上海，司法拍卖均需遵守当地的限购政策。笔者无意在此探讨该种做法的合理性，只是提醒各位读者，要仔细阅读拍卖公告与须知，谨防因限购而导致无法实现拍卖目的。

52. 问清楚

"问清楚"包括两方面的内容，一是腾退问题，二是司法拍卖是否适用

---

① 安徽省高级人民法院执行裁定书，（2018）皖执复 95 号。

贷款问题。

司法拍卖中法院是否负责腾退的问题，对于买受人而言，笔者以为需要重点关注。如将税费的负担、保证金的损失等问题可以称之为"小问题"的话，那么竞买成功而无因无法腾房，无法实现竞买目的，对于买受人来说显然属于"损失惨重"。笔者先前在法院工作时，在一起案件中，买受人成功竞买一块交易市场，但因场地内存有大量租户从而无法实现竞买目的，导致竞买成功后 10 年仍无法入驻市场，可谓损失惨重。

因此，笔者建议律师，在面对司法拍卖时，除了仔细阅读公告之外，有关法院是否负责腾退事宜，应当直接联系案件承办人了解情况（一些拍卖公告对法院是否负责腾房事宜并未说明）。

从最高人民法院、各地高级人民法院出台的司法政策来看，腾房是执行法院应负担的职责。《强化善执意见》第 10 条规定：……拍卖财产为不动产且被执行人或他人无权占用的，人民法院应当依法负责腾退，不得在公示信息中载明"不负责腾退交付"等信息。江苏省高级人民法院《关于进一步提高网络司法拍卖规范化水平的指导意见》中也明确指出：省法院《关于正确适用〈最高人民法院关于人民法院网络司法拍卖若干问题的规定〉若干问题的通知》（苏高法电〔2017〕217 号）第 3 条明确规定：人民法院拍卖不动产时，除法律另有规定外，一般均应清空后再拍卖。据此，除保留租赁关系拍卖或有其他法定事由外，执行法院应当将拍卖的不动产腾空后交付买受人，严禁在拍卖公告中表述"法院不负责腾空"。结合上述规定，笔者认为应当明确的是，腾房并不针对涉拍房屋上原先即存在的合法租赁关系，腾房针对的是被执行人或者其他人无权占用房屋的情况（如租赁关系已结束、房屋权属已经发生变化，被执行人仍占有房屋拒不搬离的情况）。

笔者注意到，在实践操作中，在房屋拍卖后相关人员拒不腾退的情况下，一些法院告知买受人另行起诉要求腾房（案由是返还纠纷或排除妨碍纠纷），笔者认为该种做法无论从效率（从起诉到进入强制执行，很有可能消耗一年以上的时间）还是维护司法公信力（法院无法腾房，要另行起诉）的角度看，都不妥当。

📝 实务经验

1. 参与竞拍优质资产或者资金投入较大的司法拍卖项目（如竞买大宗土地、写字楼等），笔者建议聘请律师在前期尽职调查。

2. 对于有意竞买但资金不足的当事人，除了通过实地查看、询问法院等方式了解拍品情况外，可考虑通过拍卖公告上公布的联系方式提前向银行咨询司法拍卖贷款的事宜。

3. 部分保险公司推出保证金保险业务，即与财产保全保险相类似，竞拍人无须提供全额保证金，如果竞买人悔拍，保险公司则将20万元竞买保证金赔偿至法院。

📄 相关规定

1. 国家税务总局《关于人民法院强制执行被执行人财产有关税收问题的复函》（国税函〔2005〕869号）

最高人民法院：

你院《关于人民法院依法强制执行拍卖、变卖被执行人财产后，税务部门能否直接向人民法院征收营业税的征求意见稿》（〔2005〕执他字第12号）收悉。经研究，函复如下：

一、人民法院的强制执行活动属司法活动，不具有经营性质，不属于应税行为，税务部门不能向人民法院的强制执行活动征税。

二、无论拍卖、变卖财产的行为是纳税人的自主行为，还是人民法院实施的强制执行活动，对拍卖、变卖财产的全部收入，纳税人均应依法申报缴纳税款。

三、税收具有优先权。《中华人民共和国税收征收管理法》第四十五条规定，税务机关征收税款，税收优先于无担保债权，法律另有规定的除外；纳税人欠缴的税款发生在纳税人以其财产设定抵押、质押或者纳税人的财产被留置之前的，税收应当先于抵押权、质权、留置权执行。

四、鉴于人民法院实际控制纳税人因强制执行活动而被拍卖、变卖财产的收入，根据《中华人民共和国税收征收管理法》第五条的规定，人民法院应当协助税务机关依法优先从该收入中征收税款。

国家税务总局
二〇〇五年九月十二日

2. 江苏省高级人民法院《关于进一步提高网络司法拍卖规范化水平的指导意见》（部分）

9. 司法拍卖可以在拍卖前腾空，符合下列情形之一的，也可以在成交后腾空：

（一）占有人书面承诺参与竞买，如未竞买成功，主动腾空标的物并搬离；

（二）书面承诺成交后腾空标的物，配合法院执行；

（三）提供担保金作为拒不腾空妨害执行罚款预交款；

（四）申请执行人欠缺腾空所需费用垫付能力或不愿垫付腾空所需费用；

（五）其他有正当理由需要在成交后腾空的。

10. 拍卖土地、厂房或其他房产时，土地、厂房或者房屋内的机器设备、家具、电器等合并拍卖的，或者被执行房产内或土地上的所有财产合并拍卖的，可以不腾空拍卖。

11. 符合拍卖成交后腾空情形的，应在价款或者需要补交的差价全额交付之日起20日内腾空，并将此内容在拍卖公告中予以明确。确有特殊情况无法在20日内腾空的，逐级报请省法院批准。

12. 占有人（当事人或案外人）拒不腾空的，可以要求有关部门或单位协助停水、停电、停气等，并依法对占有人予以罚款、拘留；构成犯罪的，依法追究刑事责任。

执行法院依靠自身力量强制腾空确有困难或者执行标的物位于本省或本设区市以外的，可以逐级报请上级法院协同执行。

13. 腾空标的物所需的费用，由被执行人或占有人承担，申请执行人、竞买人或其他案外人自愿承担的除外。

第三节　强制执行阶段的以物抵债

本节所探讨的"以物抵债",并不涉及诉前以及诉讼(仲裁)过程中所达成的"以物抵债",指的仅仅是在执行阶段。这一阶段的以物抵债,无论是双方自主达成的还是一方申请的,法院以裁定形式出具的"以物抵债"裁定,在实现申请执行人合法权益的同时,也因为相关规定的缺失,从而在实践中大量出现的执行异议(执行异议之诉)以及可能涉嫌的虚假诉讼等情况,这成为近年来频频被讨论的一个话题。

53. 以物抵债的定义、相关法规及条件

强制执行中的以物抵债是指在执行过程中,因申请执行人与被执行人达成执行和解,由申请执行人申请或法院依职权,在拍卖未果或不经拍卖、变卖的情况下,以被执行人所有的财产折抵交付给申请执行人以抵偿生效法律文书所确定的债务,从而结束双方之间的法律关系或者消除部分债权债务关系的一种方式。

事实上,虽然以物抵债在强制执行中大量存在,但与以物抵债有关的规定并不多,且大多为框架性约定,并不涉及具体操作。在地方性司法政策中,几乎没有关于以物抵债的相关规定,江苏省高级人民法院曾发布一份《关于以物抵债若干法律适用问题的审理纪要》,但该纪要的内容并不涉及强制执行阶段的以物抵债,以下为笔者以表格的形式所罗列的相关规定(见表6-2)。

表6-2　以物抵债相关规定

出处	主要内容	备注
《民诉法解释》第491~493条	(1)在一定条件下,申请执行人与被执行人可以直接进行以物抵债。 (2)标的物所有权自抵债裁定送达买受人或者接受抵债物的债权人时转移	

续表

出处	主要内容	备注
《拍卖变卖规定》第16条及第23~27条	该部分规定主要涉及启动以物抵债的方式,并根据拍品的不同(动产、不动产或者其他产权)设置了不同的抵债条件	启动以物抵债,一种是依申请执行人申请,另一种是法院依职权启动
《执行工作规定》第43条	被执行人的财产经拍卖、变卖或裁定以物抵债后,需从现占有人处交付给买受人或申请执行人的,适用《民诉法》第249条、第250条和本规定第41条、第42条的规定	执行法院负责以物抵债物品的交付及房产的腾退
《关于依法规范人民法院执行和国土资源房地产管理部门协助执行若干问题的通知》第26条	经申请执行人和被执行人协商同意,可以不经拍卖、变卖,直接裁定将被执行人以出让方式取得的国有土地使用权及其地上房屋经评估作价后交由申请执行人抵偿债务,但应当依法向国土资源和房地产管理部门办理土地、房屋权属变更、转移登记手续	以国有土地使用权为抵债物,须经评估作价
《执行和解规定》第6条	当事人达成以物抵债执行和解协议的,人民法院不得依据该协议作出以物抵债裁定	法院根据执行和解协议出具以物抵债裁定的,可能会损害其他债权人的利益

笔者以为,一次成功的以物抵债,需要满足以下条件:首先,根本原因:除用于抵债之物外,被执行人没有能力或者其他财产用来偿还债务;其次,直接原因:申请执行人与被执行人就以物抵债达成执行和解,或是因为以物抵债之物经拍卖、变卖未果(一定情况下可不经拍卖、变卖),申请执行人申请或法院依职权以物抵债的;再次,达成以物抵债的和解协议,需要办理物权变更手续方能实现物权变更(如法院出具以物抵债的裁定,自送达买受人或者承受人时起转移);最后,无论是因执行和解或拍卖、变卖未果而进行的以物抵债,都不得损害其他债权人的利益或者公共利益。

54. 以物抵债不得损害其他债权人的利益和公共利益

《民诉法解释》第491条、第492条均规定无论是不经拍卖、变卖的以物抵债还是拍卖、变卖未果后的以物抵债，都不得损害其他债权人的利益和社会公共利益。之所以如此规定，是因为近年来，以物抵债在使债权人尽快实现债权，减少司法拍卖成本，降低双方当事人损失，提高执行效率，化解执行难等方面起到了积极的作用。然而以物抵债没有详尽细致的操作流程，许多当事人往往利用以物抵债的执行方式转移财产、规避国家政策，这严重损害了其他债权人的合法权益，扰乱了司法秩序，损害了司法权威。[①] 也正是因为以物抵债这种容易侵犯他人权益的"特性"，《执行和解规定》明确规定法院不得就当事人达成的执行和解协议出具以物抵债的裁定。

笔者认为，损害其他债权人利益或者社会公共利益，并不全因"虚假诉讼或当事人恶意规避执行"，也可能是因为法院在执行过程中的"欠考虑"，在笔者办的一起执行监督案件中，执行法院在明知被执行人（某地一贸易市场）涉嫌非法吸收公众存款罪（执行法院与处理非法吸收存款案件的并非同一法院），被执行人的租金收入均被当地政府控制，涉案厂房流拍（首拍）的情况下，仍依申请执行人的申请，将涉案厂房以裁定方式交申请执行人以物抵债。笔者认为上述做法欠妥，目前正在代理被执行人提起执行监督，笔者认为该裁定的不当之处在于损害了其他债权人的利益，将被执行人名下的厂房以物抵债，直接导致的后果即是被执行人的非法吸收存款案件如进入刑事执行阶段，众多受害人可受偿的债权金额将减少或偿还年限被延长。

[①] 参见朱金辉：《民事执行中以物抵债的规制》，载南昌市中级人民法院网，http://nczy.chinacourt.gov.cn/article/detail/2015/07/id/1667381.shtml。

第六章 一锤能否定音？——关于司法拍卖

实务经验

1. 不具备产权证的违章建筑同样也可以成为被拍卖、变卖的对象以及以物抵债的标的物。

2. 申请执行人与被执行人达成以物抵债的执行和解协议，应当尽快办理物权变更手续（尤其是涉及不动产的），以物抵债协议属于诺成合同，自双方达成合意时成立。但是，以物抵债协议的成立不能当然排除强制执行。若以物抵债协议实际履行，权属已发生变动，受领人主张排除对抵债物的强制执行的，应予以支持。

3. 被执行人的财产无法拍卖或者变卖，申请执行人又拒绝作价交付的，并不意味着执行法院必然要解除查封、扣押，执行法院也可将被执行的财产交申请执行人管理，再次组织评估、拍卖、变卖。

4. 律师在处理以物抵债事宜时，在维护当事人合法权益的同时，不妨站在中立角度考虑问题，谨防卷入虚假诉讼。

相关规定

1. 最高人民法院《关于进一步加强虚假诉讼犯罪惩治工作的意见》（法发〔2021〕10号）（部分）

第五条　对于下列虚假诉讼犯罪易发的民事案件类型，人民法院、人民检察院在履行职责过程中应当予以重点关注：

（一）民间借贷纠纷案件；

（二）涉及房屋限购、机动车配置指标调控的以物抵债案件；

2.《山东省高级人民法院执行疑难法律问题解答（二）》（部分）

16. 首封法院在涉案财产拍卖流拍，且债权人拒绝接受抵债的情况下解除查封，轮候查封法院对涉案财产的查封发生效力后，能否不经评估拍卖程序，直接裁定将该财产以流拍价抵偿给轮候查封债权人？

答：依照《最高人民法院关于人民法院民事执行中拍卖、变卖财产的规定》第二十七条、第二十八条第二款规定，被执行人的财产经拍卖流拍后，申请执行人或者其他执行债权人申请或者同意以该次拍卖所定的保留价接受拍卖财产的,应当将该财产交其抵债。法律与司法解释并未要求启动评估、拍卖程序的法院与裁定以物抵债的法院必须是同一法院。首封法院裁定解除对涉案财产的查封后,轮候查封自动生效,轮候法院有权不经评估拍卖程序而在合理期间内直接裁定将涉案财产以流拍价抵偿给轮候查封债权人。如果拍卖流拍日至裁定以物抵债之日间隔较长,涉案财产市场价值较最后一次拍卖流拍时产生较大变化,再以流拍价裁定以物抵债则会显失公平,在此情况下,不宜直接裁定以物抵债。

第七章 莫触"红线"——协助执行、涉强制执行犯罪解析

第一节 协助执行解析

法院通过各种强制执行手段来维护申请执行人的合法权益,在这个过程中也需要其他主体的"助力",这个"助力",也就是本节要讨论的"协助执行"。协助执行的主体非常广泛,可能是自然人,也可能是某个单位(公司、国家机关、事业单位等)。所谓协助执行是指负责执行的人民法院通知有关单位、公民个人或请求当地法院协助执行生效的法律文书所确定的内容的一种制度。[①] 其通过向协助执行的义务主体发送"裁定+协助执行义务通知书"的方式来进行。协助执行义务通知书是指人民法院在案件执行过程中按照法律规定的程序通知有关单位协助执行有关财产或履行指定行为的文书,协助执行义务通知书受送达的主体是负有协助义务的单位或个人。[②] 至于协助执行的内容,可以说是包罗万象,需要具体案情具体分析,既可能是扣划公积金,也可能是不得办理过户,也有可能是提取收入……需要指出的是,本节所涉的"协助执行",不涉及法院之间的协助执行,专指法院要求相关单位、个人的协助执行。

[①] 江苏省常州市中级人民法院执行裁定书,(2014)常执复字第2号。
[②] 四川省宜宾市中级人民法院民事判决书,(2017)川15民终1610号。

55. 协助执行义务人的注意事项

协助执行虽然属"常态化"操作，但在办理过程中，无论对于法院还是协助单位而言，在具体的流程上仍有诸多细节需要注意。

(1) 无须出具介绍信。

一些负有协助执行义务的单位，在法院前来办理协助执行事项时，要求执行员出具介绍信，这种做法显然不妥。协助执行主体及具体的办事人员应当意识到，协助执行并非一般业务办理，而是国家机关工作人员在"执行公务"，《执行工作规定》第7条规定，执行人员执行公务时，应向有关人员出示工作证件，并按规定着装。必要时应由司法警察参加。即办理包括协助执行在内的公务时，执行人员仅需出具工作证和执行公务证。工作证由执行人员所在单位制发，而全国执行工作人员的执行公务证均由最高人民法院统一制发。以下为法院因某协助执行单位要求法院出具"介绍信"的实例：

近日，我院因办案需要，依法到你司查询当事人李某的电话号码，你司工作人员以电话号码涉及通信自由和通信秘密、执行人员无介绍信为由，称法院无权查询，拒绝协助办理……我院执行公务人员依法向你司工作人员出示了工作证和由最高人民法院统一印发的执行公务证，你司工作人员还要求必须出具介绍信的做法，于法无据。①

(2) 不得以请示领导、汇报上级等理由搪塞、拖延。

这也是协助执行单位在办理协助执行事宜时经常出现的"错误"之一，一些金融机构经常在此"栽跟头"，在发现被执行对象为该金融机构的大客户时，常以上述理由搪塞执行人员。最后的结果不仅没有维护客户利益，还给自身带来不必要的麻烦。针对该种情况在实践当中的多发性，《民诉法解释》第192条对此有明确规定："有关单位接到人民法院协助执行通知书后，有下列行

---

① 参见陈健、李伟为：《规范协助执行程序推动执行攻坚工作》，载重庆法院网，http://cqfy.chinacourt.gov.cn/article/detail/2018/07/id/3424699.shtml。

第七章 莫触"红线"——协助执行、涉强制执行犯罪解析

为之一的,人民法院可以适用民事诉讼法第一百一十四条规定处理……(四)以需要内部请示、内部审批,有内部规定等为由拖延办理的。"然而在实践中此类情况仍时有发生,图7-1的执行决定书中所显示的案例,即为一公积金管理中心以其内部规定为由拒不配合法院,导致被罚款。

蚌埠市住房公积金管理中心宋■■执行审查类执行决定书

案由:其他案由
案号:(2019)皖执复71号">(2019)皖执复71
发布日期2019-05-13 浏览次数55

安徽省高级人民法院
执 行 决 定 书

(2019)皖执复71号

安徽省宣城市中级人民法院(以下简称宣城中院)在执行被执行人宋家传犯受贿罪涉财产执行一案中,以拒不协助执行为由,作出(2018)皖18执88号决定,对蚌埠市住房公积金管理中心罚款100000元,该中心不服,向本院申请复议。本院受理后,依法组成合议庭进行审查,现已审查完毕。

本院认为,根据《中华人民共和国民事诉讼法》第一百一十四条、《最高人民法院关于适用<中华人民共和国民事诉讼法>的解释》第一百九十二条的规定,有关单位接到人民法院协助执行通知书后,以需要内部请示、内部审批,有内部规定等为由拖延办理的,人民法院除责令其履行协助义务,并可予以罚款。本案中,宣城中院于2018年10月31日向蚌埠市住房公积金管理中心送达了(2018)皖18执88号执行裁定书、(2018)皖18执88号之一协助执行通知书,要求该中心协助提取被执行人宋家传的公积金,但该中心在协助执行通知书回执中明确表示不能提取,并写明:"按照我市住房公积金管理规定,提取本人公积金需带本人银行卡、身份证及相关材料,可以代领公积金,代领人证件及提取本人所有材料备齐即可。"2018年11月27日,宣城中院就蚌埠市住房公积金管理中心的上述行为,经研究作出(2018)皖18执88号决定,再次前往蚌埠市住房公积金管理中心要求其协助提取被执行人宋■■公积金并送达,符合法律规定。蚌埠市住房公积金管理中心主张其没有拒不协助和宣城中院罚款决定程序违法的复议理由,本院不予支持。综上,依照《中华人民共和国民事诉讼法》第一百一十六条、《最高人民法院关于适用<中华人民共和国民事诉讼法>的解释》第一百八十五条的规定,决定如下:

驳回蚌埠市住房公积金管理中心的复议申请。

本决定一经作出即生效。

二〇一九年四月十九日

图7-1 执行决定书

(3)法院执行公务不同于普通业务办理。

法院执行公务(当然包括办理协助执行)是法院行使公权力的一种方式,任何单位都有配合执行的义务(当然这并不妨碍对协助执行有异议提出救济)并优先于一般日常业务办理。如图7-2所示:

网友留言 2018-11-22

> 法院执行公务有，优先办理的权利吗？
> 您好，我是一名税务工作人员，想请问，法院工作人员到税务部门执行公务，我们有配合的义务，但是，他们有优先办理的权利吗？如果我们要求排队，他们能对我们处罚吗，如果处罚，依据的法律条文是什么？

院长回复 2018-11-23

> 王■之您好，您于2018年11月22日的留言已收悉。由于留言内容没有具体的案件信息（如案件编号、案件当事人名称等），本留言信箱无法为您提供相关的帮助。根据相关法律的规定，法院执行公务具有优先权，即司法优先权。国家为保障司法机关有效行使司法权并赋予司法机关职务上的优先条件，当司法机关与其他社会组织及公民个人的权利在同一领域或同一范围内相遇时，司法权具有优先行使和实现的效力。司法机关在从事紧急公务时，有关组织或个人有协助执行或提供方便的强制性义务，违反者将承担法律责任。感谢您对法院工作的信任理解与支持。大法官留言信箱。2018年11月23日。

图7-2　法院关于执行公务是否优先办理的回复

但在实践中，一些单位因协助执行并不产生直接的经济效益且可能耗时较长、占用业务窗口等因素，常安排法院执行人员在业务窗口与日常业务一般按序办理。这对协助执行单位来说，是非常"危险"的，如在协助执行过程中，协助执行事项——需划拨的款项被被执行人在"时间差"内转走，相关的协助执行机构可能需要承担的责任不限于拘留、罚款。

（4）协助执行义务并非一成不变。

指导案例121号［案号：（2017）最高法执复2号］的裁判要旨即是本注意事项。该案的裁判要旨为，财产保全执行案件的保全标的物系非金钱动产且被他人保管，该保管人依人民法院通知应当协助执行。当保管合同或者租赁合同到期后未续签，且被保全人不支付保管、租赁费用的，协助执行人无继续无偿保管的义务。保全标的物价值足以支付保管费用的，人民法院可以维持查封直至案件作出生效的法律文书，执行保全标的物所得价款应当优先支付保管人的保管费用；保全标的物价值不足以支付保管费用，申请保全人支付保管费用的，可以继续采取查封措施，不支付保管费用的，可以处置保全标的物并继续保全变价款。

当然，理论上的寥寥数字，抵不过实践中的千变万化。实践中，协助执行人如遇类似情况，首先要做的是积极与法官沟通，协商解决办法。笔者曾经办的一起执行案件与前述指导案例的情况类似。但场地出租方（个人）在未经法院许可的情况下，将承租人（被执行人）放置于场地内的被查封的机器设备私自搬离（一台大型设备，拆卸后价值大减，几近废铁），这一举动

第七章　莫触"红线"——协助执行、涉强制执行犯罪解析

不仅没有给出租方带来经济收益，反而给出租方带来了更大的损失（罚款、拘留等）。

56. 执行工作人员的注意事项

（1）着法院制服办理执行公务。

着法院制服办理协助执行公务应当是工作中最基本的要求。《人民法院审判制服着装管理办法》第3条规定，人民法院工作人员在依法履行法律职务或在公共场合从事公务活动时应当穿着审判制服，佩戴法徽。非履行法律职务或在公共场合从事公务活动，原则上不得穿着审判制服。不过在实践中，因在执行中着装不规范而引起的纠纷时有发生。

例如，有媒体称，河北省某县法院3名法官前往某地执行公务时，一名法官穿着背心短裤，引起当事人对其身份的质疑。几名法官认为一家与案件无任何关联的物业公司"拒不配合法院调查"，于是冻结了该公司账号，并罚款30万元，之后就罚款金额讨价还价并要求现金收款。警方怀疑这几名法官的身份，因此将该几名法官控制。该事件一经媒体披露便引起了社会各界的高度关注。

合规着装（包括正确佩戴法徽、应季更换相应制服等）是法院工作人员在执行公务时的唯一选择。不仅能避免不必要的争议，而且从实际效果看，着一身整洁干净的制服、佩戴法徽（同时选择性佩戴执法记录仪），给当事人、协助执行人所留下的印象及由此产生的气场都是不着制服（即使穿的是正装）无法比拟的。

（2）不得对协助执行人搜查。

《民诉法》第255条规定，被执行人不履行法律文书确定的义务，并隐匿财产的，人民法院有权发出搜查令，对被执行人及其住所或者财产隐匿地进行搜查。人民法院在执行过程中采取搜查措施的条件是：一是生效法律文书确定的履行期限已经届满；二是被执行个人、单位不履行法律文书确定的义务；三是被执行个人、单位有隐匿、转移财产或有关财产状况的

证据材料的行为；四是搜查的范围仅限于被执行人及其住所或者财产隐匿地。①

因此，法院无权对协助执行人进行搜查。

57. 拒不履行协助义务的后果

《民诉法》及《民诉法解释》对拒不协助履行执行的情形及后果都做了说明。

结合《民诉法》第117条、《民诉法解释》第189条、第192条的规定，拒不履行协助执行的情况包括：(1) 有关单位拒绝或者妨碍人民法院调查取证的；(2) 有关单位接到人民法院协助执行通知书后，拒不协助查询、扣押、冻结、划拨、变价财产的；(3) 有关单位接到人民法院协助执行通知书后，拒不协助扣留被执行人的收入、办理有关财产权证照转移手续、转交有关票证、证照或者其他财产的；(4) 有其他拒绝协助执行的。

不适当履行协助义务的情形包括：(1) 允许被执行人高消费的；(2) 允许被执行人出境的；(3) 拒不停止办理有关财产权证照转移手续、权属变更登记、规划审批等手续的；(4) 以需要内部请示、内部审批，有内部规定等为由拖延办理的；(5) 接到人民法院协助执行通知书后，给当事人通风报信，协助其转移、隐匿财产的。

如果协助执行人拒不履行协助执行义务或者不适当履行，就有可能需要承担罚款（图7-3为网络上广为流行的一张罚款决定书，为法院向拒不履行协助执行义务的单位所开具）（见图7-3），可以对单位的主要负责人或者直接责任人员予以罚款；对仍不履行协助执行义务的，可以予以拘留；并可以向监察机关或者有关机关提出予以纪律处分的司法建议。

---

① 参见傅晓晖、蔡芳芳：《人民法院能否对协助执行人进行搜查？》，载抚州法院网2016年12月1日，http://fzzy.chinacourt.gov.cn/article/detail/2015/12/id/1760223.shtml。

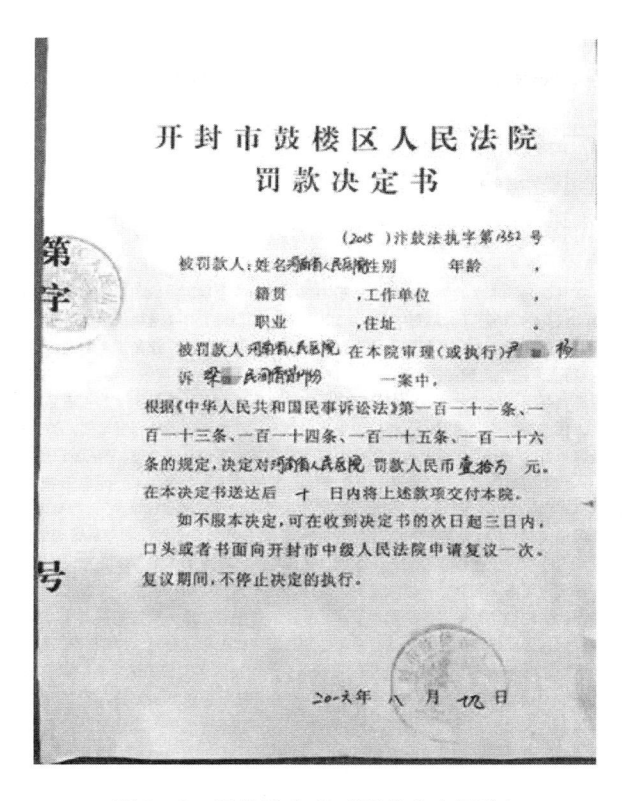

第七章 莫触"红线"——协助执行、涉强制执行犯罪解析

图 7-3 罚款决定书（图片来自网络）

58. 对协助执行有异议时如何救济

虽然接到法院的协助执行义务通知书后，应当履行相应的义务，但这并不代表相关当事人在不认可协助执行事项的情况下，不能对协助执行义务通知书提出异议并予以救济。

《民诉法》第232条规定，当事人、利害关系人认为执行行为违反法律规定的，可以向负责执行的人民法院提出书面异议。当事人、利害关系人提出书面异议的，人民法院应当自收到书面异议之日起15日内审查，理由成立的，裁定撤销或者改正；理由不成立的，裁定驳回。当事人、利害关系人对裁定不服的，可以自裁定送达之日起10日内向上一级人民法院申请复议。

《异议和复议规定》第 5 条规定，当事人以外的自然人、法人和非法人组织，可以作为利害关系人提出执行行为异议……认为人民法院要求协助执行的事项超出其协助范围或者违反法律规定的。包括协助执行人对协助执行行为有异议的，可以通过提起执行异议的方式来维权。图 7-4 即是协助执行人通过执行异议、复议的方式来进行维权的例子（见图 7-4）。

> 本院认为，本案的争议焦点为阜阳中院执行中能否裁定提取界首分公司缴存在界首房管局的216万元。阜阳中院（2015）阜执字第00358-6号执行裁定引用的法律条文为《中华人民共和国民事诉讼法》第二百四十三条，该条规定的内容是："被执行人未按执行通知履行法律文书确定的义务，人民法院有权扣留、提取被执行人应当履行义务部分的收入。但应当保留被执行人及其所扶养家属的生活必需费用。人民法院扣留、提取收入时，应当作出裁定，并发出协助执行通知书，被执行人所在单位、银行、信用合作社和其他有储蓄业务的单位必须办理。"依照该规定，人民法院有权提取的是被执行人的收入，且被执行人为自然人，而阜阳中院裁定提取的216万元是"界首分公司缴存在界首房管局的工程质量保证金"，故阜阳中院裁定提取的216万元并非界首分公司的收入，而是界首分公司向界首房管局缴纳的款项，界首分公司也非自然人，因此，阜阳中院（2015）阜执字第00358-6号执行裁定适用法律错误。根据《最高人民法院关于人民法院办理执行异议和复议案件若干问题的规定》第五条第四项规定，界首房管局可以作为利害关系人提出执行行为异议，该局提出执行异议后，阜阳中院经审查作出异议裁定，撤销（2015）阜执字第00358-6号执行裁定的结果正确，应予维持，芙蓉公司请求撤销异议裁定的复议申请本院不予支持。依照《中华人民共和国民事诉讼法》第二百二十五条和《最高人民法院关于人民法院办理执行异议和复议案件若干问题的规定》第二十三条第一款第一项之规定，裁定如下：

图 7-4 关于协助执行的执行异议裁定（部分截图）

利害关系人是指当事人以外，与强制执行行为有法律上利害关系的公民、法人或其他组织。[①] 案外人是指根据《民诉法》第 234 条的规定，在执行过程中对执行标的提出书面异议的人。[②] 协助执行人属于《民诉法》第 232 条中的利害关系人。需要指出的是，在不同规定下，即使是同一词语，其指向也会有所不同。《民诉法解释》第 501 条第 2 款规定，该他人对到期债权有异议，申请执行人请求对异议部分强制执行的，人民法院不予支持。利害关系人对到期债权有异议的，人民法院应当按照《民诉法》第 234 条规定处理。此处的"利害关系人"非《民诉法》第 322 条中的"利害关系人"，而是第 234 条中的"案外人"，这点读者需加以留意。

---

① 最高人民法院执行裁定书，（2012）执复字第 31 号。
② 最高人民法院执行裁定书，（2017）最高法执监 116 号。

第七章 莫触"红线"——协助执行、涉强制执行犯罪解析

📝 实务经验

1. 经常办理协助执行业务的单位，需加强窗口工作人员的法律意识培训，有针对性地普及与强制执行有关的知识点，谨防因不配合法院工作而被处罚。

2. 对于协助执行义务通知书，提出执行异议的主体并不仅限于协助执行人，与协助执行事项有"利害关系"的"利害关系人"都可能是潜在的提出执行异议的主体。

📄 相关规定

1. 最高人民法院《关于为改善营商环境提供司法保障的若干意见》（法发〔2017〕23号）（部分）

14. 严格依据刑法及司法解释的规定，依法追究拒不执行人民法院判决、裁定的被执行人、协助执行义务人、担保人的刑事责任。

2. 最高人民法院执行工作办公室《关于撤销协助执行通知书的有关法律适用问题的请示的答复》

湖北省高级人民法院：

你院鄂高法（2005）400号《关于撤销协助执行通知书的有关法律适用问题的请示》收悉。经研究，答复如下：

根据民事诉讼法的有关规定，协助执行通知书是为执行民事裁定书而出具的具有法律收悉，应当与民事裁定书同时使用。当协助执行通知书与民事裁定书的内容不一致时，应以裁定书为准。人民法院在执行中如果发现协助执行通知书有错误，应当按照《最高人民法院关于人民法院执行工作若干问题的规定（试行）》第130条规定的精神，及时作出纠正，纠正文书应送达协助执行单位及相关当事人。

此复

3. 最高人民法院《关于行政机关不履行人民法院协助执行义务行为是否属于行政诉讼受案范围的答复》（［2012］行他字第 17 号）

辽宁省高级人民法院：

你院《关于官起斌诉大连市道路客运管理处、大连市金州区交通局、大连市金川区公路运输管理所不履行法定职责及行政赔偿一案的请示报告》收悉，经研究，答复如下：

行政机关根据人民法院的协助执行通知书实施的行为，是行政机关必须履行的法定协助义务，公民、法人或者其他组织对该行为不服提起诉讼的，不属于人民法院行政诉讼受案范围。

行政机关拒不履行协助执行义务的，人民法院应当依法采取执行措施督促其履行；当事人请求人民法院判决行政机关限期履行协助执行义务的，人民法院不予受理。但当事人认为行政机关不履行协助执行义务造成其损害，请求确认不履行协助执行义务行为违法并予以行政赔偿的，人民法院应当受理。

此复。

4. 最高人民法院研究室《关于对有义务协助执行单位拒不协助予以罚款后又拒不执行应如何处理问题的答复》

湖南省高级人民法院：

你院湘高法研字（193）第 1 号《关于对罚款决定书拒不执行应如何处理的请示报告》收悉。经研究，答复如下：

根据《中华人民共和国民事诉讼法》第一百零三条第一款第（二）项和第二款的规定，人民法院依据生效判决、裁定，通知有关银行协助执行划拨被告在银行的存款，而银行拒不划拨的，人民法院可对该银行或者其主要负责人或者直接责任人员予以罚款，并可向同级政府的监察机关或者有关机关提出给予纪律处分的司法建议。被处罚人拒不履行罚款决定的，人民法院可以根据民事诉讼法第二百三十一条的规定，予以强制执行。执行中，被处罚人如以暴力、威胁或者其他方法阻碍司法工作人员执行职务的，依照民事诉讼法第一百零二条第一款第（五）项、第二款规定，人民法院可对被处罚人或对有上述行为的被处罚单位的主要负责人或者直接责任人员予以罚款、拘

第七章 莫触"红线"——协助执行、涉强制执行犯罪解析

留,构成犯罪的,依照刑法第一百五十七条的规定追究刑事责任。

人民法院在具体执行过程中,应首先注意向有关单位和人员宣传民事诉讼法的有关规定,多做说服教育工作,坚持文明执法、严肃执法。

第二节 拒不执行判决、裁定罪解析

拒执罪,全称"拒不执行判决、裁定罪",在笔者的印象中,过去很长一段时间内,这个罪名很大程度上仅停留在刑法条文中,现实中的案例非常少。这个罪名,操作性不强,取证相对困难,立案较难,对于承办所涉执行案件的法官来说,追究当事人的拒执罪,在大量待办的执行案件面前也显得非常耗时费力。在这样的情况下,拒执罪这样一个"执行利器"就被束之高阁了,这在一定程度上也"助长"了"老赖"的嚣张气焰。

这种局面的改观出现在2016年,最高人民法院提出"用两到三年时间解决执行难",越来越多意图逃避履行义务的老赖以拒执罪被追究责任,拒执罪的案件数量快速增多。如图7-5所示,笔者以"拒执罪"为关键词进行搜索,仅2016年一年,全国办理的拒执罪案件数量比2000~2015年案件的数量之和还要多。而在浙江某法院公布的数据中,截至2020年9月,该院共向公安机关移送涉嫌构成拒不执行判决、裁定罪案件56件,立案侦查51件,已判决16件,执行到位的标的额483万余元。执行高压态势的形成有力地促进了更多当事人选择自动履行,该院自动履行率同比提升60.46%。[①] 另外,几乎所有地方的高级人民法院都推出了本地区关于拒执罪的典型案例。可以说,对拒执行为保持高压已成常态化做法。了解、掌握拒执罪,也是我们律师在办理执行案件中的"蹊径"。

[①] 参见汪勇钢:《一号行动一号抓,严打拒执不手软》,载《人民法院报》2020年11月4日,第5版。

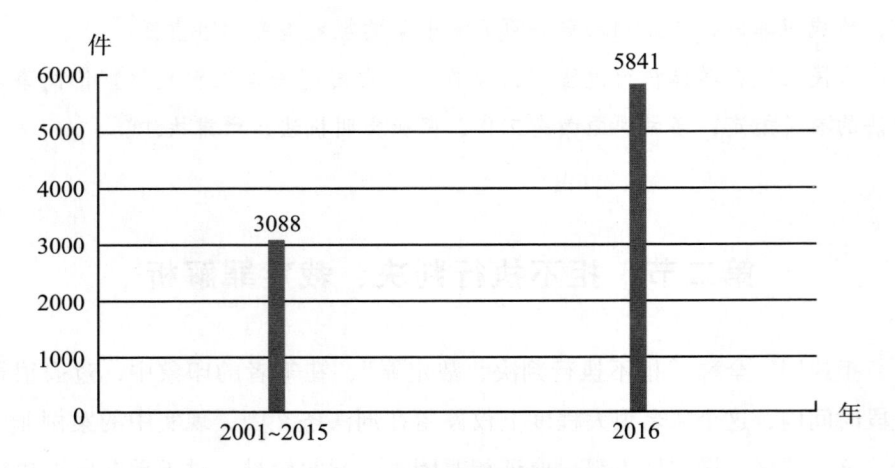

图 7-5　拒执罪案件数量趋势

注：该图数据通过"威科先行"搜索得出。

拒执罪的犯罪主体包括被执行人、协助执行义务人、担保人等负有执行义务的人，既可以是个人，也可以是单位。主观方面表现为故意，客观方面表现为有能力执行而拒不执行，情节严重的情形。犯罪客体是国家审判机关裁判和执行的权威。关于"有能力执行而拒不执行，情节严重"的具体情形，可见《拒执罪解释》，此处不再赘述。下文就拒执罪的焦点问题进行解析。

59. "有能力执行而拒不执行"的起算时间

在实践中，关于"有能力执行而拒不执行"起算时间的疑问是从涉案文书生效之时起算还是从案件进入强制执行程序开始起算？指导案例71号〔（2014）温平刑初字第314号〕给出了回答。

该案的基本案情是法院判令被告人于判决生效之日起15日内返还陈某某挂靠在其名下的温州宏源包装制品有限公司投资款200 000元及利息。该判决于2013年1月6日生效。因被告未自觉履行生效法律文书确定的义务，原告于2013年2月16日向平阳县人民法院申请强制执行。立案后，

第七章 莫触"红线"——协助执行、涉强制执行犯罪解析

平阳县人民法院在执行中查明，毛某某于2013年1月17日将其名下的浙CVU661小型普通客车以150 000元的价格转卖，并将所得款项用于个人开销，且拒不执行生效判决。毛某某于2013年11月30日被抓获归案后如实供述了上述事实。

法院认为，生效法律文书进入强制执行程序并不是构成拒不执行判决、裁定罪的要件和前提，毛某某拒不执行判决的行为应从相关民事判决于2013年1月6日发生法律效力时起算。从民事判决发生法律效力时起算符合立法原意、与《民诉法》及相关司法解释协调一致。

60. 如何理解"致使判决、裁定无法执行"及"致使执行工作无法进行"

《拒执罪解释》第2条第2~4款中所列情形、第5~7款中所列情形，落脚点分别是"致使判决、裁定无法执行"和"致使执行工作无法进行"。如何理解这两个"无法"？

关于"致使判决、裁定无法执行"，实践中存在不同的意见：一种意见认为，"致使判决、裁定无法执行"是指被执行人逃避或者抗拒执行的行为暂时性地妨害了人民法院的正常执行活动，使裁判确定的执行内容暂时未得到执行。即使法院通过多方面努力，采取各种手段，最终办结了执行案件，仍然可以对被执行人定罪处罚。另一种意见认为，"致使判决、裁定无法执行"是指被执行人的行为永久性地妨害了人民法院的执行活动，造成了裁判内容彻底不能执行的后果。如果法院穷尽执行措施，最终裁判文书确定的义务得以履行，则不应追究被执行人的刑事责任。[①] 从维护司法的权威性、打击执行难的角度看，第一种意见显然更符合目前的实际情况，也合乎公平、公正之意。

---

① 参见翁金南：《私自转移未被查控的财产是否构成拒不执行判决、裁定罪》，载《人民法院报》2018年2月1日，第6版。

关于"致使执行工作无法进行",此处的"执行工作",从《拒执罪解释》第 2 条第 5~7 款的内容看,指的是需要实地进行的强制执行工作(如腾房、拆迁、搜查),同"致使判决、裁定无法执行"一样,如果暂时性地造成了执行工作无法推进,就应当追究被执行人的拒执罪。笔者刚参加工作时,在一起腾退案件现场,被执行人不仅身抱煤气罐,而且将法警的手指头咬出鲜血,可惜当时拒执罪被束之高阁,事后该被执行人仅被处以司法拘留。

61. 相关案例解析

最高人民法院及各地高级人民法院都推出了有关拒执罪的典型案例,笔者依据《刑法》第 313 条及《拒执罪解释》,从犯罪主体、犯罪情形、减轻处罚等角度挑选了部分案例,供读者参考。

案例 23 拒不执行判决、裁定罪的主体既可以是公民个人,也可以是单位[①]

2011 年 9 月 13 日,西安市新城区人民法院判决西安市某餐饮有限公司向彭某某支付货款、保证金等共计人民币 608 215 元。执行中查明,该公司的营业执照被吊销,该公司法定代表人张某某于 2011 年 7 月 22 日以人民币 300 万元的价格将该公司的资产、车辆转让给李某甲、李某乙、李某丙三人。张某某与李某甲约定,转让款中的人民币 35 万元由李某甲转至张某某个人银行卡中。李某甲于 2011 年 12 月 18 日、2012 年 2 月 6 日向张某某个人银行卡转款人民币 35 万元,而张某某携款长期居住在天津、大连等地,拒不执行法院判决。执行法院制作多份执行通知书、裁定书,均因无法查找到张某某,导致执行无果。2017 年 12 月,新城区法院以张某某涉嫌拒不执行判决、裁定罪移送公安机关侦查,在案件审理过程中,张某某主动履行了全部判决义

[①] 本案例是陕西省高级人民法院发布的全省打击拒执罪十大典型案例之一。

第七章 莫触"红线"——协助执行、涉强制执行犯罪解析

务,并取得申请执行人的谅解。新城区法院以张某某犯拒不执行判决、裁定罪单处罚金人民币 3 万元。

《刑法修正案(九)》在拒执罪的犯罪主体中增加了单位,根据统计,单位作为被执行人更容易成为本罪的主体。[①] 因此,单位的法定代表人、实际控制人及直接责任人员对此应有足够的"法商",避免因法治意识淡薄而付出代价。

案例 24 导致法院生效判决无法执行可能需要承担刑事责任[②]

2013 年 6~10 月,被告人李某彬为其堂哥李某有与罗某签订的鱼饲料买卖合同提供担保。后因李某有未按期支付货款,罗某于 2015 年 2 月将李某彬、李某有诉至法院。黑龙江省肇东市人民法院立案后,对李某彬经营的鱼池及池中价值 35 万元的鱼采取了财产保全措施,并于 2015 年 6 月 4 日作出(2015)肇商初字第 154 号民事判决,判令李某彬于判决生效后 10 日内给付罗某饲料款 33 万余元。

判决生效后,李某彬未在法定期限内履行义务,罗某遂向法院申请强制执行。肇东市人民法院于 2015 年 8 月 13 日立案执行,依法向李某彬发出执行通知书和报告财产令。李某彬未在规定期限内履行义务,又拒绝申报财产,并将已被查封的鱼池中价值 35 万元的活鱼卖掉后携款逃走,致使法院判决、裁定无法执行。

肇东市人民法院将李某彬涉嫌犯罪的线索移送公安机关。肇东市公安局立案侦查,于 2016 年 9 月 5 日将李某彬抓获,依法予以刑事拘留。经公安机关侦查终结,肇东市人民检察院于 2016 年 11 月 16 日以被告人李某彬涉嫌拒不执行判决、裁定罪,向肇东市人民法院提起公诉。

法院审理认为,被告人李某彬未经人民法院许可,擅自将人民法院依法查封的财产出卖,既未将价款交给人民法院保存或给付申请执行人,又拒绝报告财产情况,有能力执行而拒不执行人民法院已经发生法律效力的判决、

[①] 参见常晓山、谢高峰:《31 起拒执罪案透视:单位更易成主体》,载《人民法院报》2019 年 1 月 23 日,第 7 版。
[②] 本案例为最高人民法院发布的依法打击拒执罪十大典型案例之一。

· 183 ·

裁定，其情节严重，构成拒不执行判决、裁定罪。最后依法判处被告人李某彬有期徒刑1年6个月。

笔者以为，对于被执行人来说，其实综合成本最低的方式就是履行执行依据所确定的义务。

案例25　致使执行工作无法进行可能需要承担刑事责任①

　　昭通市巧家县某砂石厂与被告人苏某珍等人及第三人巧家县某村民小组排除妨害一案，经一审、二审，最终昭通市中级人民法院以（2016）云06民终1566号民事判决，判令苏某珍等人及巧家县某村民小组停止对巧家县某砂石厂沿途通行的妨碍行为。判决生效后，因苏某珍等人及第三人未履行生效判决，巧家县某砂石厂于2016年11月15日向巧家县人民法院申请强制执行。

　　案件进入执行程序后，苏某珍等人仍拒不履行义务。2017年7月24日9时，巧家县人民法院执行局到巧家县金塘镇执行该案。被执行人苏某珍伙同村民陈某福、苏某祥、汪某珍、陈某禄、杨某荣等人拉横幅哄闹执行现场、坐在路上阻碍装载机疏通道路、强行进入警戒区、抓扯殴打执行干警，致使执行工作无法开展，场面一度混乱，并失去控制。当日16时30分，巧家县公安局接到巧家县人民法院报案后，将苏某珍等六人传唤至巧家县公安局接受调查。

　　2018年5月，鲁甸县人民检察院对苏某珍、陈某福、苏某祥、汪某珍、陈某禄、杨某荣等六人提起公诉。2018年7月，鲁甸县人民法院经审理认为，苏某珍等六人负有执行判决的义务，而且有能力执行却故意拒不执行，并采取暴力手段阻碍人民法院执行生效判决，致使执行工作无法进行，情节严重，已构成拒不执行判决、裁定罪。最后以拒执罪判处陈某福有期徒刑1年3个月，苏某珍有期徒刑1年，苏某祥等其余四人分别被判处1年至1年3个月不等的有期徒刑。

　　一些当事人想当然地认为，法院会以"维稳"的方式来处理，不敢采取措施，进而在执行现场采取过激的做法。这种做法，可以休矣。

---

① 本案例为云南省高级人民法院发布的反规避抗拒执行十大典型案例之一。

第七章 莫触"红线"——协助执行、涉强制执行犯罪解析

案例26　自诉人在判决宣告前，可以同被告人自行和解或者撤回自诉①

刘某与叶某、杨某民间借贷纠纷一案，法院判决叶某、杨某向刘某偿还借款本金454万元及利息。因二人未履行上述义务，刘某向法院申请强制执行。

在执行过程中，执行法官向杨某发出扣押令，要求其将名下登记的两辆车交由法院处置。杨某答复称，车辆已被债权人扣走，不受本人支配，故无法交给法院拍卖。执行法官调取了两位被执行人的微信消费记录，发现其在本案执行期间有多次通过微信支付缴纳停车费的记录，该车辆极有可能为登记在杨某名下的奔驰汽车。此外，两位被执行人在案件执行期间月均微信消费支出竟超过两万元，这明显超出了普通人的消费水平；杨某还通过微信支付的方式购买了数期理财基金产品。

被执行人的上述行为已涉嫌构成拒不执行判决、裁定罪，刘某向法院提起刑事自诉，法院受理并进行了开庭审理。在案件审理过程中，迫于法律强大的威慑力，叶某及杨某主动将奔驰车交法院扣押处置并申报了财产，亦与刘某达成执行和解，于是刘某向法院撤回了刑事自诉。

对于申请执行人而言，追究被执行人的刑事责任并非目的，而是手段。但如果拒执罪是通过公诉途径提起的，则不存在撤诉一说，被执行人履行全部或部分执行义务的，对其可以酌情从宽处罚。

实务经验

1. 虽然拒不执行调解书并不构成拒执罪。但以调解结案的案件进入执行程序后，有可能会产生各种裁定，而这些执行阶段的裁定，如果没有得到执行，同时又符合拒执罪情形的，法院就可以拒执罪来追究刑事责任。

2. 一审宣判前，被执行人应积极履行执行依据所确定的义务或与申请执行人达成执行和解，法院对其可以酌情从宽处罚，自诉人也可撤回起诉。

---

① 本案例为广东省高级人民法院公布的拒执罪典型案例之一。

3. 启动拒执罪的追责程序，有公诉和自诉两种途径，在司法实践中，存在公诉程序启动难的情形。

相关规定

1. 最高人民法院研究室《关于拒不执行人民法院调解书的行为是否构成拒不执行判决、裁定罪的答复》（法研〔2000〕117号）

河南省高级人民法院：

你院《关于刑法第三百一十三条规定的拒不执行判决、裁定罪是否包括人民法院制作生效的调解书的请示》收悉。经研究，答复如下：

刑法第三百一十三条规定的"判决、裁定"，不包括人民法院的调解书。对于行为人拒不执行人民法院调解书的行为，不能依照刑法第三百一十三条的规定定罪处罚。

2. 最高人民法院《关于拒不执行判决、裁定罪自诉案件受理工作有关问题的通知》（法〔2018〕147号）（部分）

各省、自治区、直辖市高级人民法院，解放军军事法院，新疆维吾尔自治区高级人民法院生产建设兵团分院：

近期，部分高级人民法院向我院请示，申请执行人以负有执行义务的人涉嫌拒不执行判决、裁定罪向公安机关提出控告，公安机关不接受控告材料或者接受控告材料后不予书面答复的；人民法院向公安机关移送拒不执行判决、裁定罪线索，公安机关不予书面答复或者明确答复不予立案，或者人民检察院决定不起诉的，如何处理？鉴于部分高级人民法院所请示问题具有普遍性，经研究，根据相关法律和司法解释，特通知如下：

一、申请执行人向公安机关控告负有执行义务的人涉嫌拒不执行判决、裁定罪，公安机关不予接受控告材料或者在接受控告材料后60日内不予书面答复，申请执行人有证据证明该拒不执行判决、裁定行为侵犯了其人身、财产权利，应当依法追究刑事责任的，人民法院可以以自诉案件立案审理。

二、人民法院向公安机关移送拒不执行判决、裁定罪线索，公安机关决定不予立案或者在接受案件线索后60日内不予书面答复，或者人民检察院决定不起诉的，人民法院可以向申请执行人释明；申请执行人有证据证明负有执行义务的人拒不执行判决、裁定侵犯了其人身、财产权利，应当依法追究刑事责任的，人民法院可以以自诉案件立案审理。

三、公安机关接受申请执行人的控告材料或者人民法院移送的拒不执行判决、裁定罪线索，经过60日之后又决定立案的，对于申请执行人的自诉，人民法院未受理的，裁定不予受理；已经受理的，可以向自诉人释明让其撤回起诉或者裁定终止审理。此后再出现公安机关或者人民检察院不予追究情形的，申请执行人可以依法重新提起自诉。

第三节　非法处置查封、扣押、冻结的财产罪等罪解析

在强制执行阶段，除了拒执罪，还有一些行为可能会触犯本节所述的3个罪名——妨害公务罪、虚假诉讼罪及非法处置查封、扣押、冻结的财产罪。当然，这3个罪名不一定发生在执行依据生效后或者执行阶段。笔者从执行的角度，对上述3个罪名进行解析。

62. 对妨害公务罪的解析

《刑法》第277条规定：以暴力、威胁方法阻碍国家机关工作人员依法执行职务的，处3年以下有期徒刑、拘役、管制或者罚金。实际上，拒执罪与妨害公务罪存在一定程度的重合，特定主体的拒执行为，情节严重，致使执行工作无法进行的，同样也会构成妨害公务罪。妨害公务罪发生在国家机关工作人员执行公务之时（如拆迁、现场执法），而拒执罪也有可能发生在法院工作人员现场执行公务时（如腾退、司法拘留），二者的主观方面均表现为故意。笔者认为，从执行的角度看，二者存在如下区别：

（1）主体不同。妨害公务罪的犯罪主体只能是自然人，而拒执罪的犯罪主体既可能是自然人，也可能是单位。从是否承担特定义务的角度而言，拒执罪的主体是被执行人、协助执行义务人、担保人等负有执行义务的人，而

妨害公务罪的主体并无此类特定义务的要求。

（2）犯罪场所不同。妨害公务罪均发生在现场执行公务之时，而拒执罪则不一定发生在法院工作人员执行公务之时。

（3）客观方面的表现不同。妨害公务罪客观方面表现为以暴力、威胁方法阻碍国家机关工作人员依法执行职务。而拒执罪则不要求必须使用暴力、威胁的方法，可以是能够损害法院裁判约束力、权威性的任何方法，比如欺骗隐瞒、消极抵制、无理取闹。[1]

在执行工作现场，负有执行义务之人，如导致执行工作无法进行，情节严重的，应当以拒执罪定罪处罚，而对负有执行义务之外的人而言（如被执行人的家属、朋友），如以暴力、威胁方法阻碍法院工作人员执行职务，则有可能以妨害公务罪定罪处罚。以下即是"家属犯事"的典型：

基本案情：2018年8月16日，江苏省盐城市亭湖区人民法院执行法官持执行裁定书，至被执行人王某甲名下的被执行房屋进行现场评估工作。王某甲的儿子即被告人王某乙手持水果刀，阻止法院工作人员进入室内开展评估工作，并将房门锁闭后离开现场。在盐城市亭湖区公证处工作人员到场后，相关人员依法将门锁打开，并进入房屋内开展房屋现场评估工作。被告人王某乙返回现场，手持菜刀将法院工作人员赶出房屋，导致现场评估工作未能完成。

处理结果：盐城市亭湖区人民法院经审理认为，被告人王某乙以威胁方法阻碍国家机关工作人员依法执行公务，其行为已构成妨害公务罪，遂依照《刑法》第277条第1款、第67条第3款之规定，以妨害公务罪判处王某乙有期徒刑7个月。

典型意义：近年来，随着司法网拍的不断推进，人民法院的执行法官还承担了部分拍品的评估、核实工作，以确保拍品信息真实、有效。在执行过程中，极少数人为阻挠执行人员的现场评估、核实工作，不惜铤而走险，持凶器威胁执行人员的人身安全或辱骂执行人员。在本案中，被告人王某乙作为被执行人的儿子，在法院的执行法官和工作人员执行公务活动中，先后两

---

[1] 参见王少杰：《拒不执行判决、裁定罪与妨害公务罪和非法处置查封、扣押、冻结的财产罪的区别》，载中国法院网2006年5月26日，https：//www.chinacourt.org/article/detail/2006/05/id/206934.shtml。

次持刀暴力抗拒法官执行公务，不仅严重影响了执行评估工作的顺利开展，而且严重威胁了执行人员和其他人员的人身安全，其行为已经触犯了法律，依法应当追究其刑事责任。[①]

63. 对非法处置查封、扣押、冻结的财产罪的解析

《刑法》第314条规定：隐藏、转移、变卖、故意毁损已被司法机关查封、扣押、冻结的财产，情节严重的，处3年以下有期徒刑、拘役或者罚金。本罪与拒执罪均属妨害司法的犯罪，主观方面都表现为故意，犯罪主体均可是个人与单位，且均多发于强制执行阶段。笔者认为，从执行的角度看，二者存在如下区别：

（1）犯罪主体是否负有执行义务不同。拒执罪的犯罪主体负有执行义务，而非法处置查封、扣押、冻结的财产罪的主体并不一定负有执行义务（虽然大多数情况下是被执行人触犯）。在笔者承办的案件中，就曾出现出租方（案外人）在未经法院许可的情况下，擅自拆卸承租方（被执行人）的设备，从而导致案件无法执行，出租方涉嫌非法处置的情况。

（2）客观方面不同。已废止的最高人民法院《关于审理拒不执行判决、裁定案件具体应用法律若干问题的解释》（法释〔1998〕6号）曾将"隐藏、转移、变卖、毁损已被依法查封、扣押或者已被清点并责令其保管的财产，转移已被冻结的财产，致使判决、裁定无法执行的"列为拒执表现之一。有关拒执罪的客观方面表现具体见《拒执罪解释》，此处不再赘述。非法处置查封、扣押、冻结的财产罪客观方面表现为隐藏、转移、变卖、故意毁损已被司法机关查封、扣押、冻结的财产。

（3）犯罪对象不同。拒执罪的犯罪对象是人民法院采取执行行为的执行依据。而非法处置查封、扣押、冻结的财产罪的犯罪对象是已被法院查封、扣押、冻结的财产。

[①] 参见何露露：《王某乙妨害公务被判刑案》，载《人民法院报》2019年12月3日，第7版。

最高人民法院提出"用两到三年解决执行难"后，被"激活"的除了拒执罪，还有本罪。如图7-6所示，与拒执罪一样，本罪的案件数量近年来的上升趋势非常明显。

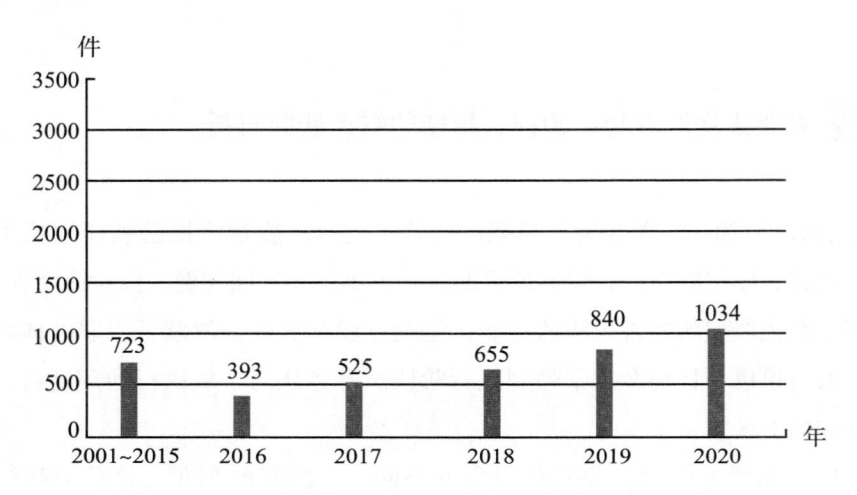

图7-6 非法处置查封、扣押、冻结的财产罪案件数量趋势

年份	件数
2001~2015	723
2016	393
2017	525
2018	655
2019	840
2020	1034

注：该图数据通过"威科先行"搜索得出。

从广义上来看，本罪的犯罪行为也属于拒执的一种。最高人民法院2016年公布的关于拒执刑式案件的典型案例中，即包括了一起本罪的案例：

基本案情：王某某诉张某某等借款纠纷一案，山东省桓台县人民法院依法作出民事调解书，张某某等应偿还王某某借款本金及利息379 000元。王某某在诉讼期间申请财产保全，桓台县人民法院于2014年7月9日以（2014）桓民初字第1528-1号民事裁定书依法查封了机器设备。因张某某等未主动履行还款义务，王某某遂申请法院强制执行，2014年8月25日，桓台县人民法院立案执行。经查，在查封期限内，张某某擅自将查封设备内的电火花数控线切割机一台和立式升降台铣床一台抵债给他人。桓台县人民法院责令张某某将该两台设备追回，但张庆国未追回。

桓台县人民法院将张某某涉嫌非法处置查封的财产罪的线索移送公安机关。经公安机关侦查、检察机关起诉，桓台县人民法院经审理认为，被告人张某某将法院的查封财产擅自抵债，致使查封财产无法追回，其行为已构成非法处置查封的财产罪。鉴于被告人张某某经公安机关电话传唤后到案，归

第七章 莫触"红线"——协助执行、涉强制执行犯罪解析

案后如实供述其犯罪事实，系自首，依法可从轻处罚。而且在简易程序的审理中自愿认罪，可酌情予以从轻处罚。最后依法判处张某某有期徒刑6个月。张某某不服，提出上诉，淄博市中级人民法院依法驳回上诉，维持原判。

典型意义：被执行人将人民法院在诉讼期间保全查封的财产擅自抵债给他人，且查封的财产未追回，这妨害了人民法院的执行工作。人民法院以非法处置查封的财产罪判处其有期徒刑6个月，有效打击了在立案执行前非法处置已被查封的财产、逃避执行的犯罪行为，丰富了打击拒执行为的司法实践。

64. 对虚假诉讼罪的解析

《刑法》第307条规定：以捏造的事实提起民事诉讼，妨害司法秩序或者严重侵害他人合法权益的，处3年以下有期徒刑、拘役或者管制，并处或者单处罚金；情节严重的，处3年以上7年以下有期徒刑，并处罚金。单位犯前款罪的，对单位判处罚金，并对其直接负责的主管人员和其他直接责任人员，依照前款的规定处罚。

本罪的犯罪形式表现为"以捏造的事实提起民事诉讼"，最高人民法院、最高人民检察院《关于办理虚假诉讼刑事案件适用法律若干问题的解释》第1条列举了两种与执行有关的"捏造事实"：一种是与被执行人恶意串通，捏造债权或者对查封、扣押、冻结财产的优先权、担保物权的；另一种是向人民法院申请执行基于捏造的事实作出的仲裁裁决、公证债权文书，或者在民事执行过程中以捏造的事实对执行标的提出异议、申请参与执行财产分配的。

本罪的犯罪后果表现为"妨害司法秩序或者严重侵害他人的合法权益"，最高人民法院、最高人民检察院《关于办理虚假诉讼刑事案件适用法律若干问题的解释》第2条列举了两种与执行有关的"妨害和侵害"：一种是致使人民法院基于捏造的事实采取财产保全或者行为保全措施的；另一种是致使人民法院基于捏造的事实作出裁判文书、制作财产分配方案，或者立案执行基于捏造的事实作出的仲裁裁决、公证债权文书的。

涉及"强制执行"的各种形式的"虚假诉讼"一直处于高发状态。此类

型的"虚假诉讼"之所以多发，笔者认为原因有如下三点：

一是强制执行关系到各方的切身利益。说得再通俗点，这是对"真金白银"的"争夺"，一方的分配很有可能意味着另一方的"颗粒无收"，这真正到了各利益方"肉搏"的阶段。

二是操作的隐蔽性。"虚假诉讼"相关方提起诉讼时，法官往往很难察觉相关当事人的真实目的，同时，受到损害的当事人也无从知晓，其发觉时很有可能已到执行案款的分配阶段。

三是取证的困难性。虚假诉讼很有可能在形式上非常完备，证据链非常完整，在这样的情况下，要取证定性可能就会比较困难。

以下为笔者摘录的两个案例，供读者参考。

案例27　奉化顺源建材公司童某等人虚假诉讼案[①]

案情：2017年4月1日，宁波奉化顺源节能建材有限公司（以下简称顺源建材公司）因宁波鄞州农村合作银行与宁波市鄞州豪阳梦服饰有限公司、顺源建材公司、童某伟、童某芬、胡某、毛某金融借款合同纠纷等案，被宁波市鄞州区人民法院确定为被执行人。

在执行中，该公司名下位于奉化区莼湖镇桐蕉司工业区的房地产被法院裁定拍卖。为从拍卖款中获取非法利益，童某采用伪造建设安装工程施工合同、结算书等证据，指使韩某健向奉化法院提起建设工程合同纠纷诉讼，并以调解方式结案，涉案金额175.5753万元；指使韩某洞向鄞州法院提起建设工程施工合同纠纷诉讼，在调解结案后申请强制执行，涉案金额180万元；伪造简易劳动合同，指使李某等41人进行虚假劳动仲裁并申请执行，涉案金额293.14万元；指使何某等13人提起虚假民事诉讼，其中5人在调解结案后申请执行，涉案金额34.66万元，8人作撤诉处理，涉案金额95.1万元，致使327.8万元的拍卖款预留在执行法院，未予以分配。受童某指使，童某伟在明知上述建筑合同、劳动合同均系伪造的情况下，仍作为法定代表人参加诉讼。

法院论理及结果：被告单位顺源建材公司以捏造的事实提起民事诉讼，

[①] 本案例为浙江省高级人民法院发布的六大打击虚假诉讼犯罪典型案例之一。

妨害司法秩序，情节严重；被告人童某作为被告单位实际控制人具体实施了虚假行为，被告人童某伟受被告人童某指使以被告单位法定代表人身份参与虚假诉讼；被告人韩某洞、韩某健以捏造的事实提起民事诉讼，妨害司法秩序，其行为均已构成虚假诉讼罪，最后以虚假诉讼罪判处顺源建材公司罚金50万元；以虚假诉讼罪判处被告人童某有期徒刑4年6个月，并处罚金10万元；对其他3名被告人分别判处有期徒刑6个月至2年不等，并处相应罚金。

笔者以为，这是一起被执行人在执行阶段意图通过"虚假诉讼"的方式规避执行的典型案例。被执行人策划了41起"假仲裁"、16起"假诉讼"，通过"捏造事实提起诉讼"的方式（而且案件基本都进入了执行阶段），对司法秩序及申请执行人的利益都产生了重大影响（致使本该分配的拍卖款仍旧留存在法院）。事实上，无论对律师还是法官而言，在承接民事案件中，对当事人进行案件检索，或许就能发现"虚假诉讼"的线索。笔者虽然不知本案中的犯罪线索如何发现，但对法院承办人而言，如能在办案过程中通过外网对被告人进行裁判文书检索，就能看出本案中的蹊跷。

案例28 衢州天基建设有限公司、邵雪平、陆元伟涉嫌虚假诉讼罪案[1]

案情：2014年1月，衢州天基建设有限公司（以下简称天基公司）承建浙江如歌印某有限公司（以下简称如歌公司）厂房、公寓等主体工程，但工程款一直未支付。2017年7月3日经开化县人民法院民事调解，确定如歌公司于2018年1月2日支付天基公司1110万元，并在2018年12月31日前返还125万元工程质保金；如歌公司申请再审，2017年12月29日，衢州市中级人民法院维持原判。2018年5月，如歌公司宣布破产并进入企业破产清算阶段，但拖欠天基公司的1200余万元工程款至今仍未支付，导致天基公司无力支付建造如歌公司厂房等工程的民工工资，为此民工多次到县信访局信访。

2019年1月，天基公司雇请的民工班主陆某、吴某1等人在向某公司负责人邵某某讨要工资未果后又到县信访局信访，并在法院接访时得知如系讨要民工工资，可以通过司法程序从政府维稳周转金（破产企业专用）中拆借

---

[1] 开化县人民法院刑事判决书，（2019）浙0824刑初197号。

100万元。被告人邵某某得知此事后，经与陆某等班主商议，确定以民工工资名义申报维稳资金，并伪造工资表和证明材料进行法律援助调解，然后将调解书向法院申请司法确认。与此同时，邵某某明知部分欠款为借款债务（陆某某、赖某）和材料款（汪某1、钱某某），仍然出具虚假证明、工资表等材料，并授意被告人陆某某将该虚假材料连同其余班主材料一并以民工工资名义报送县司法局申请法律援助，致使开化县司法局基于捏造的事实制作调解协议书，随后邵某某、陆某某又组织人员到法院申请司法确认，开化县人民法院基于该捏造事实作出了24份民事裁定书，使得98万元的维稳资金作为如歌公司拖欠的民工工资予以发放给陆某某、赖某、汪某1、钱和东等人。

法院论理及结果：詹某1、陆某等人均为如歌印某工程的施工员或班主，虽然上述人员在上报民工工资金额时对具体金额做了夸大或隐瞒，但他们与天基公司之间的劳务关系客观存在，属于"部分篡改型"的虚假诉讼行为，本院认为该行为不属于《刑法》规定的虚假诉讼罪的范畴。故公诉机关就该部分的指控，法院不予认定，辩护人关于该部分不构成虚假诉讼罪的意见，本院予以采纳。

笔者认为，最高人民法院、最高人民检察院《关于办理虚假诉讼刑事案件适用法律若干问题的解释》规定的虚假诉讼的类型可以概括为"无中生有型"，即虚构、捏造不存在的民事法律关系来提起诉讼，但并未包含"部分捏造型"的"虚假诉讼"，所谓"部分捏造型"，即基础的民事法律关系真实存在，但在具体情节上（如金额）存在夸大或者隐瞒。对于该种类型的虚假诉讼行为，是否应追究刑责，实践当中存在争议。将"部分篡改型"的行为认定为虚假诉讼罪缺乏可操作性。司法实践中存在的"部分篡改型"行为的具体实施方式各不相同，行为人对案件事实的篡改程度亦存在差异，导致此类行为的社会危害性差别很大。如果将"部分篡改型"的行为纳入虚假诉讼罪，如何合理确定罪与非罪的判断标准，司法实践中恐难以操作。但将"部分篡改型"的行为排除在虚假诉讼罪之外不会导致放纵犯罪。[1] 本案例中，

---

[1] 参见周峰、李加玺：《虚假诉讼罪具体适用中的两个问题》，载《人民法院报》2019年9月12日，第6版。

第七章 莫触"红线"——协助执行、涉强制执行犯罪解析

法院对虚假诉讼罪的释义掌握到位,在认定被告人的行为构成虚假诉讼的同时,并未按照检察院的意见认定为虚假诉讼罪。

包括前述的"部分篡改型"的"虚假诉讼",并非所有的虚假诉讼行为都会被追究刑事责任。最高人民法院、最高人民检察院《关于办理虚假诉讼刑事案件适用法律若干问题的解释》第9条规定:实施《刑法》第307条之一第1款行为,未达到情节严重的标准,行为人系初犯,在民事诉讼过程中自愿具结悔过,接受人民法院处理决定,积极退赃、退赔的,可以认定为犯罪情节轻微,不起诉或者免予刑事处罚;确有必要判处刑罚的,可以从宽处罚。《民诉法解释》第315条规定:被执行人与案外人恶意串通,通过执行异议、执行异议之诉妨害执行的,人民法院应当依照《民诉法》第116条规定处理。申请执行人因此受到损害的,可以提起诉讼要求被执行人、案外人赔偿。

实务经验

1. 拒执罪和非法处置查封、扣押、冻结的财产罪对犯罪情节均要求"情节严重",但妨害公务罪对犯罪情节并无此要求。因此,被执行人的拒执行为,尤其是在执行现场的拒执行为,即使无法构成拒执罪,也可能涉嫌妨害公务罪。

2. 近年来,律师涉及虚假诉讼的事件发生,"绝缘"是最好的保护。律师在努力接案的同时,也应当在接洽阶段对案件进行甄别,尤其在民间借贷纠纷等虚假诉讼高发领域,律师接案当慎之又慎。

3. 对于申请执行人而言,追究虚假诉讼的责任并非目的,更重要的是获得赔偿来止损。

相关规定

1. 最高人民法院《关于防范和制裁虚假诉讼的指导意见》(法发〔2016〕13号)(部分)

8. 在执行公证债权文书和仲裁裁决书、调解书等法律文书过程中,对可能存在双方恶意串通、虚构事实的,要加大实质审查力度,注重审查相关法律文书是否损害国家利益、社会公共利益或者案外人的合法权益。如果存在

上述情形，应当裁定不予执行。必要时，可向仲裁机构或者公证机关发出司法建议。

10. 在第三人撤销之诉、案外人执行异议之诉、案外人申请再审等案件审理中，发现已经生效的裁判涉及虚假诉讼的，要及时予以纠正，保护案外人诉权和实体权利；同时也要防范有关人员利用上述法律制度，制造虚假诉讼，损害原诉讼中合法权利人利益。

2. 最高人民法院《关于依法制裁规避执行行为的若干意见》（法〔2011〕195号）（部分）

16. 对构成犯罪的规避执行行为加大刑事制裁力度。被执行人隐匿财产、虚构债务或者以其他方法隐藏、转移、处分可供执行的财产，拒不交出或者隐匿、销毁、制作虚假财务会计凭证或资产负债表等相关资料，以虚假诉讼或者仲裁手段转移财产、虚构优先债权或者申请参与分配，中介机构提供虚假证明文件或者提供的文件有重大失实，被执行人、担保人、协助义务人有能力执行而拒不执行或者拒不协助执行等，损害申请执行人或其他债权人利益，依照刑法的规定构成犯罪的，应当依法追究行为人的刑事责任。

17. 加强与公安、检察机关的沟通协调。各地法院应当加强与公安、检察机关的协调配合，建立快捷、便利、高效的协作机制，细化拒不执行判决裁定罪和妨害公务罪的适用条件。

18. 充分调查取证。各地法院在执行案件过程中，在行为人存在拒不执行判决裁定或者妨害公务行为的情况下，应当注意收集证据。认为构成犯罪的，应当及时将案件及相关证据材料移送犯罪行为发生地的公安机关立案查处。

第八章 分"蛋糕"中有讲究——执行案款的发放、计算与分配

笔者记得在一本人民法院出版社出版的某司法解释的理解和适用的书的封底有注明将来要出版的系列书籍,其中就包括关于执行案款分配的司法解释,笔者理解该部司法解释的出台只是时间问题。但由于《民法典》的实施,诸多现行司法解释面临修改和调整,从笔者掌握的信息看,目前尚无出台关于案款分配的司法解释的时间表。

有关执行案款的计算和分配,目前实践当中的争议极多。同样一个问题,不同地域、不同法院之间往往出现截然不同的做法(如提出财产保全的申请执行人能否在案款分配中多分的问题)。案款分配之所以受到如此之多的关注、产生如此之多的争议,概因案款的发放是大多数当事人历经一审、二审、再审乃至执行当中各种"洗礼"后的"终极目标",但计算顺序的调整、比例的变动、分配方式的变化等,往往会导致截然不同的结果。作为律师,理所当然的需要帮助客户在这一块把好关、守好门。本章内容,第一节是关于执行案款的发放,第二节是关于案款计算的顺序(先本后息抑或先息后本),第三节是关于多个执行案件的案款分配。

第一节 执行案款的发放

比起执行案款的结算和分配,执行案款的发放并无太大争议。虽无太大争议,但并不代表案件各方不关注它。当事人关注它,是因为这关系到其切身利益;代理律师关注它,同样是因为关系到律师的切身利益,尤其是全风

险方式代理案件的律师，代理费用的收取系于执行案款的发放；法院也关注它，过往由于规则的缺失，管理上的漏洞，导致一些干警在案款发放上的漫不经心，实践中经常出现不及时发放案款的情况，甚至出现个别挪用、私吞案款的现象。

传统的案款发放方式，是申请执行人提供收款账户的信息，执行局工作人员开具相应的领款凭证，前往财务处办理。全国所有法院领款几乎都是上述流程。但是，从执行管理的角度看，案款从进账到出账，整个过程全部系于执行员本人，过程并不动态、透明，并不利于法院整体上对执行款物的管理，也无法对潜在的问题进行预防，只能是问题出现后去被动解决。对执行员而言，在繁忙执行公务的同时，需要分出精力去处理发放案款的程序性事项（从案款账户中寻找相应款项—相关领导签批审核案款发放—通知当事人等），难免影响效率，个别时候，甚至会出现错发案款（无论是发放对象还是发放数额）的情况。对当事人而言，领款所需各种烦琐手续自不待言，而且无论大额的数百万元的案款，还是小至数十元（退还）的诉讼费等，都必须走同样的流程去领取，一些路途遥远或是行动不便的当事人难免产生抱怨。这种情况，随着法院信息化建设的不断升级，将得到改善。

65. 什么是"一案一账号"

2017年，最高人民法院出台《执行款物规定》，原最高人民法院《关于执行款物管理工作的规定（试行）》（法发〔2006〕11号）同时废止。新出台的执行款物规定对执行款物的管理原则、发放时间、延缓发放等作出规定，同时出现了一个新词——"一案一账号"。

顾名思义，"一案一账号"是指一个执行案件配备一个独立且唯一的账号，专门用于该案案款的入账与提取。该种做法最早于2016年出现于浙江。截至2016年8月25日，浙江全省105家法院均已上线新案款管理系统，无缝对接审判执行系统和银行信息系统，实现"一人一案一账号"。相比传统模式，"一人一案一账号"使当事人缴费、退费、查询更加便捷、高效。缴

第八章 分"蛋糕"中有讲究——执行案款的发放、计算与分配

费时银行全渠道支持,在网银等渠道专设"案款缴费"栏目,与浙江省统一支付平台连接,并支持"支付宝"等第三方支付。由于案款系统与短信平台"点对点"无缝对接,一旦法院提交退划款指令成功,当事人可通过短信形式即时获取相关信息。①

图 8-1 为法院发出的一张执行通知书,所附账号信息即为本案独有的账户信息,被执行人的款项进入这个账户,申请执行人提款也从该账户内完成。目前,"一案一账号"的模式几乎已在全国各地推广使用。2020 年突如其来的新冠肺炎疫情,客观上也加速了包括"一案一账号"等新方式的使用。

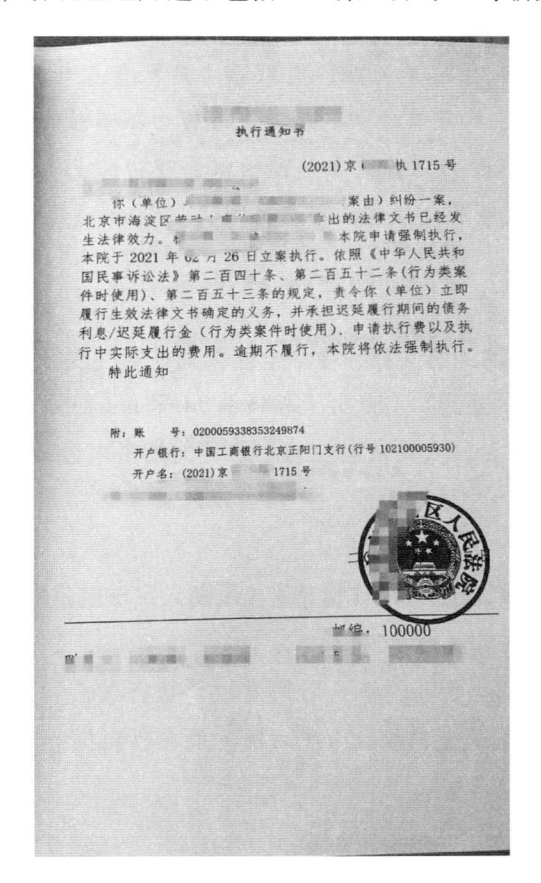

图 8-1 带有"一案一账号"信息的执行通知书

---

① 参见孟焕良:《浙江法院新案款管理系统全面上线》,载《人民法院报》2016 年 8 月 27 日,第 1 版。

"一案一账号"的使用，促进了执行案款收支便利、实现全程留痕、发放效率提升。其有利于协助执行员从事务性工作中解脱、减少当事人诉累。同时，也有助于从客观上减少职务犯罪，法院亦不用再担心案款被他人冒领的问题。可以说，无论是"一案一账号"，还是网上开庭、网上立案，都是司法坚持"司法为民"的宗旨，对科技进步作出的良性回应。

实务经验

1. 大多数执行案件的当事人会利用法院裁判文书和取得的法院执行收款专用票据进行做账处理。

2. 被执行人方如需发票做账，可联系申请执行人开具，对方如不开具，可通过另诉维权。但不可以对方不开具发票为由拒不履行生效法律文书确定的义务。如无法确认生效法律文书确定的需要履行的义务（如支付租金是否含税的问题），可联系承办法官或仲裁员阐明。

相关规定

1. 最高人民法院、司法部、中华全国律师协会《关于深入推进律师参与人民法院执行工作的意见》（法发〔2019〕34号）（部分）

6. 执行款到账后，人民法院应当在规定的期限内通知申请执行人或有特别授权的代理律师办理领取手续，严禁隐瞒、截留、挪用执行款物及拖延发放执行案款。

2. 《知识产权判决执行工作指南》（最高人民法院发布）（部分）

（五）案款什么时候发放

19. 案款到法院账后一般多长时间发放。执行款交付或划拨至人民法院指定执行款专户或案款专户的，人民法院一般在收到执行款之日起三十日内，完成执行款的发放工作。

第二节 被执行人分次履行债务时的清偿

踢球时，同样的人员，位置的变动，往往会产生完全不同的结果；玩魔

第八章 分"蛋糕"中有讲究——执行案款的发放、计算与分配

方时，同样的平面，不同的转法，结果也是截然不同。虽然在执行依据中通常会就金钱债务的履行给出一个并不长的时间，但在现实中，主动一次性履行完毕或强制执行中主动一次性履行、强执一次到位的案件比例并不高。更多的案件，面临分次履行的问题，既然涉及分次（大于或等于两次），就必然涉及利息、迟延履行期间的债务以及执行过程中产生的执行费、鉴定费问题，这些费用的偿还顺序，如同段首提到的踢球与玩魔方，顺位不同，结果不同。也正是因为对清偿顺序的争议，实践中发生了不少与此相关的执行审查案件。本节内容中，笔者在明晰相关概念、梳理相关规定的基础上，对同一案件下不同明目的债务的清偿顺序做一个分析，使读者（尤其是律师）无论在执行案件中代理哪方，都能做到"心中有数"。

66. 金钱债务、一般债务利息等概念的定义及有关清偿顺序的相关规定

基于本书"实用性"的定位，笔者并不打算就此将涉及清偿顺序问题的规定"一网打尽"。笔者在此仍以表格的形式梳理现行规定，但部分内容会在备注中将现行规定与过往规定进行对比（见表8-1）。

表8-1 关于清偿顺序的相关规定

相关规定	主要内容	备注
《民诉法》第260条	被执行人未按判决、裁定和其他法律文书指定的期间履行给付金钱义务的，应当加倍支付迟延履行期间的债务利息。被执行人未按判决、裁定和其他法律文书指定的期间履行其他义务的，应当支付迟延履行金	
《民诉法解释》第506条	被执行人迟延履行的，迟延履行期间的利息或者迟延履行金自判决、裁定和其他法律文书指定的履行期间届满之日起计算	

续表

相关规定	主要内容	备注
《民诉法解释》第507条	被执行人未按判决、裁定和其他法律文书指定的期间履行非金钱给付义务的，无论是否已给申请执行人造成损失，都应当支付迟延履行金。已经造成损失的，双倍补偿申请执行人已经受到的损失；没有造成损失的，迟延履行金可以由人民法院根据具体案件情况决定	
《民法典》第561条	债务人在履行主债务外还应当支付利息和实现债权的有关费用，其给付不足以清偿全部债务的，除当事人另有约定外，应当按照下列顺序履行：（1）实现债权的有关费用；（2）利息；（3）主债务	
《关于在执行工作中如何计算迟延履行期间的债务利息等问题的批复》	（1）人民法院根据《民诉法》第229条（现行《民诉法》第260条）计算"迟延履行期间的债务利息"时，应当按照中国人民银行规定的同期贷款基准利率计算。 （2）执行款不足以偿付全部债务的，应当根据并还原则按比例清偿法律文书确定的金钱债务与迟延履行期间的债务利息，但当事人在执行和解中对清偿顺序另有约定的除外	该批复中的内容，已被2014年发布的《迟延利息解释》所替代
《迟延利息解释》	明确迟延履行期间的债务利息的分类；加倍部分债务利息的计算方以及执行依据确定的金钱债务及加倍部分债务利息的清偿顺序	

笔者以为，要想准确理解上述法条，则对其中涉及的概念也需要有一个清晰的定义。例如迟延履行期间、金钱债务、迟延履行期间的债务利息等，以下逐项分析之。

（1）迟延履行期间。

迟延履行期间是指从判决指定的履行期间届满的次日起计算至债务实际清偿完毕之日止。

第八章 分"蛋糕"中有讲究——执行案款的发放、计算与分配

例如，一份一审判决的送达时间为 2021 年 1 月 3 日，判决被告于判决生效之日起 10 日内返还原告借款 100 万元及利息，经过 15 天的上诉期后，被告未上诉，判决于 2021 年 1 月 19 日生效。1 月 19 日至 29 日为判决给予被告的履行期间，如被告未在此期间履行，原告可以申请强制执行，1 月 30 日至被告实际履行完毕的期间即为迟延履行期间。

（2）迟延履行期间的债务利息。

根据《迟延利息解释》第 1 条的规定，迟延履行期间的债务利息包括一般债务利息和加倍部分债务利息。迟延履行期间的一般债务利息，根据生效法律文书确定的方法计算；生效法律文书未确定给付该利息的，不予计算。加倍部分债务利息的计算方法为：加倍部分债务利息＝债务人尚未清偿的生效法律文书确定的除一般债务利息之外的金钱债务×日万分之一点七五×迟延履行期间。也即一般债务利息是指生效法律文书确定的利息，加倍部分的债务利息则是将债务人尚未清偿的生效法律文书确定的除一般债务利息之外的金钱债务乘以确定的比例。

二者虽都名为利息，但笔者以为二者无论从性质还是计算标准等方面都有诸多不同。首先，二者依据不同。一般债务利息由执行依据确定，如果执行依据并未涉及一般债务利息，则不存在一般债务利息之说。加倍部分债务利息则不同，其依据为《民诉法》第 260 条，无论执行依据如何确定一般债务利息，都不影响加倍部分债务利息的确定。其次，定位不同。一般债务利息是法院根据当事人的约定，或酌定给予原告（申请执行人）的一种在被告（被执行人）不按约定履行情况下的补偿，加倍部分的债务利息则不同，从本质上说来，加倍部分的债务利息属于一种执行措施，在具有补偿性的同时，还具有惩罚性。最后，计算标准不同。一般债务利息依执行依据所确定的标准计算，加倍部分的债务利息则依法定标准（日万分之一点七五）计算。

（3）迟延履行金。

迟延履行期间的债务利息针对的是履行金钱义务的案件，迟延履行金针对的则是金钱义务之外的其他义务。迟延履行金是指被执行人因未按生效判决、裁定和其他法律文书指定的期间履行给付金钱之外的其他义务时（如腾

房、维修、安排探视、限期返还），由人民法院裁定，由被执行人交纳用以弥补申请人的损失，同时惩戒被执行人违法行为的款项。与加倍部分的债务利息一样，迟延履行金兼具补偿性和惩罚性的特点。但与加倍部分的债务利息不同的是，迟延履行金的计算并无法定标准，一般由执行法院确定。有损失的，根据损失的双倍来计算；没有损失的，结合具体案情确定。

例如，在一起非金钱债务案件中，法院判决被告履行腾空场地的义务，对被告占用场地给原告造成的损失亦明确，即每平方米每月26元。判决生效后，被告并未按约履行。原告在申请执行的同时，要求被告给付迟延履行金，后执行法院依据执行依据所确定的标准，要求被执行人双倍给付迟延履行金。

(4) 费用与金钱债务。

费用包括诉讼费、保全费、鉴定费、申请执行费、公告费等。费用并不包含在金钱债务内。对此处"金钱债务"范畴的正确理解，是准确适用该司法解释的关键之处。① 从文义解释的角度看，本金（货款、工程款）、相应的利息、违约金等，都属于"金钱债务"的范畴。

另外，需要指出的是，在计算加倍债务利息时，虽然司法解释明确将一般债务利息排除在基数之外，但违约金是否作为基数来计算，实践当中争议颇多。有人认为，由于违约金具有惩罚性，而且计算期间与加倍部分的债务利息存在重合，因此应将违约金从加倍部分利息的计算基数中剔除。该观点的"代表作"是（2016）最高法执监26号裁定书，该裁定"法院认为部分"明确指出：该违约金自生效法律文书确定的履行期限届满之次日起计算，延伸至实际付清法律文书确定的金钱债务之日止，与迟延履行期间的债务利息的计算期间重叠，目的相同，执行程序中不能作为基数计算迟延履行期间的债务利息。一些代理律师在处理类似案件中也常引用该案的论述。

但有关该问题的争论并未结束。笔者亦对此保留意见。首先，根据《迟延利息解释》第1条的规定，在金钱债务中，剔除的是一般债务利息部分，

---

① 参见江必新、刘贵祥主编：《最高人民法院关于执行程序中计算迟延履行期间的债务利息司法解释理解与适用》，人民法院出版社2014年版，第117页。

无论是该条司法解释本身还是关于该司法解释的理解与适用,均未明释将违约金排除在基数之外。其次,在实践中,很多法院(包括最高人民法院)在实际操作中,并未与最高人民法院在上述裁定中的观点保持一致,例如,在广东省高级人民法院的(2018)粤执复459号案件中,法院认为逾期违约金系当事人双方约定的因一方违反协议给另一方造成的经济损失的补偿方式,而迟延履行期间加倍部分的债务利息是一种法定罚息,是对不按期履行生效法律文书确定义务的惩罚,两者并行不悖。又如,在最高人民法院的(2014)执复字第24号裁定中认为:本案应以履行期届满时,法律文书确定的金钱债务总额为计息基数计付迟延履行期间的加倍债务利息;仅以案涉主债权本金作为迟延履行期间的加倍债务利息计息基数不当,应予纠正。

笔者以为,在最高人民法院通过司法解释或司法政策的形式就此表明态度前,有关违约金能否作为计算加倍债务利息基数的争论仍将持续。

67. 一般民事债权和费用的清偿顺序

所谓"先本后息"还是"先息后本"抑或"本息并还"的问题,可谓律师、法官讨论最持久的话题之一,上网一搜,相关文章一大堆,各说各有理。笔者以为,在讨论这个问题之前,我们需要明确上述三种偿还方式中"息"的含义,即此处的"息"到底是一般债务利息还是加倍部分的利息。而在本部分内容中,主要讲述的是一般民事债务和费用的清偿顺序。

本金、一般债务利息和实现债权的费用三部分可以参照最高人民法院《关于适用〈中华人民共和国合同法〉若干问题的解释(二)》(已失效)的有关规定确定清偿顺序。[①] 目前,虽然因《民法典》的出台,该解释已被废止,但第21条的内容被略加改动后("并且当事人没有约定的"修改为"除当事人另有约定外")吸收到了《民法典》合同编第561条中。清偿顺序为:

[①] 参见安克明:《发挥迟延履行利息制度作用,积极推动执行工作有效开展——最高人民法院执行局负责人答记者问》,载《人民法院报》2014年7月31日,第3版。

(1) 实现债权的有关费用；(2) 利息；(3) 主债务。依简称，可概括为"先息后本"。

举例说明：甲与乙民间借贷纠纷一案，法院判决乙自判决生效之日起 10 日内偿还甲借款本金 10 万元及相应利息（按照月息百分之一计算，从 2019 年 5 月 1 日起计算至实际付清之日止），诉讼费 2300 元，由乙方负担。宣判日期为 2020 年 4 月 1 日，双方均未上诉，判决于 2020 年 4 月 17 日开始生效，但乙并未在判决规定的期限内偿还上述款项，4 月 28 日开始计算加倍部分的债务利息。后甲于 2020 年 5 月 15 日申请执行，在执行过程中，法院于 5 月 30 日从乙方账户扣划 5 万元，因法院对乙采取了限制高消费措施，乙于 2020 年 7 月 3 日将剩余款项一次性交至法院。

在上述案件中，法院从乙方账户强制扣划的 5 万元中，首先用来清偿诉讼费 2300 元、执行费 1400 元，剩下的 46 300 元中，再用于清偿一般债务利息 13 166 元，剩余 33 134 元用于清偿本金，本金尚余 66 866 元未还。后乙在 2020 年 7 月一次性清偿的款项包括：一般债务利息 735 元、本金 66 866 元以及加倍部分的债务利息 946 元（从 2020 年 4 月 28 日起计算至 5 月 30 日止，基数为 10 万元，计 560 元；从 2020 年 5 月 31 日起计算至 2020 年 7 月 3 日止，基数为 66 866 元，计 386 元，均按照日万分之一点七五的比例计算）。乙方共计支出款项 118 547 元。

实践中，该部分最容易出现的误区是将该部分的清偿顺序适用于加倍部分利息的清偿顺序。可以说，二者的清偿顺序截然不同。《迟延利息解释》规定的清偿顺序，仅是迟延履行期间的债务利息与其他金钱债务的清偿原则，并未改变实体法律和司法解释对抵充和清偿顺序的规定。最高人民法院《关于适用〈中华人民共和国合同法〉若干问题的解释（二）》（已废止）第 21 条规定的情形并不包含迟延履行期间的债务利息，该条是实体法律规定，是人民法院在对案件进行实体审理并作出判决前适用的司法解释，据此认为在执行程序中确定了"先息后本"的受偿原则，显然属于认识错误。故复议申请人关于执行程序中应当采取"先息后本"的执行原则的复议请求无法律依据。① 因为清偿顺序不同,导致结果也不同,即偿还款项的数字不同。

在前述例子中,如将加倍部分债务利息的清偿顺位置于同一般债务利息相同的位置,则 5 月 30 日,法院划拨的款项中,在偿还一般债务利息的同时,还需要偿还加倍部分利息,则当期偿还的本金数为 32 554 元,还剩本金 67 446 元未还,7 月 3 日偿还剩余款项时,需偿还本金 67 446 元,一般债务利息 741 元,加倍部分债务利息 389.5 元,共计 118 556 元。这比原先的算法多出了 8 元。需要指出的是,笔者所举例子较为简单,实践中,如执行标的额较大、执行到位期限较长,两种算法的差异将极为明显。

目前处于"真空地带"的是违约金的偿还顺位。无论是最高人民法院《关于适用〈中华人民共和国合同法〉若干问题的解释(二)》(已废止)第 21 条还是《民法典》第 561 条,虽然都涉及了费用、一般债务利息以及本金,但均未涉及违约金。那违约金部分的清偿顺序应当如何设置?尤其是执行依据并未涉及一般债务利息时,违约金的清偿顺序是否等同于一般债务利息?或者当一般债务利息和违约金同时出现时,二者的清偿顺序又当如何?

笔者注意到个别法院在实践过程中将违约金视同一般债务利息,并按照一般债务利息的顺位来进行处理,但主流意见仍然是将二者区别对待。违约金是指根据法律的规定或者合同的约定,当一方当事人违约时,应当向对方当事人支付一定数额的金钱,其具有补偿与惩罚的双重性质。违约金与利息的概念、性质均不相同,违约金的清偿顺序不能适用最高人民法院《关于适用〈中华人民共和国合同法〉若干问题的解释(二)》(已废止)第 21 条的规定。② 虽然法无明文规定,但从填补损失优先级的角度看,违约金的清偿顺序应该排在本金之后、加倍部分的债务利息之前。较之本质属于强制执行措施的加倍部分的债务利息,违约金虽然具有惩罚性,但更多地体现了当事人的意思自治,清偿顺序理应在加倍部分的债务利息之前。

笔者的这一想法在实践中也得到了印证。山西省高级人民法院认为,违约金显然不是该条规定的"实现债权的有关费用"或"利息",且违约金与

---

① 甘肃省高级人民法院执行裁定书,(2018)甘执复 164 号。
② 最高人民法院民事裁定书,(2020)最高法民申 1437 号。

主债务均属于独立债务。与违约金相比，主债务显然是负担较重的债务，在此情况下，应使负担较重的债务优先抵充。因此，在未约定偿还顺序且债务人的给付不足以清偿全部债务时，应当按照实现利息、主债务、违约金的顺序进行偿还。①

68. 一般民事债权与加倍部分利息的清偿顺序

《迟延利息解释》第4条规范的是金钱债务与加倍部分利息的清偿顺序。根据该司法解释，应当"先本（这里的'本'做扩大解释，包括除一般债务利息之外的金钱债务）后息（加倍部分债务利息）"需要指出的是，最高人民法院2009年发布的《关于在执行工作中如何计算迟延履行期间的债务利息等问题的批复》中规定的是"本息并还"原则，该批复目前虽未被撤销，但根据新法优于旧法的原则，清偿顺序目前采取的是"先本后息"的方式。

举一例，2020年5月30日生效的判决书确定，侵权人应在10日内支付受害人侵权损害赔偿10 000元；债务人迟延履行的，应当根据《民诉法》第253条现行《民诉法》第260条的规定加倍支付迟延履行期间的债务利息。因侵权人未按期履行，受害方申请执行，侵权人于2020年7月6日支付赔偿款3000元，于2020年11月15日支付赔偿款7000元。

上述案例中，被执行人（侵权方）需要支付的加倍部分利息分为两部分：一部分是6月10日至7月6日的加倍部分利息，该部分以10 000元为基数，天数为26天，金额为45.5元；另一部分是7月7日至11月15日的加倍部分利息，该部分以7000元为基数，天数为131天，金额为160.475元，共计205.97元。

加倍部分利息并非双方当事人约定产生，如负担义务的一方遵照执行依据履行，就不会存在加倍部分利息一说。因此，实践中，被执行人一方往往会提出各种各样的理由来"抵制"加倍部分利息。有的当事人提出终结本次

---

① 山西省高级人民法院执行裁定书，(2019) 晋执复149号。

第八章 分"蛋糕"中有讲究——执行案款的发放、计算与分配

执行以后不应当计算加倍部分利息；有的当事人提出对冻结、划拨裁定提出异议后应依《迟延利息解释》第3条的规定停止计算加倍部分利息；有的当事人提出银行账户内的存款被保全或冻结的货币类财产不应当计算迟延履行期间加倍部分债务利息……上述理由，看似"振振有词"，在实践中却难以被认可。《迟延利息解释》第3条规定：非因被执行人的申请，对生效法律文书审查而中止或者暂缓执行的期间及再审中止执行的期间，不计算加倍部分债务利息。根据该条规定，如是因被执行人申请导致的中止，除非执行依据被撤销，否则，即使是在中止或者暂缓期间，仍计算加倍部分利息。如是因为法院依职权进行再审等理由，则不计算加倍部分利息。

另外，有关优先受偿债权（如抵押权、质押权）所产生的加倍部分利息是否属于优先受偿范围，法律并无明确规定。但从笔者掌握的情况来看，实践中一般不予支持。首先，如前所述，加倍部分利息虽有"利息"二字，实为一项强制执行措施，带有惩罚性质，将该部分内容纳入优先受偿部分，属于对普通债权人的侵害。其次，既然无论生效法律文书确定的金钱债务是否属于优先受偿权，其相对应的迟延履行利息的权利基础以及特征都是一致的，那么就没有区分的必要，应当平等对待。[①] 此外，2018年发布的《全国法院破产审判工作会议纪要》中也表述了同样的观点，第28条规定：破产债权的清偿原则和顺序。对于法律没有明确规定清偿顺序的债权，人民法院可以按照人身损害赔偿债权优先于财产性债权、私法债权优先于公法债权、补偿性债权优先于惩罚性债权的原则合理确定清偿顺序。因债务人侵权行为造成的人身损害赔偿，可以参照《企业破产法》第113条第1款第1项规定的顺序清偿，但其中涉及的惩罚性赔偿除外。破产财产依照企业破产法第113条规定的顺序清偿后仍有剩余的，可依次用于清偿破产受理前产生的民事惩罚性赔偿金、行政罚款、刑事罚金等惩罚性债权。笔者认为此处的民事惩罚性赔偿金包括了加倍部分利息。

[①] 参见江必新、刘贵祥主编：《最高人民法院关于执行程序中计算迟延履行期间的债务利息司法解释理解与适用》，人民法院出版社2014年版，第128页。

实务经验

1. 一些判决主文将一般利息的计算期间表述为"计算至判决确定的清偿之日止",该种表述严重影响了原告的合法权益,正确的计算期间应计算至实际给付之日止。

2. 无论申请执行人是否申请,法院都应当依职权计算迟延履行期间的加倍部分利息,除非申请执行人明确表示放弃。

3. 即使法院裁定中止执行、决定暂缓执行,如果不涉及生效法律文书的效力,被执行人仍负有履行义务。即被执行人履行义务的依据在于生效法律文书,在执行依据的法律效力没有受到相关诉讼程序审查的情况下,中止执行、暂缓执行的期间原则上应当计入迟延履行期间,不能仅仅因为法院裁定中止执行、决定暂缓执行而免除被执行人的迟延履行责任。

4. 计算加倍部分利息时,一般债务利息不包括在基数之内。

相关规定

1. 最高人民法院《关于非金融机构受让金融不良债权后能否向非国有企业债务人主张全额债权的请示的答复》(〔2013〕执他字第 4 号)

湖北省高级人民法院:

你院《关于非金融机构受让金融不良债权后能否向非国有企业债务人主张全额债权的请示》(鄂高法〔2012〕323 号)收悉。经研究并经我院审判委员会讨论决定,答复如下:

一、非金融机构受让经生效法律文书确定的金融不良债权能否在执行程序中向非国有企业债务人主张受让日后利息的问题,应当参照我院 2009 年 3 月 30 日《关于审理涉及金融不良债权转让案件工作座谈会纪要》(法发〔2009〕19 号,以下简称《海南座谈会纪要》)的精神处理。

二、根据《海南座谈会纪要》第十二条的规定,《海南座谈会纪要》不具有溯及力。《海南座谈会纪要》发布前,非金融资产管理公司的机构或个人受让经生效法律文书确定的金融不良债权,或者受让的金融不良债权经生效法律文书确定的,发布日之前的利息按照相关法律规定计算;发布日之后不再计付利息。《海南座谈会纪要》发布后，非金融资产管理公司的机构或个人受让经生效法律文书确定的金融不良债权的，受让日之前的利息按照相关法律规定计算；受让日之后不再计付利息。

根据上述规定，本案中的利息（包括《中华人民共和国民事诉讼法》第二百五十三条的迟延履行利息）应按照法律规定计算至《海南座谈会纪要》发布之日。

2. 最高人民法院《关于依法妥善办理涉新冠肺炎疫情执行案件若干问题的指导意见》（法发〔2020〕16号）（部分）

八、合理减免被执行人加倍部分债务利息。被执行人以疫情或者疫情防控措施直接导致其无法及时履行义务为由，申请减免《中华人民共和国民事诉讼法》第二百五十三条规定的相应期间的加倍部分债务利息，人民法院经审查属实的，应予支持；被执行人申请减免生效法律文书确定的一般债务利息的，不予支持，但申请执行人同意的除外。

第三节　参与分配时的清偿

在本节文末的相关规定中，笔者引用的均是地方司法政策，概因参与分配问题的相关法条较少，法条中用词的解释弹性较大（如何谓财产执行的"终结"，观点较多）。本节中，笔者对参与分配制度加以介绍，针对一些疑难问题（如申请财产保全一方能否适当多分），介绍各方观点，并抛出个人观点，供读者参考。

69. 什么是执行参与分配制度

每一个申请执行人都希望自己的案件能顺顺利利的执行完毕，但现实远比愿望复杂，相当一部分当事人需要面对案件中本次执行程序终结的结果。有时候，"（机会）在关上门（这里的'门'指执行完毕）的同时，可能会打开一扇窗"。此处的"窗",就是指参与分配制度。

笔者以为,执行参与分配是指被执行人为自然人或者其他组织时,在执行程序开始后,申请执行人以外的取得执行依据的债权人,因债务人的财产不足以清偿债权,在执行终结前,向法院申请参与到执行案件中受偿的制度。为更好理解上述定义,笔者以表格形式梳理现行的关于参与分配的规定(见表8-2)。

表8-2 有关参与分配的规定

法条名称	主要内容	备注
《民诉法解释》第508条	(1)申请参与分配的条件; (2)可主张优先受偿权的债权人	有优先受偿权的债权人无须取得执行依据
《民诉法解释》第509条	(1)参与分配申请书的主要内容; (2)参与分配的时段限制	不应苛求申请执行人必须证明被执行人不能清偿所有债务,或给参与分配申请设置过多障碍*
《民诉法解释》第510条	普通债权清偿顺序、原则	
《民诉法解释》第511~512条	执行分配方案异议、执行分配方案异议之诉	
《民诉法解释》第516条	被执行人无法进入破产程序时的清偿规定	
《执行程序解释》第17条、第18条	执行分配方案异议、执行分配方案异议之诉	
《执行工作规定》第40条	关于清偿顺序及主持分配的法院	2020年修正的《执行工作规定》较2008年版本做了较大幅度的改动,法条精简为79条,2008年修订的《执行工作规定》涉及参与分配的第90条、第92~96条已被删除

* 参见沈德咏主编:《最高人民法院民事诉讼法司法解释理解与适用》,人民法院出版社2015年版,第1342页。

第八章 分"蛋糕"中有讲究——执行案款的发放、计算与分配

根据上述规定，笔者将申请参与分配的条件概括为：一是案件已进入强制执行程序，即相关债权人已取得执行依据，或者虽未取得执行依据但对执行财产享有优先权、担保物权等应予分配的情形；二是被执行人为公民或者其他组织（根据《民诉法解释》第52条，包括依法登记领取营业执照的个人独资企业、依法登记领取营业执照的合伙企业、依法登记领取我国营业执照的中外合作经营企业等）；三是被执行人不能清偿所有债务；四是债权人在执行程序开始后，被执行人财产执行终结前提出书面申请。

事实上，参与分配有广义和狭义两种概念。广义的参与分配，是指不管被执行人是否为企业法人，只要涉及多个债权人对其财产申请分配的，执行法院均应按《执行程序解释》第25条（2020年修正后，现为《执行程序解释》第17条）的规定启动分配程序；而狭义的参与分配，则特指被执行人为公民或者其他组织时，在其财产不能清偿所有债权的情况下，按债权比例公平清偿的分配方式。《民诉法解释》第508条的规定针对的正是狭义的参与分配，但不能据此否定《执行程序解释》第25条规定的广义的参与分配程序之适用。只是根据《民诉法解释》的相关规定，被执行人为企业法人的，不得对其采取按债权比例清偿的狭义的参与分配程序。[①]

举例来说，如被执行人为自然人，目前可供执行的财产为现金80万元，处于甲法院控制之下，现在三起执行案件中都为被执行人（案件标的分别为20万元、50万元、100万元，案件均在甲法院），如进行参与分配，则该三起执行案件的申请执行人将按照债权比例进行受偿（扣除诉讼费、执行费等费用后）；如该被执行人为法人公司，将根据采取执行措施的先后顺序受偿。

70. 参与分配的截止日期

关于参与分配的截止日期，同样也是一个各说各话的争议焦点，根据《民诉法解释》第509条规定，参与分配申请应当在执行程序开始后，被

[①] 最高人民法院执行裁定书，(2019) 最高法执复14号。

执行人的财产执行终结前提出（2008年修订的《执行工作规定》第90条规定为"财产执行完毕前"提出，2020年修正的《执行工作规定》中该条被删除）。

如何确定"被执行人的财产执行终结"这个具体的时间节点，相关的法律及司法解释并没有明确规定，这也使各地法院在具体操作中存在不同的操作方法。第一种以分配款发放截止日为节点。第二种以分配方案送达第一个当事人为节点。第三种以涉案财产的确权裁定书及协助执行通知书送达登记部门之日为节点。上述三种分配操作方法都存在一定的争议性。[①]

上述三种方法，第一种方法效率低下，以发放截止日为节点意味着发放当天的分配方案仍旧存在变数，导致分配再度延期，极易引起各债权人的不满。第二种方法虽然效率较第一种方法有所提升，但在公平性上有所欠缺，如以此为节点，将享有优先受偿权的债权人挡在分配之门外，既不公平，也容易引起执行监督、信访事件，占用司法资源。第三种方法虽然时间节点更为确定，但事实上，在此时间节点之前，涉案财产已经处理终结，物权已经发生转移，并不符合《民诉法解释》所规定的"执行终结"这个时间节点。

在各地的司法政策中，北京市高级人民法院的《关于案款分配及参与分配若干问题的意见》规定：申请参与分配的截止日是指主持分配的法院收到申请参与分配的债权人的执行法院转交参与分配申请书的最后日期。按照《执行工作规定》第90条的规定，若执行标的物为货币类财产，以案款到达主持分配法院的账户之日作为申请参与分配的截止日；若执行标的物为非货币类财产，需对该财产予以拍卖、变卖或以其他方式变价的，以拍卖、变卖裁定送达买受人之日或以物抵债裁定送达申请执行人之日作为申请参与分配的截止日。前款中的以物抵债裁定应当载明执行标的物折抵的价款数额，但不应载明折抵的债权数额，待分配方案确定后再作出认定。同一案件中，法院执行多项财产的，各项财产分别确定申请参与分配的截止日。

江苏省高级人民法院的《关于正确理解和适用参与分配制度的指导意见》

[①] 参见周华强：《如何界定申请参与分配的截止日期》，载《人民法院报》2020年3月25日，第7版。

规定：申请参与分配的截止时间，应当根据下列情形予以确定：（1）待分配财产为货币类财产，分配方案已制作完成且当次分配方案已发送任一相关当事人的前一日为申请参与分配截止日，该日期不受债权人、被执行人提出异议而重新制作分配方案所影响。主持分配法院邮寄发送的，以投递签收邮件日期为发送时间。直接送达的，以相关当事人签收日期为发送时间。经执行当事人、参与分配的债权人自主协商或者以执行和解协议方式确定各债权人应分配数额，主持分配法院收到书面意见或者记入执行笔录的，视为当次分配方案已向当事人发送。执行法院尚未制作分配方案或者分配方案尚未发送的，执行案款发放的前一日为申请参与分配的截止日。（2）待分配财产为非货币类财产且通过拍卖或者变卖方式已经处置变现，债权人申请参与分配的截止时间，按照本条第1款第1项相同的原则处理。不受买受人未缴纳尾款或者人民法院撤销拍卖后再次拍卖、变卖所影响。（3）待分配财产为非货币类财产，流拍或者变卖不成后以物抵债的，申请参与分配的截止时间为抵债裁定送达之日的前一日。未经拍卖或者变卖程序，当事人自行协商以物抵债，其他债权人申请参与分配的，不予支持。上述截止日前未申请参与分配的债权人，仅就本次分配后的剩余款项受偿。申请参与分配的截止时间，以主持分配法院收到参与分配申请书的时间为准。债权人截止日前已寄送参与分配申请，但主持分配法院在截止日前未收到的，仅就本次分配后的剩余款项受偿。

浙江省高级人民法院的《关于多个债权人对同一被执行人申请执行和执行异议处理中若干疑难问题的解答》规定：主持分配法院的执行程序中只有一个申请执行人的，其他债权人申请参与分配（根据《执行工作规定》第92条的规定，应通过其原申请执行法院向主持分配的法院转交参与分配申请书）的截止日期，为执行价款支付给申请执行人的前一工作日，或者执行标的物因以物抵债而将产权转移给承受人的前一工作日。主持分配法院的执行程序中已有两个以上债权人参与分配的，其他债权人申请参与分配的截止日期，为执行法院将分配方案送达第一个当事人的前一工作日。

作为一本实务书籍，本书力图向读者提供执行中可能碰到的常见问题的准确处理方式及争议问题的倾向性答案。但有关参与分配的截止日期，参考上述各地的司法政策，可以看出目前仍旧处于莫衷一是的状态，同样是货币类财产（非货币类财产），三地的高级人民法院给出的答案不尽相同。笔者以为，如待分配财产为货币类财产，则已分配方案发送任一相关当事人的当日为申请参与分配截止日；如待分配财产为非货币类财产，若执行标的物为非货币类财产，需对该财产予以拍卖、变卖或以其他方式变价的，则以拍卖、变卖裁定送达买受人之日或以物抵债裁定送达申请执行人之日作为申请参与分配的截止日。仍旧以公平、效率为参照，如货币类财产以到达法院账户的时间为参与分配的时间节点，则显然对在此时间之后、分配方案制作完成之前取得执行依据的当事人不公平；非货币财产分配的截止时间，如定为相关部门送达过户裁定，则显然不符合效率原则。

71. 采取财产保全措施的申请执行人能否多分财产

有关该问题，很多律师都会以浙江省高级人民法院出台的《关于多个债权人对同一被执行人申请执行和执行异议处理中若干疑难问题的解答》（浙高法执〔2012〕5号）举例，该解答第13条规定：浙江省高级人民法院《关于在立案和审判中兼顾案件执行问题座谈会纪要》（浙高法〔2009〕116号）第3条第4项规定首先申请财产保全并成功保全债务人财产的债权人在参与该财产变价所得价款的分配时，可适当多分，但最高不得超过20%（1∶1.2的系数）。具体如何确定分配比例？答：举例说明如下：甲、乙、丙均申请执行丁，申请执行标的额分别为200万元、300万元和100万元，符合参与分配条件。在诉讼中，甲首先申请财产保全并成功保全丁的全部财产，后拍卖得款300万元。主持分配的法院决定给甲多分20%（增加0.2的系数）。分配时，先计算出乙、丙的受偿比例（以A指代），确定系数1，再乘以（1+20%）得出甲的受偿比例。乙、丙受偿比例的计算方法为：甲债权200万元×A×（1+20%）+（乙债权300万元+丙债权100万元）×A＝可分配金额300万元，由此计算出A＝46.875%。则甲的受偿比例为46.875%×1.2＝56.25%。

需要注意的是，当首先申请财产保全并成功保全债务人财产的债权人的申请执行标的额远大于可分配金额，或者其他债权人的受偿比例已经较高（达到83.34%以上）时，奖励的系数应视情降低，以免出现首先申请财产保全并成功保全债务人财产的债权人分走全部款项或超额受偿的情况。

除了浙江省高级人民法院的规定，北京市高级人民法院也有类似的司法政策，北京市高级人民法院出台的《关于案款分配及参与分配若干问题的意见》第15条规定：参与分配程序中，若执行标的物为诉讼前、诉讼中、仲裁前或仲裁中依债权人申请所保全的财产，在清偿对该标的物享有担保物权和法律规定的其他优先受偿权的债权后，对该债权人因申请财产保全所支出的成本及其损失，视具体情况优先予以适当补偿，但补偿额度不得超过其未受偿债权金额的20%；其剩余债权作为普通债权受偿。

笔者认为，综合对案件投入的时间、金钱成本以及从情感因素考虑，通过财产保全的手段为众多债权人控制到财产的债权人理应适当多分。在现实中，也有不少法院参照上述规定作出了对财产保全申请人一方有利的分配方案。支持多分的法院就此问题进行论述时，常表述为"依司法惯例……""综合考虑……"等。

但截至笔者撰文时，上述做法并未上升到司法解释的高度，同样也有很多法院并不支持上述做法。例如，在一起执行分配方案异议之诉中，法院有如下表述：一审法院制定的《关于执行案件中多个债权人申请参与分配的操作规程》第4条规定对财产保全申请人"优先分配30%"，虽实践中有的地方法院亦是这样操作的，但现行法律及司法解释对此并未明确规定，因此讼争《执行财产分配方案》按照该内部规定进行分配，其法律依据不足，应当依法予以撤销。[①] 上述论述，充分表明了"财产保全方适当多分"观点的现实状况，至于是否能"统一式"的"适当多分"，有待最高人民法院在将来进一步明确。

---

① 广东省揭阳市中级人民法院民事判决书，（2019）粤52民终718号。

72. 优先受偿范围的确定

享有优先受偿权的债权人的优先性不仅体现在受偿顺序上，其优势还在于在未取得执行依据的情况下，同样可以参与分配。不过，有关优先受偿的范围，在实践中常常出现争议。

笔者在法院工作期间承办的一起案件中，参与分配者有两方，其中一方为银行，因办理了抵押所以拥有优先受偿权，双方对需要扣除的费用（如鉴定费、执行费）、本方（对方）享有优先权均无异议，然对银行一方优先受偿的范围，普通债权一方持有异议，理由是涉案房屋的他项权证中记载的是债权数额，抵押物登记记载的内容与抵押合同约定的内容不一致的，以登记记载的内容为准。据此，银行只是在本金范围内享有优先受偿权，而利息部分则不享有优先受偿权。有关该点，许多普通债权人都会提出，但在司法实务中，通常不予以支持。首先，债权数额不等于抵押范围。多数省份的不动产登记机构提供的不动产登记簿上仅有"被担保主债权数额（最高债权数额）"的表述，且规定只能填写固定数字，而当事人在合同中又往往约定担保物权的担保范围包括主债权及其利息、违约金等附属债权从而出现了合同约定与登记簿记载不一致的情形。由于登记系统设置的原因导致抵押权人的主债权及附属债权无法登记，登记机构相关的登记制度不接受当事人就不确定借贷金额的利息、复利、逾期罚息等担保债权办理登记。由此可见，本案当事人未将被担保债权金额及担保范围在登记证书中予以登记，并非当事人自身的原因造成，而是登记机构的登记制度要求所致。[1]

其次，相关的抵押合同对抵押权的优先范围通常都做了明确的约定。虽然他项权证上仅仅记载债权数额，但并不妨碍当事人自愿确定抵押范围。抵押合同往往会有如下表述：担保范围为主合同项下的全部债务，包括但不限于全部本金、利息（包括复利和罚息）、违约金、赔偿金等。

---

[1] 陕西省高级人民法院执行裁定书，(2020) 陕执复131号。

第八章 分"蛋糕"中有讲究——执行案款的发放、计算与分配

最后,《民法典》第389条规定：担保物权的担保范围包括主债权及其利息、违约金、损害赔偿金、保管担保财产和实现担保物权的费用。当事人另有约定的，按照其约定。在《民法典》施行前，异议一方常用依据是最高人民法院《关于适用〈中华人民共和国担保法〉若干问题的解释》第61条：抵押物登记记载的内容与抵押合同约定的内容不一致的，以登记记载的内容为准。但如前述，因登记机构登记制度造成填写债权数额，并不属于"不一致"的情形，且"登记记载内容"与"担保范围"并非同一概念。

73. 如何区别执行行为异议和执行分配方案异议

《民诉法解释》第511条、第512条和《执行程序解释》第17条、第18条，对当事人针对分配方案提出异议及执行分配方案异议之诉作出规定。但在实践中，在执行分配方案送达后的时间，相关当事人提出的异议非常具有"迷惑性"，当事人自身并不知晓该如何进行救济，而法院也会被当事人那些名为"分配方案异议"的申请所迷惑，在救济途径上出现"误判"。凡当事人在执行分配中提出异议，执行法院往往都会导入诉讼，理由是执行分配方案异议之诉属于执行行为异议的一种特殊情形，根据"特殊优于一般"的原则，走诉讼程序当然是解决此类纠纷的首选方案。然事实上，执行行为异议与执行分配方案异议之诉具有本质差异。[①]

具体来说，二者具有如下区别：

一是救济途径不同。执行行为异议的救济途径是"异议—复议"，而执行分配方案异议的救济途径是"异议—分配方案异议之诉"。

二是法律适用不同。执行行为异议依据的是《民诉法》第232条，而执行分配方案异议依据的是《民诉法解释》第511条、第512条以及《执行程序解释》第11条、第12条。

[①] 参见刘干、朱丽雯：《执行行为异议与执行分配方案异议之甄别》，载《人民法院报》2014年12月25日，第6版。

三是处理的争议不同。执行分配方案异议之诉处理的是分配过程中的实体争议，涉案债权的真实性、数额大小以及偿还的顺位，均属于实体争议，其需要通过审判部门进行查明；而执行行为异议处理的是执行分配中的程序异议，如是否适用参与分配、是否有资格参与分配，仍属于执行部门的职权范围。

例如，在一起参与分配的案件中，债权人甲提出异议，认为债权人乙没有资格参与分配，理由是乙尚未取得执行依据。上述甲的异议，就属于执行行为异议，无须也不能通过执行分配方案异议之诉来处理。又如，在一起案件中，异议人提出按照抵押权设立的时间顺序应优先于被异议人受偿，这是对执行分配方案中的分配金额、受偿顺序提出的异议，属于实体异议，应当通过执行分配方案异议之诉来处理。

在实际操作过程中，上述两种救济途径并不矛盾，当事人并非只能选择一种途径进行救济，可以"各行其是"。

74. 被执行人为法人时，相关债权人能否通过执行分配方案异议之诉进行救济

如前文所述，参与分配的条件之一是被执行人为公民或者其他组织。如被执行人为法人时，相关债权人对案款的分配有异议的时候，能否通过执行分配方案异议之诉的途径进行救济？有关该争议问题，即使是最高人民法院的同期裁判文书，也呈现出两种不同的思路。

一种思路是，被执行人为法人时，相关债权人不能通过执行分配方案异议之诉来维权。理由是本案被执行的主体为企业法人，执行中不应适用参与分配程序，应依照《民诉法解释》第 516 条的规定进行清偿。执行法院对多个债权按照财产保全和执行查封的先后顺序清偿时，为体现公正透明的执行理念，也可以制作分配方案，但该分配方案不同于司法解释规定的参与分配程序中作出的财产分配方案，当事人有异议的，执行法院应根据异议的性质依照《民诉法》第 232 条或第 234 条的规定进行审查，而不是依据《民诉法

解释》第 512 条的规定，引导当事人进行分配方案异议之诉。①

另一种思路是，可以通过执行分配方案异议之诉来进行维权。理由是《民诉法解释》第 508 条的规定针对的正是狭义的参与分配，但不能据此否定《执行程序解释》第 25 条规定（2020 年修订后，现为第 18 条）的广义的参与分配程序之适用，只是根据《民诉法解释》的相关规定，被执行人为企业法人的，不得对其采取按债权比例清偿的狭义的参与分配程序。在本案中，中国银行重庆分行向海南省高级人民法院提出异议，实际是请求加入海南省高级人民法院执行案件程序，就拍卖款优先受偿。对于该请求可依照《执行程序解释》第 25 条的规定，通过广义的参与分配程序予以处理。②

《民诉法解释》第 512 条及上述理论中的扩大解释均来自最高人民法院，虽然笔者对第二份裁定中最高人民法院要求下级法院"参透""参与分配"的广义解释的态度持有异议，但现在看来，在被执行人为法人时，允许有异议的债权人通过执行分配方案异议之诉来维权应该是一种倾向性的做法。无论是《执行程序解释》第 17 条、第 18 条还是《民诉法解释》第 513 条，均未对被执行人的主体性质作出限制。

实务经验

1. 被执行人是企业时，如果按照采取强制措施的先后顺序无法取得财产或者取得财产较少时，就需要考虑通过申请被执行企业破产的方式来实现权益。

2. 在执行中，凡事大不过当事人同意，参与分配时亦是如此。在合法范围内，申请执行人（债权人）或者被执行人对自身权利的处置（比如债权人放弃主张加倍部分利息），当然是可以的。

3. 股东借款与公司其他债务不具有平等受偿地位，公司资产应首先用于清偿非股东债权，剩余部分才能用于清偿股东借款（注：2015 年 3 月，最高人民法院公布了一批典型案例，其中之一是沙港公司诉开天公司执行分配方案异议之诉案，该案裁判借鉴美国的"深石案"，确定股东借款与公司其他

---

① 最高人民法院执行裁定书，（2019）最高法执监 265 号。
② 最高人民法院执行裁定书，（2019）最高法执复 14 号。

债务不具有平等受偿地位）。

4. 享有优先受偿权的债权人，尤其在未取得执行依据的情况下，更应对相关执行案件的进展保持密切关注，谨防在占优的情况下，错失良机。

相关规定

1. 最高人民法院《关于如何确定生效法律文书确定的抵押权优先受偿范围的请示答复》（〔2013〕执他字第26号）

山东省高级人民法院：

你院《关于如何确定生效法律文书确定的抵押权优先受偿范围的请示》〔（2013）鲁执三他字第7号〕收悉。经研究，答复如下：

在参与分配程序中，抵押权的实现并不以生效法律文书的确认为前提。《最高人民法院关于人民法院执行工作若干问题的规定（试行）》第93条规定，对人民法院查封、扣押或冻结的财产有优先权、担保物权的债权人，可以申请参加参与分配程序，主张优先受偿权。第94条规定，参与分配案件中可供执行的财产，在对享有优先权、担保权的债权人依照法律规定的顺序优先受偿后，按照各个案件债权额的比例进行分配。

依照上述规定，在参与分配程序中，债权人只要在实体上享有抵押权，即可主张债权的优先受偿。

如果其他债权人、被执行人对于抵押权及其担保债权的范围存在异议，可以根据《最高人民法院关于适用〈中华人民共和国民事诉讼法〉执行程序若干问题的解释》第二十五条、第二十六条的规定，通过分配方案异议、分配方案异议之诉程序予以救济。请你院按照此法律规定规范处理，向当事人释明相关程序救济措施，保障各方当事人的合法权益。

2. 《关于多个债权人对同一被执行人申请执行和执行异议处理中若干疑难问题的解答》（浙高法执〔2012〕5号）（部分）

（十）债权人申请对保证人的财产参与分配的，应不应当准许？

答：要区分是一般保证的保证人还是连带责任保证的保证人。如债权人申请对一般保证的保证人的财产参与分配的，必须提供主债务人已无财产可供执行的证据，否则不允许其参与分配。如债权人申请对连带责任保证的保证人的财产参与分配的,应当允许。

(十一)债权人在主债务人尚有财产可供执行的情况下,先申请对连带责任保证的保证人的财产参与分配,使得该保证人为主债务人的案件的申请执行人受偿比例降低,如何解决这一问题?

答:该保证人为主债务人的案件的执行法院可在保证人向主债务人行使追偿权后,对追偿所得予以执行,并在未足额受偿的债权人中再次分配。

如果该保证人怠于行使追偿权,上述法院可按执行已决到期债权的方法(第三人无权对履行到期债务的通知提出异议)在保证人可追偿的数额范围内对其为之担保的主债务人予以执行,执行所得在未足额受偿的债权人中再次分配。

3.《山东省高级人民法院执行疑难法律问题解答(一)》(部分)

6. 被执行人的另案申请执行人申请参与分配时,如何认定"被执行人的财产不能清偿所有债权"?

答:依照《最高人民法院关于适用〈中华人民共和国民事诉讼法〉的解释》第五百零八条的规定,执行程序开始后,被执行人的另案申请执行人发现被执行人的财产不能清偿所有债权的,可以向法院申请参与分配。符合下列情形之一的,可以认定为"被执行人的财产不能清偿所有债权":一是执行法院已通过网络执行查控系统及线下调查或者搜查,发现的被执行人财产不足以清偿所有已知债权的;二是另案申请执行人所涉案件已因无财产可供执行,被终结本次执行程序的,但有证据证明被执行人尚有其他财产可供执行的除外;三是被执行人的其他财产价值较小或者难以处置、变现的;四是其他能够证明被执行人财产不能清偿所有债权的情形。

4.《江苏省高级人民法院关于正确理解和适用参与分配制度的指导意见》(部分)

执行程序开始后,被执行人的其他债权人向人民法院申请参与分配,同时符合下列条件的,人民法院应当启动参与分配程序:

(1)被执行人为自然人或者其他组织;

(2)被执行人的财产不能清偿所有债权;

(3)债权人已经取得执行依据,或者虽未取得执行依据但对执行财产享有优先权、担保物权等应予分配情形；

（4）债权人在执行程序开始后，被执行人财产执行终结前提出书面申请。

5.《关于"对〈民事诉讼法〉司法解释疑问"的回复》（部分）

二、关于多个债权人申请执行同一被执行人的清偿顺序问题

本次司法解释修订过程中，为避免条文重复，删去了《执行工作若干问题的规定》原第89条、第90条、第92条至96条的规定，但保留了《执行工作若干问题的规定》第55条（原第88条）规定。第55条的三款条文确定了关于清偿顺序的三种处理原则：第1款规定多个债权人均具有金钱给付内容的债权，且对执行标的物均无担保物权的，按照执行法院采取执行措施的先后顺序受偿，即适用优先主义原则；第2款规定债权人的债权种类不同的，基于所有权和担保物权而享有的债权优先于金钱债权受偿，有多个担保物权的，按照各担保物权成立的先后顺序清偿；第3款规定一份生效法律文书确定金钱给付内容的多个债权人申请执行，执行财产不足以清偿债务，各债权人对执行标的物均无担保物权的，按照各债权数额比例受偿，即平等主义原则。《民诉法司法解释》则是对于被执行人的财产不足以清偿全部债务时的处理原则进一步予以明确，第508条、第510条规定了被执行人为公民或其他组织的适用参与分配程序，按照平等主义原则，普通债权人按照债权数额比例受偿；第513条规定了被执行人为企业法人的执行转破产程序。上述《执行工作若干问题的规定》的规定系为执行程序中的一般规则，而非适用于被执行人资不抵债、申请执行人参与分配或执行转破产的情形，该部分规定与《民诉法司法解释》的相关规定并不冲突，共同构成了对于多个债权人申请执行同一被执行人的清偿顺序问题的体系化规定。

第九章　案结事了、理性看执行不能
——执行案件结案常见问题

第一节　各种结案方式解析

在分配方案通过、领取完案款之后，案件的执行也即将进入尾声，如果此时执行依据所确定的执行内容已全部执行完毕，对各方来说皆大欢喜，但现实往往并不如此。事实上，根据《立案结案意见》，执行案件的结案方式有六种（执行财产保全案件、恢复执行案件有所不同）。由于相当部分案件并未实际结案，或者当事人对结案方式存有异议，因此，清楚各种结案方式的不同并知晓如何处理，对于我们在办理执行案件时显得非常重要。本节涉及除终结本次执行程序之外的其他结案方式，"终结本次执行程序"将在下节做专门介绍。

75. 执行完毕不一定需出具书面结案通知

执行完毕分为四种情形：第一种是执行立案后，被执行人主动履行完毕；第二种是执行立案后，通过法院的强制措施执行完毕；第三种是第一种和第二种情况兼而有之；第四种是其他情况（如当事人之间达成执行和解并履行完毕）。

执行完毕应当制作结案通知书（见图9-1）并送达当事人，与其他结案方式不同的是，在实际操作中，当事人很少收到该份通知，根据《立案结案意见》，只要当事人书面认可（书面说明、笔录记载）即可。

山东省高级人民法院
结 案 通 知 书

（2020）鲁执44号

长江重庆航道工程局：

中国铁建港航局集团有限公司与长江重庆航道工程局、浙江建宏疏浚工程有限公司、邹■■、潍坊森达美散货码头有限公司港口疏浚合同纠纷一案，本院作出的（2018）鲁民终208号民事判决书已发生法律效力，你单位应承担本案案件受理费。因你单位未按时交纳，本院于2020年4月2日决定立案对你单位强制执行。在执行过程中，你单位依法缴纳案件受理费73892元及本案执行费5082元，至此本案全部执行完毕。依照《中华人民共和国民事诉讼法》第二百五十七条第（六）项、最高人民法院《关于人民法院执行工作若干问题的规定（试行）》第108条第（1）项之规定，本院特通知如下：

山东省高级人民法院（2020）鲁执44号案执行完毕。

二〇二〇年六月二十八日

图 9-1　结案通知书

76. 撤销执行申请与撤回执行申请的异同

根据《立案结案意见》第17条的规定，案件可"终结执行"的情形众多。需要指出的是，《民诉法》第264条也列明了6种可以终结执行的方式，《立案结案意见》第17条是对《民诉法》第264条第6项"人民法院认为应当终结执行的其他情形"的细化。

《民诉法》第264条第1项规定：撤销执行申请属于可以终结执行的情形；《立案结案意见》第17条第1款第1项规定：申请人撤销申请或者是当事人双方达成执行和解协议，申请执行人撤回执行申请的。这里出现了撤销（执行）申请和撤回（执行）申请。这两种方式，一字之差，貌似相差无几，实则有所不同，概括起来，笔者认为有两个不同点。

（1）所依据的规定位阶不同。"撤销"一词出现在了《民诉法》中，但在《民诉法》关于强制执行的内容中并无"撤回"这样的表述。撤回的表述出现在《民诉法解释》第466条（申请执行人与被执行人达成和解协议后请求中止执行或者撤回执行申请的，人民法院可以裁定中止执行或者终结

第九章 案结事了、理性看执行不能——执行案件结案常见问题

执行)。

（2）适用情形不同。结合《民诉法解释》第466条的规定及《立案结案意见》第17条的规定，可以发现，"撤回"的适用情形只有一种，即申请人与被执行人之间达成了执行和解协议。而撤销则类似于诉讼阶段的"撤诉"，只要是申请人的真实意思表示，法院一般都予以准许。

当然，二者之间也有相同之处，比如，在撤回、撤销执行申请后，再次申请执行的，均立"执恢字"案号，申请执行的期间也都适用《民诉法》第246条的规定（2年），以裁定书来结案。实际上，由于撤销与撤回的含义相近，不易区分，一些时候，法院出具的文书也并未对二者做严格区分。且看如下文书（见图9-2）：

> 未付款本金为基数按年利率24%计算，利随本清；案件受理费25元，由黄■自愿负担（已履行）。
> 　　申请执行人于2020年4月13日向本院申请执行，要求由被执行人黄■偿还申请执行人范■■借款本金6600元及自2018年11月13日起至款项还清之日止以实际未付款本金为基数按年利率24%计算的利息；应交执行费50元（申请执行人未预交），以上合计6650元及利息。本院于同日立案执行。
> 　　本案在执行过程中，被执行人黄■已于2020年5月10日还清申请执行人范■■全部借款，申请执行人范■■于2020年5月10日向本院提出撤回执行申请。经审查，撤回执行申请是申请执行人的真实意思表示，并不违反法律规定，本院予以准许。因申请执行人范■■撤回执行申请，故申请免交申请执行费50元，经上报院领导审批，同意予以免交。据此，依照《中华人民共和国民事诉讼法》第二百五十七条第（六）项、第二百五十八条、《最高人民法院关于执行案件立案、结案若干问题的意见》第十七条第一款之规定，裁定如下：
> 　　终结（2020）云0402执1272号案件的执行。
> 　　本裁定送达后立即生效。

图9-2 执行裁定（部分截图）

在笔者看来，该份文书有两处值得商榷：一是如前所述，并未正确使用"撤回"与"撤销"，在案件并无执行和解的情形下，使用了"撤回"；二是在被执行人全部履行完毕的情形下，并未采用"执行完毕"的结案方式，反而采取"终结执行"的结案方式，在这样的情况下，实际上从程序上赋予了申请执行人再次申请的权利。

· 227 ·

77. 销案、不予执行、驳回申请的区别

本部分所述的三种结案方式，从最终效果而言，都使原本要在本院执行的案件无法继续在本院执行。但从执行依据最终能否继续执行的角度看，三者还是有所区别。

根据《立案结案意见》第 18 条的规定，适用"销案"的情形有三种（被执行人提出管辖权异议、立案在先、受托法院退回受托案件），无论哪种情形，都不影响执行依据的可执行性，只不过执行法院发生了变化。此外，根据《关于进一步规范指定执行等执行案件立案、结案、统计和考核工作的通知》（法明传〔2018〕335 号）的要求，案件被提级执行、指定执行后，也可以"销案"的方式做结案处理（见图 9-3）。

> 2020/10/2　　　　　　　　　　　文书全文
> 规范指定执行等执行案件立案、结案、统计和考核工作的通知》（法明传〔2018〕335号）第三条规定，首次执行案件因指定执行、提级执行、委托执行（全案）结案的，以"销案"方式结案。据此，本案在由滨州市中级人民法院提级执行后，应以销案方式结案。依照《最高人民法院关于执行案件立案、结案若干问题的意见》第十四条、《最高人民法院关于进一步规范指定执行等执行案件立案、结案、统计和考核工作的通知》第三条规定，通知如下：
> 　　滨州经济技术开发区人民法院（2019）鲁1691执546号案件作销案处理。
> 　　　　　　　　　　　　　　　　　　　二〇一九年十一月十四日

图 9-3　销案裁定（部分截图）

需要指出的是，关于销案，有的法院采取"通知"的形式，有的法院采取裁定的形式，实践当中并无明确规定。

根据《立案结案意见》第 19 条的规定，"不予执行"的情形出现于执行依据是仲裁裁决、赋予强制执行效力的公证债权文书之时。事实上，即使裁定不予执行，也并不影响相关文书所涉事项可以通过其他途径产生新的执行

第九章 案结事了、理性看执行不能——执行案件结案常见问题

依据,并申请执行。例如,赋予强制执行效力的公证债权文书被裁定不予执行后,申请执行一方可就争议事项提起诉讼获得执行依据。

图9-4为一份关于"不予执行"的裁判文书截图,如被执行人申请不予执行仲裁裁决、公证债权文书,则以执行异议的形式提出,法院立"执异字"案号。

> 本院认为,一、虽然绿地集团曾向本院提出撤销仲裁委长仲裁字[2016]第072号仲裁裁决,本院已作出(2016)吉01民特26号民事裁定驳回了绿地集团的撤销仲裁裁决的申请,但绿地集团本次提出不予执行仲裁裁决的理由与其提出撤销仲裁裁决的理由并不完全相同,本院应予对其提出的关于仲裁程序的相关问题予以审查;二、仲裁员田大原在本案仲裁前,曾于2015年代理长春建工与王■■、王■建设工程施工合同纠纷一案,案号为(2015)南民初字第10号,裁判日期为2015年11月11日。该行为属于《中华人民共和国仲裁法》第三十四条第一款第三项"仲裁员有下列情形之一的,必须回避,当事人也有权提出回避申请:(三)与本案当事人、代理人有其他关系,可能影响公正仲裁的"规定的情形,其应自行回避而未回避,依照《中华人民共和国民事诉讼法》第二百三十七条第二款第三项"被申请人提出证据证明仲裁裁决有下列情形之一的,经人民法院组成合议庭审查核实,裁定不予执行:(三)仲裁庭的组成或者仲裁的程序违反法定程序的"的规定,仲裁委长仲裁字[2016]第072号案件仲裁程序违反法定程序,不应予以执行。经向省高院报核并经省高院批准,依照《中华人民共和国民事诉讼法》第一百五十四条第一款第十一项、第二百三十七条第二款第三项规定,裁定如下:
> 不予执行长春仲裁委员会长仲裁字[2016]第072号仲裁裁决。
> 本裁定送达后即发生法律效力。
>
> 审 判 长　华子琳
> 审 判 员　张东宇
> 代理审判员　蒋振华

图9-4　不予执行公证文书的裁定(部分截图)

根据《立案结案意见》第20条的规定,"驳回申请"的情形出现在"经审查发现不符合《执行工作规定》第18条规定的受理条件,裁定驳回申请的",概而言之即"权利义务主体、给付内容"不明确。根据最高人民法院《关于公证债权文书执行若干问题的规定》第5条的规定,下述情形也适用于"驳回申请":债权文书属于不得经公证赋予强制执行效力的文书;公证债权文书未载明债务人接受强制执行的承诺;公证证词载明的权利义务主体或者给付内容不明确;债权人未提交执行证书;其他不符合受理条件的情形。执行依据如是调解书、判决书,除非后续通过执行异议等救济途径推翻不予受理裁定,否则将无法继续执行(事实上也并不具备强制执行力);执行依据如是公证债权文书,则有可能通过诉讼途径获取新的执行依据来申请执行

(见图 9-5)。

> 定而追偿回债权虽在程序上存在瑕疵，但并未影响各方当事人的实体权利，奥奇公司向本院申请执行即行使追偿权的意思表示，国富公司对奥奇公司履行保证责任的数额并无异议，且在得知本院受理追偿权执行案件后多年未提出异议，一汽公司对其给予奥奇公司补偿亦无异议，故对于各方已经实际履行的该项裁定内容本院予以维持。综上，依照《中华人民共和国民事诉讼法》第二百二十五条和《最高人民法院关于人民法院办理执行异议和复议案件若干问题的规定》第十七条第（二）项之规定，裁定如下：
> 一、撤销本院作出的案号为"（2005）柳执字第275号"的执行裁定；
> 二、驳回长春奥奇汽车塑料涂装有限公司的执行申请。
> 如不本裁定，可以自本裁定书送达之日起十日内向本院递交复议申请，复议于吉林省通化市中级人民法院。

图 9-5 驳回执行申请裁定（部分截图）

如被执行人要求停止执行，则以执行异议的形式提出，法院立"执异字"案号。

78. 可通过执行异议等方式对结案方式提出异议

当事人如对结案方式有异议，可通过提出执行异议的方式来进行维权。《异议和复议规定》第6条规定：当事人、利害关系人依照《民诉法》第232条规定提出异议的，应当在执行程序终结之前提出，但对终结执行措施提出异议的除外。最高人民法院《关于对人民法院终结执行行为提出执行异议期限问题的批复》规定：当事人、利害关系人依照《民诉法》第232条规定对终结执行行为提出异议的，应当自收到终结执行法律文书之日起60日内提出。需要指出的是，上述司法解释中的"终结执行措施""终结执行行为"不同于《民诉法》第264条中的"终结执行"，此处的"终结执行"既包括了《民诉法》第264条的"终结执行"，也包括执行完毕、销案等结案方式，此处的"终结执行"应做广义理解。

实操中较为常见的类型包括认为法院没有执行完毕，对"执行完毕"提出异议；对法院"销案"提出异议；对法院"终结本次执行程序"提出异议。如异议不成立，则可继续通过复议、执行监督等方式来提出异议（见图

第九章 案结事了、理性看执行不能——执行案件结案常见问题

9-6)。

式结案。"本案中,四方当事人签署的《抵债分配协议》性质为执行和解协议,应当履行完毕后,方可以以"执行完毕"方式结案。长春中院作出结案通知书后,又于2017年7月21日,仍在向经开国土局送达协助执行通知书,要求办理土地使用权过户手续(该协助执行通知书竟然要求国土资源局将抵债给远洋公司和于书缘的土地使用权直接过户给华星公司),证明本案所涉房产、土地使用权并未过户至申请执行人名下,执行和解并未实际履行,案件未执行完毕,结案通知书违反上述规定。综上所述,龙铁石化执行申诉提出撤销长春中院作出(2008)长执恢字第44号执行裁定书及结案通知书的主张,具有事实和法律依据,本院应予支持。参照《中华人民共和国民事诉讼法》第一百五十四条,依照《最高人民法院关于人民法院执行工作若干问题的规定(试行)》第129条规定,裁定如下:

撤销长春市中级人民法院作出的(2008)长执恢字第44号执行裁定书;撤销(2008)长执恢字第44号结案通知书。

本裁定送达后即发生法律效力。

审 判 长 李德胜
审 判 员 郭清华
审 判 员 李 伟
二〇一九年八月三十一日

图9-6 撤销结案通知书的裁定(部分截图)

实务经验

1. 根据《立案结案意见》,执行请示案件统一使用"执请字"案号。过往在各种强制执行类书籍、文章中见到"(年份)执他字第×号"的答复、复函,"执他字"案号已不再使用。

2. 除本节所涉及的结案方式外,还有一种情况,即在执行立案阶段即发现执行依据不符合执行立案条件的,法院裁定不予受理,对于法院不予受理的裁定,可以提出上诉。

相关规定

1. 最高人民法院《关于加强均衡结案的意见》(法发〔2012〕19号)(部分)

采取有效措施加强立案管理,严格依照诉讼法的有关规定,对于符合立案受理条件的,应当依法及时受理,不得拒绝受理或迟延受理,坚决杜绝"年底不立案"、"年底少立案"、"先结案后立案"等不正常现象。

· 231 ·

2. 中央政法委、最高人民法院《关于规范集中清理执行积案结案标准的通知》（法发〔2009〕15号）（部分）

2. 被执行人可供执行的财产执行完毕后，申请执行人书面表示放弃剩余债权的，可依法结案。

3. 案件执行标的款全部执行到执行款专户，因申请执行人下落不明无法领取或不愿领取，执行法院已依法予以提存的，可以作结案处理。

5. 中止执行的案件，不得作结案处理。

3. 最高人民法院《关于进一步规范指定执行等执行案件立案、结案、统计和考核工作的通知》（法明传〔2018〕335号）（部分）

一、需要委托异地法院执行的，原则上要通过事项委托方式办理，不提倡将全案委托执行。

三、销案、不予执行、驳回申请结案的，其中申请执行标的金额和已实际执行到位金额不予计算。（摘录）

4. 最高人民法院《关于尚在执行程序中的判决是否可以因专利权被宣告无效而裁定终结执行的答复》（〔2009〕民三他字第13号）

天津市高级人民法院：

你院津高法〔2009〕120号《关于专利权在判决后被宣告无效，正在执行的判决是否应终结执行的请示》收悉。经研究，答复如下：

当事人以发生法律效力的宣告专利权全部无效的决定为依据，申请终结执行专利权无效前人民法院作出但尚未执行或者尚未执行完毕的专利侵权的判决，人民法院经审查属实的，应当裁定终结执行。当事人认为原裁判有错误的，依照审判监督程序办理。

2009年7月23日

第二节　终结本次执行程序常见问题解析

之所以将"终结本次执行程序"单独成节来论述，是因为每年有相当数量的执行案件以该种方式结案。根据最高人民法院统计，我国有30%~40%

的执行案件需要通过终结本次执行程序结案。[1] 也即在 6 个月的执行期限内,有 30%~40% 的申请执行人的请求未能得到满足。当收到终本裁定后或者在法院告知准备终本结案时,律师不能像一些当事人一样,简单粗暴地认定法院打了"法律白条",作为专业人士,律师应该理性分析结案是否符合终本条件?如果执行过程中有消极执行现象,如何处理?下文为笔者梳理出的律师在实操中可能会遇见的问题。

79. "终结本次执行程序"不同于"终结执行"

虽然都带有"终结""执行",但二者确是两种不同的执行案件的结案方式。终结执行又称执行终结,执行终结是指对符合《民诉法》第 264 条规定的情形,人民法院裁定结束执行程序的制度,而终结本次执行程序是指依照《民诉法解释》第 519 条的规定,经过财产调查未发现可供执行的财产,在申请执行人签字确认或者执行法院组成合议庭审查核实并经院长批准后,可以裁定终结本次执行程序。[2] 笔者认为,二者主要有以下两种区别:

(1) 结案事由不同。这是两种结案方式最大的不同之处。"终结本次执行程序"的事由可概括为"无财产可供执行","终结执行"的事由多种多样,但均与"有无财产可供执行"无关。

(2) 恢复执行期间不同。无论以上述哪种方式结案,都仍有可能恢复执行。但终结本次执行程序后,申请恢复执行并无期限限制。终结执行后,申请恢复执行的期限受到申请执行时效 2 年的限制。

"终结本次执行程序"也不同于"销案","销案"的"结案事由"可概括为"执行案件的管辖权发生了转移",同样与"是否有财产可供执行"无关。

需要指出的是,"终结本次执行程序"也不同于"执行程序终结"。执行

---

[1] 参见陈建华:《适用终本程序要把"执行不能"讲清楚》,载《人民法院报》2018 年 12 月 20 日,第 2 版。

[2] 湖南省高级人民法院执行裁定书,(2018)湘执复 20 号。

程序终结包括特定终结和整体终结。特定终结指的是某个具体执行标的物的执行终结。《民诉法解释》第464条规定，根据《民诉法》第234条的规定，案外人对执行标的提出异议的，应当在该执行标的执行程序终结前提出。此处的"该执行标的执行程序终结"即指特定终结。特定终结不意味着整体终结，如被执行人的房产被拍卖后，申请人的债权仍未得到满足，则该起执行案件并未整体终结。执行程序的整体终结，指基于执行名义实施之整个强制执行程序终结而言。① 整体终结意味着以后不再有恢复执行的可能，执行完毕、裁定不予执行都意味着整体终结。

80. 终结本次执行程序的条件

《民诉法解释》第519条将终结本次执行程序的条件概括为"无财产可供执行"。在中央政法委、最高人民法院《关于规范集中清理执行积案结案标准的通知》和《立案结案意见》及最高人民法院《关于严格规范终结本次执行程序的规定（试行）》（法〔2016〕373号）中，对"终结本次执行程序"的条件做了细化规定，笔者经梳理概括，将其分为"程序性条件"和"实质性条件"。

程序性条件包括：（1）已向被执行人发出执行通知、责令被执行人报告财产；（2）已向被执行人发出限制消费令，并将符合条件的被执行人纳入失信被执行人名单；（3）已穷尽财产调查措施，未发现被执行人有可供执行的财产或者发现的财产不能处置；（4）自执行案件立案之日起已超过3个月；（5）被执行人下落不明的，已依法予以查找；被执行人或者其他人妨害执行的，已依法采取罚款、拘留等强制措施，构成犯罪的，已依法启动刑事责任追究程序。一起执行案件如以终结本次执行程序结案，上述第（1）~（5）项均需得到满足。

实质性条件包括：（1）申请执行人书面同意；（2）中止执行满两年；

---

① 参见杨与龄编著：《强制执行法论》，中国政法大学出版社2002年版，第163页。

第九章　案结事了、理性看执行不能——执行案件结案常见问题

（3）申请执行人对法院的无财产可供执行表示书面认可；（4）申请执行人属特困群体，法院已给予救助；（5）被执行人的财产无法拍卖变卖，或者动产经两次拍卖、不动产或其他财产权经三次拍卖仍然流拍，申请执行人拒绝接受或者依法不能交付其抵债，经人民法院穷尽财产调查措施，被执行人确无其他财产可供执行；（6）经人民法院穷尽财产调查措施，被执行人确无财产可供执行或虽有财产但不宜强制执行，当事人达成分期履行和解协议，且未履行完毕。上述条件，满足其中一项即可裁定终结本次执行程序，但均有一个大前提即"无财产可供执行"。

因此，如当事人对法院出具的终结本次执行的裁定有异议，可参照上述条件，提出异议乃至执行监督。事实上，即使执行手段日益网络化，由于现今执行案件数量的不断增加，因此在"终结本次执行程序"的认定上，难免会出现将一些未达条件的案件裁定终本。

在上述案件中，法院在案件未完全满足程序性条件下（未采取限制消费措施）即裁定终结本次执行程序，经复议，北京市高级人民法院认为违反相关规定，撤销了终结本次执行程序的裁定（见图9-7）。

　　本院认为，根据相关规定，人民法院对执行案件采取终结本次执行程序结案的，应当符合已向被执行人发出限制消费令等程序和条件。本案中，北京三中院未对潘邦技术公司采取限制消费措施，即对（2017）京03执389号案以终结本次执行程序方式结案，违反相关规定。北京三中院（2017）京03执389号之一执行裁定应予撤销。北京三中院（2019）京执异454号执行裁定，亦应予以撤销。依照《最高人民法院关于人民法院办理执行异议和复议案件若干问题的规定》第二十三条第一款第二项之规定，裁定如下：
　　一、撤销北京市第三中级人民法院（2019）京执异454号执行裁定；
　　二、撤销北京市第三中级人民法院（2017）京03执389号之一执行裁定。
　　本裁定为终审裁定。

　　　　　　　　　　　　　　　　　　审判长　　雷运龙
　　　　　　　　　　　　　　　　　　审判员　　齐立新
　　　　　　　　　　　　　　　　　　审判员　　禹明逸
　　　　　　　　　　　　　　　　　　二〇一九年十二月二十八日

图9-7　撤销终结本次执行程序的裁定（部分截图）

81. 区分执行不能与执行不力

从客观角度而言，作为专业人士，律师不同于当事人的一个地方在于，我们需要理性地认识到：一方面，无财产可供执行是一种客观存在的情况，当穷尽一切手段后仍旧无财产可供执行或执行不能完全到位，这是一种市场经济条件下当事人必须承受的风险，不能动辄归咎于法院的原因；另一方面，律师必须有一双"雪亮的眼睛"，即明确区分"执行不能"与"执行不力"，并通过提供专业知识的方式为当事人提供救济。

笔者认为，执行不能是指法院穷尽一切执行手段后，因被执行人无财产可供执行，导致执行依据无法实际履行。

有关执行不力，虽然也无官方文件给出定义，但结合最高人民法院《关于建立执行约谈机制的若干规定》（法发〔2016〕7号）、最高人民法院《关于落实"用两到三年时间基本解决执行难问题"的工作纲要》（法发〔2016〕10号）以及部分地方高级人民法院出台的司法政策，笔者认为，从申请人角度而言，执行不力可以包括消极执行、选择性执行。而从被执行人角度而言，"执行不力"则更多地表现为"乱执行"。此处主要论述消极执行、选择性执行。

根据江苏省高级人民法院发布的《关于消极执行、选择性执行、乱执行责任追究暂行规定》，消极执行，是指执行工作人员在执行过程中，严重不负责任，无正当事由未按法律、法规、司法解释等规定履行职责，以及拖延执行上级人民法院的决定和督办，导致当事人合法权益未能及时实现的行为；选择性执行，是指执行实施案件的负责人、承办人、执行助理，执行信访监督案件的承办人，因人情、关系、金钱或其他自身原因，违反规定，区别采取执行措施，导致执法不统一、不公平的行为。

"消极执行"具体表现为"未及时发送执行通知书、财产报告令等法律文书；未及时进行网络财产查询和传统调查，对网络财产查询和传统调查发现的财产未及时采取查封、扣押、冻结措施；未通知或超期通知被执行人谈话,了解被执行人基本情况和财产情况;未对申请执行人提供的执行线索及时核查,导致应执行的财产被转移或灭失等可以被视为消极执行的行为"。

"选择性执行"具体表现为"对同一案件的多个申请执行人,违反规定只选择部分申请执行人发放执行款物;对同一被执行人的不同案件,不按立案先后采取执行措施,只选择部分权利人的案件予以执行;对相同情形的不同案件,有的案件予以执行,有的案件不予以执行等可以被视为选择性执行的行为"。

笔者以前在执行庭工作的时候,有从业20余年的资深执行员和笔者说:没有审不了的案子,但确实有执行不了的案子。这话,没有什么高深的法学理论依据,也没有司法统计数据做支撑,就是来自基层一线执行干警基于自身日常工作说出的"大白话"。事实上,代理执行案件,无论从案件本身难易程度而言抑或从规避执业风险角度而言,向客户释明"执行不能"的风险都十分有必要。申请执行人应当认识到,"执行不能"不等于"执行不力"(亦非律师不履职所致),这属于当事人应当承担的商业风险、法律风险与社会风险。[①]

地方保护主义、执行人员自身素质的高低、人情关系的交织等因素都可能导致"执行不力"的存在。对此,律师应当协助当事人通过执行监督、投诉等渠道来维护自身合法权益。2019年最高人民法院出台《关于对执行工作实施"一案双查"的规定》(法〔2019〕232号),中央决定在2021年开展全国政法系统大整顿。上述规定和活动,对申请执行人而言,无疑是破解"执行不力"的利好。

实务经验

1. 年终结案或者涉及被执行人为同一主体的案件时,一些执行员因为需完成结案考核,从而将不具备终本条件的案件以该种方式结案。对于这种情况,代理律师应与执行员就案情做好充分的沟通交流,以维护当事人合法

[①] 参见陈建华:《适用终本程序要把"执行不能"讲清楚》,载《人民法院报》2018年12月20日,第2版。

权益。

2. 案件恢复执行不意味着案件一定能实际执行完毕。案件恢复执行后，结案方式包括执行完毕、终结本次执行程序、终结执行三种。也即恢复执行后，案件仍可能因执行不能而终结本次执行程序。

相关规定

1. 最高人民法院《关于对执行工作实施"一案双查"的规定》（法〔2019〕232号）（部分）

执行工作"一案双查"，是指上级法院执行机构和监察机构协调配合，统筹督查下级法院执行案件办理、执行工作管理问题和干警违规违法违纪问题，依照法律、司法解释及有关规定作出处理。（摘录）

2. 最高人民法院《关于建立执行约谈机制的若干规定》（法发〔2016〕7号）（部分）

本规定所称约谈，是指最高人民法院在本规定明确的有关情形发生时，约见未履行职责或履行职责不到位的高级人民法院相关负责人，进行告诫谈话、指出问题、责令整改纠正的一种执行监督措施。……

有下列情形之一的，可进行约谈：

（一）通过全国法院执行案件流程信息管理系统发现高级人民法院辖区内超期执行案件超过已受理案件比例5%、或存在有财产可供执行案件无正当理由超期不作为等其他严重消极执行问题的；

（二）通过信访渠道等发现辖区内违法执行等问题突出，产生不良影响的；

（三）对最高人民法院有明确处理意见的监督、督办案件，无正当理由在规定期限内或者在合理期限内不予落实或者落实不到位的；

（四）对最高人民法院部署的重点执行工作、专项工作等不予落实或者落实情况未达到要求的。（摘录）

3. 最高人民法院《关于深化执行改革健全解决执行难长效机制的意见》（法发〔2019〕16号）（部分）

完善无财产可供执行案件监管、恢复和退出机制。进一步完善终结本次执行程序案件结案标准和程序，通过信息化手段加强终本案件监管和考核。建立终本案件统一定期统查、自动提示工作机制，规范案件恢复执行的管理。完善终本案件转破产审查工作机制，规范并推动执行不能案件退出执行程序。（摘录）

4. 江苏省高级人民法院关于印发《关于依法正确适用终结本次执行程序及加强终本案件单独管理的意见》（苏高法电〔2015〕793号）（部分）

第13条　申请执行人申请恢复执行的，应提交下列文件和证明：（一）恢复执行申请书；（二）原执行依据副本；（三）原终结本次执行程序裁定书副本；（四）申请执行人的身份证明和授权委托书以及联系方式；（五）当事人信息及可供执行财产线索的相关证据材料。

申请执行人提供的申请材料不全或财产线索不清的，应一次性告知申请执行人进行补正后重新申请。

第14条　因被执行人财产不具备执行条件而裁定终结本次执行程序后，查封、冻结期限届满前，申请执行人申请继续采取查封、冻结等强制措施的，执行法院应当依法采取续封、续冻等措施。

第十章 对错误执行的救济——执行监督、检察监督与执行回转

对强制执行过程中出现的错误的救济途径，读者比较熟悉的方式可能是执行异议、执行复议以及执行异议之诉，介绍解析上述三种救济方式的书籍也是非常之多，笔者在此就不对上述救济方式加以赘述。除上述方式之外，还有两种途径，即本章要介绍的执行监督、检察监督以及由此可能产生的执行回转，笔者结合自身办案经历，对以上两种救济方式加以介绍。整体来说，随着近年来经济下行压力的加大，在司法中呈现的"症状"就是执行案件数量的不断增加，与之成正比的是，执行监督、检察监督的案件数量也在持续逐年递增。

第一节 执行监督解析

强制执行作为法院司法流程中的最后一个环节，对涉案各方而言都堪称利益攸关，遂各方常在此环节"角力"。由于执行案件数量的增长，办案过程中往往出现争议做法（如强行扣划被执行人在第三人处的到期债权）、争议焦点。这些争议做法、焦点是否正确，可能就需要通过救济方式来释法析理。较之于"前置"的执行异议和复议，执行监督可以说是"贯彻始终""拖后"的救济方式。之所以说"贯彻始终"，是因为执行监督不仅仅可以在案件办理过程中提出，也可以在结案后提出，哪怕事隔多年，仍旧可以提出；之所以说"拖后"，是因为在异议、复议的法定期限内，"优先"选择的救济方式仍是异议或复议，当异议和复议的法定期限过后，或者异议和复议未能

第十章 对错误执行的救济——执行监督、检察监督与执行回转

得到支持之时,"执行监督"方才"登场"。

82. 什么是执行监督

说到"执行监督",其实这是一个很宽泛的概念,在笔者看来,其有广义和狭义之分。广义的执行监督包括很多方面,有上级法院对下级法院执行工作的监督、法院内部其他部门对本院执行工作的监督、执行机构的内部监督、检察机关的监督,还有人大的监督、党的纪律检查机关的监督、新闻媒体的监督以及社会舆论的监督等。[①] 狭义的执行监督是指因下级人民法院错误执行、不当执行或怠于执行等对当事人或案外人的实体权利或程序权利造成侵害时,上级人民法院依法进行督促、救济的司法活动(此为重庆市高级人民法院《关于办理执行监督案件若干问题的暂行办法》第1条)。本书所涉执行监督是指狭义的执行监督,简单说来,是指法院以"执监字"案号立案所指向的执行监督活动,不包括检察院的检察监督、人大监督。

由于关于执行监督的相关规定比较简单,实践中最常用的即是《执行工作规定》(第71~78条),且分布零散,部分地方高级人民法院出台了具体的办案规定,但并不具有普适性。故在实操过程中,执行监督常与其他概念相混淆,例如:

(1)执行监督与执行督促。执行督促依据的法条是《民诉法》第233条,在出台《立案结案意见》之前,对于执行督促类案件,通常以"执督字"号立案,在该规定出台后,执行督促类案件同样以"执监字"号立案,虽然归属于同样的案件分类,但执行监督与执行督促并非一回事。在《关于广东省高级人民法院〈关于办理执行监督案件的指引〉的说明》中,相关起草人指出:需要特别说明的是,指引所称的执行监督案件,仅指狭义的执行监督案件(根据《民诉法》第232条、第234条的规定产生的执行监督案件),未包括督促执行案件(根据《民诉法》第233条的规定产生的督促执

[①] 参见李立惠:《简析执行监督的方式》,载《人民法院报》2019年5月26日,第2版。

行案件)。主要是考虑到督促执行案件在立案条件、审查形式、审查结果标准上均不同于狭义的执行监督案件。

(2) 执行监督与执行信访。根据最高人民法院《关于人民法院办理执行信访案件若干问题的意见》，执行信访案件指信访当事人向人民法院申诉信访，请求督促执行或者纠正执行错误的案件。在笔者看来，执行信访的范围远远大于执行监督，在现有的纠纷化解框架下，当事人几乎可以将其执行中所遭遇的所有"困惑"都通过执行信访的渠道来反映，而能否解决是另外一个层面的问题。在符合特定条件的情况下，部分执行案件是可以转化为执行监督案件的。

(3) 执行监督与执行督办。在笔者看来，执行督办案件的范围是大于执行监督案件的，执行监督案件的范围虽然在一定程度上与执行督办案件的范围重合，但执行督办案件不仅仅指错误执行、不当执行或怠于执行等对当事人或案外人的实体权利或程序权利造成侵害的案件，反应执行员作风、执行不力的案件同样在执行督办的范围之内。并且，执行督办案件的来源要远远大于执行监督案件。根据北京市高级人民法院《关于实施〈最高人民法院关于执行案件督办工作的规定〉的若干意见》的规定，党委、人大、政协以及最高人民法院等机关交办的以及人大代表、政协委员以及高级人民法院特邀监督员提交的案件均属于执行督办的范围，而执行监督案件通常来自当事人的申请。

(4) 执行监督与审判监督。执行监督程序不同于审判监督程序，执行监督针对的是案件在已经进入执行程序的情况下人民法院所作出的裁定，审判监督针对的则是案件在尚未进入执行程序时人民法院所作出的生效判决书、裁定书或调解书。

83. 执行监督案件流程

概括来说，执行监督案件从接触案件到办案结束的流程如下：

首先，确定是否属于执行监督的范围。笔者总结的执行监督案件范围如

第十章 对错误执行的救济——执行监督、检察监督与执行回转

下：(1) 执行中作出的裁定、决定、通知或具体执行行为不当或有错误的；(2) 执行的非诉讼生效法律文书有不予执行事由；(3) 执行案件（包括受委托执行的案件）在规定的期限内未能执行结案的，应当作出裁定、决定、通知而不制作的，或应当依法实施具体执行行为而不实施的。

其次，确定管辖法院。虽然根据《执行工作规定》，上级法院（上至最高人民法院）可以监督下级法院（下至基层人民法院）的执行活动，但在实际办案过程中，通常不进行越级管理（直辖市或许例外，北京市高级人民法院、重庆市高级人民法院的规定中均规定市高级人民法院可对基层人民法院进行执行监督），例如，广西壮族自治区高级人民法院《执行监督案件办理工作规范》中规定：当事人、利害关系人、案外人对基层人民法院执行的案件直接申请高级人民法院监督的，原则上由其上一级人民法院先行监督处理；再如，江苏省高级人民法院《关于执行监督案件办理流程的若干规定》中规定：执行监督原则上应逐级进行，省高级人民法院认为有必要时，可直接对基层人民法院的执行案件进行监督，但应通知相关中级人民法院。

再次，明确申请主体及立案模式。在《执行工作规定》中，并未明确执行监督立案的申请主体，且从其法条表述来看，显然是一种依职权监督的模式。综合各省出台的规定，申请主体通常包括当事人、利害关系人、案外人。值得指出的是，或因大量执行监督案件来自执行信访（申诉）案件，在人民法院出版社出版的《民事诉讼文书样式》（2016 年版）一书中，在执行裁定书样式（指令下级法院重新审查处理用、驳回当事人申诉请求用）中，将申请执行监督的申请执行人、被执行人、利害关系人均统一表述为"申诉人"。在笔者看来，这一细节性的称谓可以看出执行监督主体的广泛性，也是我们在起草执行监督申请中对客户的称谓值得注意的一个细节。

关于立案模式，通行的是在立案部门申请，交执行局相关部门办理，需要指出的是，对上诉、申请再审和申诉，不适用登记立案（包括但不限于执行申诉）。案件来源分为两种，一是依当事人申请，二是法院依职权。在实际操作中，大部分来源于当事人的申请。

复次，关于办案流程，有两点值得关注。一是是否举行听证，执行监督案件，不同于常见的诉讼案件，并无明确要求是否举行庭审或者听证，法院

通常的办案方式包括书面审查、听取汇报、进行听证，只有在法院的承办人认为案件重大、复杂且有必要时，才进行听证；二是是否暂缓执行。从部分省份出台的关于执行监督的文件中可以看到，原则上不暂缓执行，除非承办法院认为确有必要或当事人能够提供充分、有效的担保。

最后，执行监督的办理结果。此部分内容与笔者所述当前规定的不足有关，后文再述。

84. 当前执行监督存在的问题

执行监督作为一种执行阶段的救济方式已存在多年。但是，大量的执行监督案件长期堆积无法得到有效化解，从而变成了"僵尸"案。[①] 在笔者看来，当前有三大问题急待规范：

（1）立案的规范性问题。在诉讼案件中，立案登记制的运行已经非常成熟，强制执行实施案件的立案也是按部就班。相比之下，执行监督案件的立案问题就非常突出，笔者总结起来，存在以下问题：①不出具收据，在笔者经办的所有执行监督案件中，在立案窗口递交材料后，没有一家地方法院出具收据材料。在某省高级人民法院办理执行监督案件时，即使案件立案后，也被承办法官告知无立案材料可以提供；②无从知晓是否立案。由于执行监督案件并不属于立案登记制的范围，其仍属于立案审核制。在这个过程中，法院的自由裁量权就比较大，尤其对一些复杂、敏感、牵涉利益较多的执行案件，审核执行监督的材料往往不予立案，亦不给出说明。在笔者经办的执行监督案件中，甚至出现过法院将执行监督直接邮寄退回当事人的情况，且无任何说明。规范执行监督立案，已成当务之急。

（2）处理期限的问题。法律及司法解释层面，并未规定执行监督案件处理期限问题，目前的状况属于"各（省）各有各的说法"，从表10-1可以

[①] 参见何春芽、邓建辉、陈明灿：《审视与建构：执行监督程序的困局与出路》，载《人民司法》2019年第7期。

看出，各地规范不一，尚待统一。如果一个省对此并未以地方性司法文件加以规制的话，则很有可能属于无期限。

表 10-1 执行监督案件审限

地域	审限	出处
广东	6 个月	广东省高级人民法院《关于办理执行监督案件的指引》
江苏	30 日	江苏省高级人民法院《关于执行监督案件办理流程的若干规定》
重庆	2 个月	重庆市高级人民法院《关于办理执行监督案件若干问题的暂行办法》
广西	1 个月	广西壮族自治区高级人民法院《执行监督案件办理工作规范》

（3）结案方式问题。针对执行监督的不同结果以何种类型的文书结案，这又是一个尚无定论的问题，造成该种情况的原因在于上位法（《执行工作规定》或者更高位阶的规定）对此语焉不详。从笔者掌握的情况来看，可做如下粗略区分：

①申请执行监督理由不成立的，通常以裁定/通知的形式予以驳回；

②申请监督理由成立的，裁定撤销相关裁定或申诉请求纠正的其他执行行为；

③上级法院的执行局经审查，发现下级法院的执行行为错误或不当的，应当指令下级法院限期纠正，同时书面通知相关当事人（下级法院可申请复议）；

④监督申请成立，指定的执行法院在一定期限内改正的，可以函的形式告知执行法院。

当然，具体以何种形式的文书结案，有待权威部门予以统一。

无论从展业还是维护当事人权益的角度看，笔者以为律师，尤其是诉讼业务律师，都应当对执行监督深入了解。也期待最高人民法院适时出台关于执行监督的专门司法解释，尽快统一做法。

实务经验

1. 当事人、利害关系人如对执行监督行为不服，不应通过提出执行异议的方式予以救济，只能通过执行监督程序予以解决，否则将导致程序的循环往复。

2. 当事人因对不予执行仲裁裁决的裁定不服申请再审，法院不予受理，但并不影响上级法院对下级法院的执行监督。

3. 除向上级法院提出执行监督申请外，当事人也可向执行法院提出执行监督申请。

相关规定

1. 最高人民法院《关于落实"用两到三年时间基本解决执行难问题"的工作纲要》的通知（法发〔2016〕10号）（部分）

……（七）完善执行监督体系

要健全和强化执行监督体系，从内到外、从上至下全方位加强对执行工作的监督制约，确保执行权高效、廉洁、有序运行。

2. 最高人民法院执行工作办公室《关于执行监督程序中裁定不予执行仲裁裁决几个问题的请示案的复函》（〔2004〕执他字第13号）（部分）

广东省高级人民法院：

你院《关于执行监督程序中裁定不予执行仲裁裁决几个问题的请示》收悉。经研究，答复如下：

……

三、关于上级法院执行部门是否有权监督下级法院作出的不予执行仲裁裁决裁定，是否适用法复〔1996〕8号批复的问题。

本院《关于人民法院执行工作若干问题的规定（试行）》（以下简称《执行规定》）第一百三十条第一款规定："上级法院发现下级法院在执行中作出的裁定、决定、通知或具体执行行为不当或有错误的，应当及时指令下级法院纠正，并可以通知有关法院暂缓执行。"该条规定赋予了上级法院对下级法院在执行中作出的不当或错误裁定的监督权。上级法院的执行部门代

第十章　对错误执行的救济——执行监督、检察监督与执行回转

表人民法院行使职权，有权依据《执行规定》第一百三十条监督纠正下级法院作出的不予执行仲裁裁决的裁定。而最高人民法院法复〔1996〕8号批复是针对当事人申请再审而言的，并不影响上级法院对下级法院执行工作的监督权。

此复。

3. 最高人民法院执行工作办公室《关于天津市第二中级人民法院与天津海事法院执行同一被执行人财产发生争议可否参照最高人民法院执行工作规定第90条处理的请示的答复》（〔2003〕执他字第17号）

天津市高级人民法院：

你院津高法〔2003〕101号《关于我市第二中级人民法院与天津海事法院执行同一被执行人财产发生争议可否参照最高人民法院执行工作规定第90条处理的请示》收悉。经研究，答复如下：

根据你院请示报告反映的情况，在此争议案中，天津市第二中级人民法院采取执行措施在前，因此，根据最高人民法院《关于人民法院执行工作若干问题的规定（试行）》第88条第一款的规定，应由天津市第二中级人民法院的执行案件申请人樊忠成先予受偿。鉴于被执行人香港松星贸易公司不属于"公民或其他组织"，天津海事法院执行案件申请人天津天马拆船工程有限公司不可依据最高人民法院《关于人民法院执行工作若干问题的规定（试行）》第90条的规定申请参与分配。但在执行中，两案债权人若与被执行人达成和解协议，应当准许。

此复

4.《山东省高级人民法院执行疑难法律问题解答（二）》（部分）

25. 案外人针对执行行为提出异议，但执行异议裁定错误告知当事人提起执行异议之诉的，当事人提起诉讼被驳回起诉的，应如何救济？

答：案外人针对执行行为提出异议，执行异议裁定本应适用民事诉讼法第二百二十五条，却错误适用了第二百二十七条，并交代了当事人提起诉讼的权利。当事人提起诉讼被驳回起诉的，可对执行异议裁定申请执行监督；法院亦可依职权启动执行监督程序进行纠正。

第二节　民事执行检察监督解析

检察监督的对象十分宽泛，生效判决、调解书、虚假诉讼等都在检察监督的范围之下。本节所指的检察监督，专门指针对民事执行活动的检察监督，在检察院的相关规定中将此种类型的监督称为"民事执行检察监督"。

85. 民事执行检察监督的"前世今生"

较之公诉以及已移交监察委员会的"反贪污渎职"的职能，"民事执行检察监督"显然属于检察院的"新兴"职能。从笔者搜集整理的资料看，"民事执行检察监督"的概念最早出现在官方材料中是2008年，出处是全国人民代表大会法律委员会《关于第十一届全国人民代表大会第一次会议主席团交付审议的代表提出的议案审议结果的报告》，其中有如下表述"黑龙江团迟夙生等31名代表、重庆团汪夏等32名代表、福建团许金和等30名代表、广西团刘庆宁等32名代表、安徽团余的娜等30名代表、河南团马文芳等30名代表提出的关于修改民事诉讼法的议案（第7号、第18号、第41号、第152号、第294号、第428号），建议增加民事执行检察监督、修改民事调解书生效时间、健全民事证据保全制度、修改选民资格案件审理程序、修改发回重审制度等"。

2009年，在一些检察院的文件中开始出现了民事执行检察监督的概念。湖北省人民检察院《关于落实人大代表、政协委员意见和建议进一步加强和改进检察工作的意见》中有如下表述：……探索对民事执行监督的有效途径，依法监督纠正裁判不公、侵害当事人合法权益等问题，重视做好息诉服判等工作，维护司法公正和司法权威。

2011年，最高人民法院、最高人民检察院出台《关于在部分地方开展民事执行活动法律监督试点工作的通知》（高检会〔2011〕2号），这意味着国

第十章　对错误执行的救济——执行监督、检察监督与执行回转

家开始对这一救济途径进行试点。

2012年，修改后的《民诉法》新增一条作为第235条，明确规定人民检察院有权对民事执行活动实行法律监督。虽然我国宪法明确了检察院的法律监督者的地位，但先前的《民诉法》对检察院能否对民事执行活动进行监督规定的并不明确。这是国家首次通过法律的形式明确肯定检察院可以对民事执行活动进行监督。

2014年，一些地方检察院已经出台了司法政策，对民事执行检察监督进行细化规定。例如，银川市人民检察院出台的《关于进一步加强民事执行检察监督工作的实施意见》，该意见对线索来源、监督范围、方式等进行了细化。

2017年，最高人民法院和最高人民检察院联合出台了《关于民事执行活动法律监督若干问题的规定》，这在司法解释的层面对民事执行检察监督（宗旨、范围、期限等）进行了细化。

根据2020年5月20日在第十三届全国人民代表大会第三次会议上的最高人民检察院工作报告，2019年全国检察院对执行活动中的违法情形提出检察建议的有23 437件。

86. 民事执行检察监督案件流程及特点

结合《关于民事执行活动法律监督若干问题的规定》及自身的办案经历，笔者认为民事执行检察监督案件的流程如下：

首先，确定是否属于民事检察监督的范围。根据前述规定第5条，适格主体（当事人、案外人、利害关系人）认为存在违法情形的民事执行活动都在检察监督的范围之内。在实践中，案件线索几乎都来自上述主体的申请，检察院主动监督的情形少见。

其次，确定管辖检察院。一般来说，均由执行法院所在地的同级检察院进行管辖。

再次，提起申请。在实践中，负责检察监督立案与负责检察监督案件办

· 249 ·

案的并非同一部门。立案一般由检察院的控告申诉部门负责，办案由民事检察监督部门负责。一般情况下，如受理申请，都会向当事人出具受理通知书。

复次，关于办案流程。一般来说，检察院会向执行法院调取相应卷宗进行书面审查。对于疑难复杂的案件，会考虑采取听证的方式听取各方意见。另外，在办案过程中，因需调卷、鉴定等事项所消耗的时间，一般不计入办案期限，检察院一般会向当事人发送中止审查决定书，待中止事由消失后再恢复审查。

最后，办理结果。如果申请检察监督的理由得到采纳（或者部分采纳），或者检察院在办案过程中发现当事人未提出的理由，检察院会向法院发出检察建议，同时检察院会以通知的方式告知当事人（见图10－1）。根据法律规定，法院将在3~4月以回复意见函的方式告知检察院是否采纳相应的检察建议。检察院将视具体情况决定是否提请上级检察院向上级检察院的同级法院进行跟进监督。如监督申请未得到检察院的支持，检察院将向当事人发送不支持监督申请决定书。

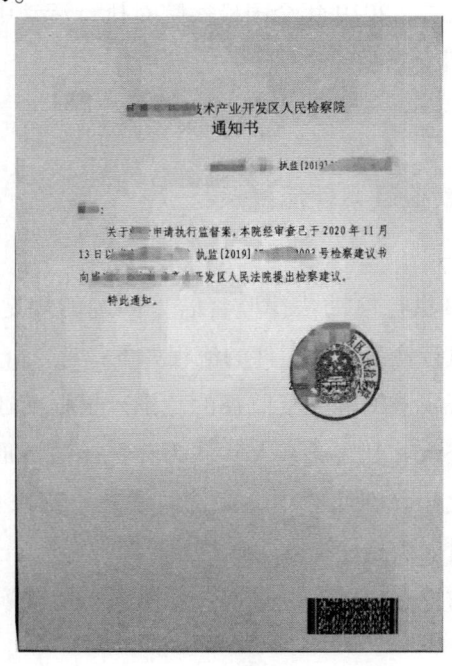

图10－1 检察监督通知书

第十章　对错误执行的救济——执行监督、检察监督与执行回转

笔者认为，较之于定位类似的来自法院的执行监督，民事执行检察监督最大的特点是"规范化"。诚然，执行监督是一种非常有效的救济手段，但在实践中，从律师申请执行监督的经验来看，"执行监督"在规范化上显然有很大的提升空间。是否受理执行监督、执行监督的办案期限、什么情况下进行听证均无明确规定，法院的自由裁量权非常之大。从律师代理的角度而言，甚至可以说执行监督成功立案（有案号）在代理合同中可以约定为一项收费项目。笔者在某省高级人民法院申请执行监督，递交执行监督申请材料时，立案窗口不出具收据，并告知等待执行局的通知。递交材料后4~5个月后也无任何反馈。直到某日突然接到电话约谈，谈话中笔者请求承办法官出具书面文件以让当事人知晓执行监督已立案，但该承办法官表示拒绝，称手头并无这样的文件，仅告知案号。

反观民事执行检察监督，在规范化上已经非常到位，对比执行监督，民事执行检察监督无论是否立案，均会出具书面受理的通知、不受理的通知。办案期限严格按照法定期限进行，无论是否发出检察建议，均会通过书面形式告知当事人。笔者近一两年承办的检察监督案件，莫不如是。

87. 最高人民检察院发布的执行活动法律监督典型案例解析

2018年5月，最高人民检察院发布的民事诉讼和执行活动法律监督典的型案例，其中涉及民事执行的案例有4个，笔者简析其中3个案例（未评析的一个案子涉及拒执，不在本节探讨范围内）：

案例29　某市法院违法查封、变卖案外人房产案

案情简述：法院在没有查清事实的情况下，认定案外人的财产为抵押财产，当事人通过检察监督进行维权，历经区市省三级检察院连续监督，最终成功纠正。

评析：由于检察院的角色定位所限，检察建议并无"决定权"，虽然并无"决定权"，但并不影响检察建议的"刚性"。

案例30　某医用器具公司申请执行监督案

案情简述：涉案调解协议生效后，原告向法院申请强制执行调解书约定的第四项、第五项的违约赔偿。被执行人提出执行异议、复议后未得到支持。在执行过程中被执行人的财产被全面查封，陷入困境。后被执行人申请检察监督。

检察院认为，是否违约应通过诉讼程序来进行判断，法院在执行程序中直接予以认定，属以执代审，违反了审判、执行相分离的原则。遂向法院发出撤销原执行复议裁定的检察建议。法院予以采纳。

评析：笔者认为，这个案例给我们带来的启示并非关于执行，而是关于调解。调解由当事人自愿达成，可以说是"落子无悔"，事后如要撤销或者进行监督，难度非常大。也提醒我们律师在为当事人参谋调解协议时，尽最大能力做好文字的周密性以及类似本案例中涉及情况的提前释明。

案例31　A市某置业公司申请执行监督案

案情简述：因两家法院就土地征收款发生执行争议，上级法院向其中的B法院发出通知，要求暂缓分配执行款。但B市法院仍根据申请执行人的申请拨付案款。

评析：在笔者经办的一起检察监督案件中，法院在办理执行案件的过程中，在生效判决之间存有冲突的情况下，以"无法判断两份判决正误"为由（根据《执行工作规定》，做法是立即停止执行，报请共同的上级法院处理），强制执行案外人的银行存款。此类在法律已有明确规定、上级法院来函释明如何处理的情况下，仍罔顾规定及上级要求于不顾，强行推进案件，"照顾"某方当事人的做法，背后很有可能存在司法腐败的情形。

📝 实务经验

1. 执行监督和检察监督可以同时进行。根据最高人民法院、最高人民检察院《关于民事执行活动法律监督若干问题的规定》，提起针对执行活动的检察

第十章 对错误执行的救济——执行监督、检察监督与执行回转

监督,如能通过异议和复议救济的,应当先进行异议和复议。但是否必须先进行执行监督,该规定并未明确。从笔者的实践经验来看,二者可以同时推进。

2. 当事人及代理律师无法取得检察建议。检察院发出的检察建议及法院针对检察建议的回复,当事人及代理律师无法得到检察建议的(检察建议系检察院向法院发送),可以通过和检察院办案人员的沟通知晓相关内容。

📄 相关规定

1. 最高人民法院《关于人民法院发现本院作出的诉前保全裁定和在执行程序中作出的裁定确有错误以及人民检察院对人民法院作出的诉前保全裁定提出抗诉人民法院应当如何处理的批复》(法释〔1998〕17号)

山东省高级人民法院:

你院鲁高法函〔1998〕57号《关于人民法院在执行程序中作出的裁定如发现确有错误应按何种程序纠正的请示》和鲁高法函〔1998〕58号《关于人民法院发现本院作出的诉前保全裁定确有错误或者人民检察院对人民法院作出的诉前保全提出抗诉人民法院应如何处理的请示》收悉。经研究,答复如下:

一、人民法院院长对本院已经发生法律效力的诉前保全裁定和在执行程序中作出的裁定,发现确有错误,认为需要撤销的,应当提交审判委员会讨论决定后,裁定撤销原裁定。

二、人民检察院对人民法院作出的诉前保全裁定提出抗诉,没有法律依据,人民法院应当通知其不予受理。

此复。

2. 最高人民检察院《关于人民检察院加强对民事诉讼和执行活动法律监督工作情况的报告》——2018年10月24日在第十三届全国人民代表大会常务委员会第六次会议上(部分)

坚持不懈强化民事执行监督,推动从根本上解决执行难问题。执行难是我国现阶段带有综合性的司法与社会治理问题。检察机关履行监督职责促进解决执行难,不能仅仅将注意力放在单纯执行阶段的方法和力度上,必须把民事审判和执行作为一个系统工程,支持、促进法院从执行活动违法情形反

向审视审判活动中的源头问题，使法官裁判的时候就要适当考虑促进执行、执行的效果等因素，取得综合的、更好的司法效果。

第三节 执行回转解析

工作中，时不时会听到一些执行员对被执行人或者案外人说：真要执行错了，可以执行回转嘛。似乎执行回转是一个"兜底"的灵药。事实果真如此吗？笔者以为，执行回转本质上仍属于一种强制执行的方式，只不过在案件中的地位发生了变化（原申请执行人变成被执行人，原被执行人或者案外人则成了申请执行人），执行回转当然仍旧存在执行不能的风险，不过作为维权成功后当事人"实际止损"的唯一通道，"了解"执行回转很有必要。

88. 什么是执行回转

执行回转，是指执行完毕后，因为原来的执行依据被撤销，人民法院根据新的生效法律文书，通过采取强制执行措施，将已经执行的财产返还给原被执行人，从而恢复到原执行程序开始前状态的制度。[①]

关于执行回转的规定，主要见于《民诉法》《民诉法解释》《执行工作规定》中（见表10-2）。条文内容都比较简要。

表10-2 执行回转相关规定

法条出处	具体内容	备注
《民诉法》第240条	执行完毕后，据以执行的判决、裁定和其他法律文书确有错误，被人民法院撤销的，对已被执行的财产，人民法院应当作出裁定，责令取得财产的人返还；拒不返还的，强制执行	该条虽然没有出现"执行回转"的字眼，表达的确是"执行回转"的意思

[①] 最高人民法院执行裁定书，（2016）最高法执监404号。

续表

法条出处	具体内容	备注
《执行工作规定》第65条、第66条	第65条：在执行中或执行完毕后，据以执行的法律文书被人民法院或其他有关机关撤销或变更的，原执行机构应当依照《民诉法》第233条（现行《民诉法》第240条）的规定，依当事人申请或依职权，按照新的生效法律文书，作出执行回转的裁定，责令原申请执行人返还已取得的财产及其孳息。拒不返还的，强制执行。执行回转应重新立案，适用执行程序的有关规定。 第66条：执行回转时，已执行的标的物系特定物的，应当退还原物。不能退还原物的，经双方当事人同意，可以折价赔偿。双方当事人对折价赔偿不能协商一致的，人民法院应当终结执行回转程序。申请执行人可以另行起诉	
《民诉法解释》第476条、第483条	第476条：法律规定由人民法院执行的其他法律文书执行完毕后，该法律文书被有关机关或者组织依法撤销的，经当事人申请，适用《民诉法》第233条（现行《民诉法》第240条）规定。 第483条：被执行人履行全部或者部分义务后，又以不知道申请执行时效期间届满为由请求执行回转的，人民法院不予支持	
《迟延利息解释》第6条	执行回转程序中，原申请执行人迟延履行金钱给付义务的，应当按照本解释的规定承担加倍部分债务利息	

上述规定的共同点是都非常简要，也导致实践中有关执行回转的争议及疑难案件频现。

89. 执行回转的条件及范围

在实际操作中，执行回转一般依当事人的申请而启动，法院依职权启动的情形少见。当然，无论是依职权还是依申请，启动执行回转，都需要满足一定条件。笔者根据前述法规，将启动执行回转的条件概括为：

第一，据以执行的法律文书被撤销或变更。笔者认为这是启动执行回转的核心条件。这里的法律文书，既可以是诉讼法律文书（如判决），也可以是执行阶段的法律文书（如扣划案外人存款的裁定），也可以是非诉法律文书（如仲裁裁决）。

第二，启动执行回转，可能在执行完毕后，也可能在执行过程中。对比《民诉法》和《执行工作规定》，会发现二者在启动执行回转的时间节点上存在差异。《民诉法》规定在执行完毕后，《执行工作规定》则规定既可以在执行完毕后，也可以在执行过程中。

现实中的一个疑问是：如果被告自动履行原判决所确定的义务，后来原判决被上级法院撤销了，这种情况下，是否适用执行回转？如果按照前述规定，显然并不符合执行回转立案的条件。虽然不符合执行回转的条件，但是能否参照？北京市高级人民法院的答案是能，在（2016）京执复28号案，法院对此作出如下论述：华表公司在再审判决作出后，向北京市第二中级人民法院申请执行红都公司，该案虽不符合法律关于执行回转的直接规定，但可参照执行回转的规定予以立案执行。北京市二中院对该案予以立案执行并无不当。红都公司所提的复议请求不能成立，本院不予支持。

第三，有新的生效法律文书。如何理解《执行工作规定》第65条中的"新的生效法律文书"，这是实践中的一个难点。北京市高级人民法院《关于陈某玲等申请强制执行许某山案合适启动执行回转程序的答复》有如下表述："新的生效文书"是指人民法院或者其他有权机关，针对原据以执行的法律文书所涉纠纷，作出终局性解决的新的生效法律文书。就本案而言，

第十章　对错误执行的救济——执行监督、检察监督与执行回转

"新的生效法律文书"系指再审发回重审后再行作出的生效法律文书，而非北京市第一中级人民法院作出的撤销原判决并发回重审的裁定。

笔者认为，"新的生效法律文书"具体所指，还需在具体案件中具体情况具体分析，而非一概而论。在笔者经办的执行回转案件中，因扣划案外人存款的裁定系在执行阶段作出，那么撤销该扣划裁定的执行监督裁定即是"新的生效法律文书"。例如，前述的（2016）京执复28号案，法院参照执行回转予以立案的依据是最高人民法院撤销的原一审、二审的判决，之所以以该份判决为执行依据，皆因该份判决明确表述：此后，最高人民法院经再审撤销了原生效的一审、二审判决，驳回了红都公司的诉讼请求。虽然该判决书未载明红都公司应当返还华表公司已交付的款项，但该判决明确认定华表公司不应当给付红都集团任何款项，故红都公司没有理由拒绝返还其不应当取得的款项。华表公司系通过本院履行了向红都公司的付款义务，该款项具体、明确，现其根据生效再审判决向我院申请执行华表公司，并不违背法律内在的精神实质，具有正当性，本院对此立案受理并无不当。因此，"新的生效法律文书"还得结合案情，具体情况具体分析。

有关执行回转的范围，笔者认为包括如下三部分：一是返还原物，二是孳息，三是加倍部分债务利息（如有）。如原物是特定物（如房产）且已被善意第三人取得的，则可能就需要折价赔偿了。但是在上述规定中，并未明确孳息的计算标准，有关该问题，实践中可以说是各有做法。但对孳息应以何种计息标准进行计算的问题，现行法律和司法解释未作明确规定，在理论界及司法实践中，各方对此问题的把握也标准不一，各有理据，同期贷款利率、定期存款利率、活期存款利率三种计息标准，均能搜索到相关的学术论文和裁判案例对其予以支持。[①]

此外，关于折价赔偿问题，最高人民法院曾在一份执行监督裁定中表明态度，即折价赔偿数额如何确定，这属于典型的实体问题，如果在执行程序中直接确定赔偿数额，难以给各方当事人提供充分的程序保障，不符合程序

---

① 广东省高级人民法院，（2020）粤执复180号。

正当性的基本要求。加之本案是在拍卖成交七年后才撤销拍卖，在此期间，由于案涉股权为社会法人股，解禁流通前后的价值变化巨大，双方当事人对于依据何时的股权价值来折价赔偿争议巨大，因此，本案股权折价赔偿的金额，应由当事人通过诉讼方式解决。①

《民诉法解释》第494条规定：执行标的物为特定物的，应当执行原物。原物确已毁损或者灭失的，经双方当事人同意，可以折价赔偿。双方当事人对折价赔偿不能协商一致的，人民法院应当终结执行程序。申请执行人可以另行起诉。该条虽非专门为执行回转而设，但实际上同样适用于执行回转。前述的裁判观点与该条规定保持一致，即在就折价赔偿无法达成一致的情况下，具体的赔偿数额不应在执行程序中确定，而应通过诉讼程序予以认定。

90. 对执行错误进行国家赔偿

本部分的内容与国家赔偿有关。之所以放在此处，是因为国家赔偿可以说是对执行错误进行救济的最后一道防线。然而在现实中，因执行错误而获得国家赔偿的案件并不多。

首先，民事错判不属于国家赔偿的范围。

其次，本节的主题是执行回转，一些读者会将执行回转与国家赔偿联系在一起。事实上，执行回转仍旧属于强制执行，既然是强制执行，就存在执行不能的风险。

需要指出的是，大部分"执行回转不能"的案件都不适用于国家赔偿，只能是"风险自负"。由于国家赔偿遵循法定赔偿原则，现行国家赔偿法与相关司法解释并未将执行回转不能纳入国家赔偿的范围。②

《国家赔偿法》第38条规定：人民法院在民事诉讼、行政诉讼过程中，

---

① 最高人民法院执行裁定书，（2016）最高法执监266号。
② （2019）甘01赔3号。

第十章 对错误执行的救济——执行监督、检察监督与执行回转

违法采取对妨害诉讼的强制措施、保全措施或者对判决、裁定及其他生效法律文书执行错误，造成损害的，赔偿请求人要求赔偿的程序，适用本法刑事赔偿程序的规定。

最高人民法院《关于审理民事、行政诉讼中司法赔偿案件适用法律若干问题的解释》第 5 条规定：对判决、裁定及其他生效法律文书执行错误，包括以下情形：（1）执行未生效法律文书的；（2）超出生效法律文书确定的数额和范围执行的；（3）对已经发现的被执行人的财产，故意拖延执行或者不执行，导致被执行财产流失的；（4）应当恢复执行而不恢复，导致被执行财产流失的；（5）违法执行案外人财产的；（6）违法将案件执行款物执行给其他当事人或者案外人的；（7）违法对抵押物、质物或者留置物采取执行措施，致使抵押权人、质权人或者留置权人的优先受偿权无法实现的；（8）对执行中查封、扣押、冻结的财产不履行监管职责，造成财产毁损、灭失的；（9）对季节性商品或者鲜活、易腐烂变质以及其他不宜长期保存的物品采取执行措施，未及时处理或者违法处理，造成物品毁损或者严重贬值的；（10）对执行财产应当拍卖而未依法拍卖的，或者应当由资产评估机构评估而未依法评估，违法变卖或者以物抵债的；（11）其他错误情形。只有出现前述 11 种执行错误，而且通常情况下需要执行程序终结，才有提出国家赔偿获赔的机会。

> **实务经验**

1. 执行回转案件并无特定的案号。执行回转本质上仍属于强制执行，对于执行回转案件，仍立"执字"号案件。当然，如执行案件仍在进行过程中，且可以实现回转的，无须另立案件也可。

2. 若申请执行人未取得被执行人给付的执行款项（如案款尚在法院未予发放），则不存在适用执行回转的情形。

3. 在执行回转过程中，执行回转的范围应限制于被新的判决撤销或变更的内容，而不是对所有已执行的财产一律执行回转。

· 259 ·

> **相关规定**

1. 最高人民法院执行工作办公室《关于执行回转案件的申请执行人在被执行人破产案件中能否得到优先受偿保护的请示的答复》(〔2005〕执他字第27号)

天津市高级人民法院：

你院《关于执行回转案件的申请执行人在被执行人破产案件中能否得到优先受偿保护的请示》收悉。经研究，答复如下：

人民法院因原错误判决被撤销而进行执行回转，申请执行人在被执行人破产案件中能否得到优先受偿保护的问题，目前我国法律尚无明确规定。我们认为，因原错误判决而被执行的财产，并非因当事人的自主交易而转移。为此，不应当将当事人请求执行回转的权利作为普通债权对待。在执行回转案件被执行人破产的情况下，可以比照取回权制度，对执行回转案件申请执行人的权利予以优先保护，认定应当执行回转部分的财产数额，不属于破产财产。因此，审理破产案件的法院应当将该部分财产交由执行法院继续执行。

2. 最高人民法院执行工作办公室《关于石油工业出版社申请执行回转一案的复函》(〔2002〕执监字第103-1号)

湖南省高级人民法院：

你院（2002）湘高法执函字第16号《关于石油工业出版社申请执行回转一案有关问题的请示报告》收悉。经研究，答复如下：

同意你院对本案的第一种处理意见，即不应将深圳凯利集团公司（以下简称凯利公司）列为本执行回转案的被执行人。理由如下：

一、按照《民事诉讼法》第214条和《关于人民法院执行工作若干问题的规定（试行）》第109条规定，"原申请执行人"，是指原执行案件中的申请执行人，才能作为执行回转案中的被执行人。在本案中，原申请执行人是湖南利达国际贸易长沙物资公司（以下简称利达公司），凯利公司并非该案的当事人，故将凯利公司列为执行回转案中的被执行人没有事实和法律依据。

二、凯利公司取得的248万元，是在利达公司对其欠债的情况下，依据长沙市中级人民法院（1997）长中经初字第124号民事调解书，通过执行程

第十章　对错误执行的救济——执行监督、检察监督与执行回转

序取得的,而且不论利达公司与北京城市合作银行和平里支行、石油工业出版社纠纷案是否按撤诉处理,均不能否定凯利公司对利达公司的债权。

三、利达公司在长沙市中级人民法院(1997)长中经初字第124号民事调解书中,明确表示其将用从石油工业出版社执行回的款项清偿其对凯利公司的债务。

四、利达公司与凯利公司的债权债务关系同石油工业出版社与利达公司的债权债务关系是两种不同的法律关系,不能混淆,单独处理前者的债权债务并无不妥。

3. 最高人民法院《关于对第三人通过法院变卖程序取得的财产能否执行回转及相关法律问题的请示复函》(〔2001〕执他字第22号)

山东省高级人民法院:

人民法院在执行中依法采取拍卖、变卖措施,是基于国家公权力的行为,具有公信力,买受人通过法院的拍卖、变卖程序取得财产的行为,不同于一般的民间交易行为,对其受让所得的权益应当予以保护。根据本案的具体情况,买受人已经取得的土地使用权不宜再执行回转。

4. 最高人民法院执行工作办公室《关于再审判决作出后如何处理原执行裁定的请示的答复函》(〔2005〕执他字第25号)(部分)

一、关于再审判决生效后,本溪市中级人民法院已给付裁定的抵债标的额在没有超出再审判决所确认标的额的情况下,是否需要依据再审判决重新进行评估的问题。

本院认为,执行裁定发生法律效力后,并不因据以执行的法律文书的撤销而撤销。如果新的执行依据改变了原执行内容,需要执行回转的,则人民法院作出执行回转的裁定;如已执行的标的额没有超出新的执行依据所确定的标的额,则人民法院应继续执行。

📋 文书模板

执行监督申请书

申诉人:×××,男/女,××年×月×日出生,×族……(写明工作

单位和职务或者职业），住……联系方式：……

被申诉人（申请执行人）：×××

第三人（被执行人）：×××

请求事项：

1. 对（案号）进行执行监督；

2. 撤销（案号）执行裁定书；

3. 其他诉求。

事实与理由：

一、案件事实

二、理由

综上……申诉人为维护自身合法权益，依照《执行工作若干问题的规定》第130条等相关规定，向贵院提起申请，请求进行执行监督。

此致

××人民法院

申诉人：

年 月 日

注：

1. 提出执行监督的一方表述为"申诉人"，并非"申请人"。

2. 通常来说，执行监督的诉求如下：一是对某执行实施案件进行监督；二是撤销在执行过程中作出的各种文书（既可能是执行实施阶段的裁定，也可能是相关执行异议、复议阶段作出的裁定）；三是其他诉求（例如返还被错误扣划的款项、解除错误的冻结、查封等）。

3. 案件事实部分，陈述与执行案件的相关事实。关于进入执行阶段后的部分，可以考虑根据法院作出裁定的先后顺序来推进，建议使用小标题，突出重点部分。

4. 文末部分，可以考虑进行升华，对法院已作出的裁定可能产生的潜在影响（如导致国有资产流失、严重不符已有商业惯例等）进行陈述。

第十章 对错误执行的救济——执行监督、检察监督与执行回转

文书模板

监督申请书

申请人：×××，性别×，×年×月×日出生，×族……（写明工作单位和职务或者职业），住……联系方式：……

其他当事人一：×××

其他当事人二：×××

申请人因（案号），申请人不服××法院（案号）（裁定类型执行实施、执行异议、执行复议）裁定，现申请人根据《民诉法》第 207 条、第 216 条、第 242 条之规定，提出监督申请。

请求事项：

1. 申请对（案号）一案实施检察监督并提出检察建议；

2. 依法监督××人民法院撤销（案号）执行裁定。

事实和理由：

一、案件事实

二、理由

综上……申请人为维护自身合法权益，依照《民诉法》第 242 条等规定，向贵院提起申请，请求进行检察监督。

此致

××人民检察院

申请人：

年　月　日

注：

1. 申请事项部分，除返还错误扣划的款项外，一并要求支付相应利息，以防诉累。

2. 事实部分，可以依照审判阶段（诉讼依据）——执行阶段（冻结、扣划依据）——相关执行异议、复议结果（如有）——执行回转依据（如再审

· 263 ·

裁定、执行监督裁定）来进行陈述。①

执行回转申请书

申请人：×××，性别×，×年×月×日出生，×族……（写明工作单位和职务或者职业），住……联系方式：……

被申请人：×××

申请事项：责令被申请人返还依（案号）裁定/判决从申请人处执行的案款人民币　　元及利息　　元（利息以××元为基数，自错误划扣日即　　年　月　日起算，暂计至　　年　月　日，要求计算至实际返还之日止。2019年8月20日前的利息按照中国人民银行同期贷款利率计算，2019年8月20日至实际返还之日的利息按照全国银行间同业拆借中心公布的贷款市场报价利率计算）。

事实及理由：

现依照我国《民诉法》第240条的规定："执行完毕后，据以执行的判决、裁定和其他法律文书确有错误，被人民法院撤销的，对已被执行的财产，人民法院应当作出裁定，责令取得财产的人返还；拒不返还的，强制执行。"特向贵院申请执行回转。

此致
××人民法院

申请人：

年　月　日

---

① 1. 不同于执行监督，在检察监督中，提出一方表述为"申请人"，"申请人"之外的当事人表述为"其他当事人"。

2. 案件事实部分，陈述与执行案件相关的事实。关于进入执行阶段后的部分，可以考虑根据法院作出裁定的先后顺序来推进，建议使用小标题，突出重点部分。

3. 文末部分，可以考虑进行升华，将法院已作出的裁定可能产生的不利后果简要概括陈述。

后　记

　　写作本书是一个累并快乐的过程。之所以说累，是因为写作的同时还需要进行办案等其他工作，写作持续了约一年的时间，这需要在办案之外抽出时间来进行；之所以说"快乐"，是因为写作对笔者而言同样是一个整理知识点、形成体系架构、提升自我的过程。同时想到自己在办案过程中积累的知识、经验可以转化成油墨，可以给他人，尤其是给律师同行带去有用的信息，心中自然会感到快乐。

　　行文至此，笔者想借此感谢：感谢法律出版社的周洁老师，是您的支持促成了本书的问世；感谢北京市炜衡律师事务所，为笔者提供了一个优秀的工作平台；感谢本所管委会张小炜主席，是您的鼓励、点拨使我走在"专业执行"的道路上；感谢那些向我提出执行问题的同事、生活工作中结识的同行以及信任我专业能力的客户，正是在与你们不断交流的过程中，我原有的知识点不断得以巩固，一些争议问题得以明晰、解决；感谢自己，感谢自己坚持完成了本书，因为工作的繁忙，一度犹豫是否继续；最后，感谢家人，没有家人的支持，断不会有本书的问世。

　　2021年恰逢建党100周年，在中国共产党的领导下，我们国家在建设法治国家的道路上稳步前行。在办理案件的同时，笔者也希望通过写作的方式为国家的法治建设添砖加瓦，如果读者能从本书中有些许受益，那笔者的付出就没有白费，这本书的存在也就有了意义。今后，随着法治国家建设的持续深入、信用社会的建设不断完善以及强制执行工作的变化升级，笔者希望有机会能推出本书的第二版、第三版……能持续为强制执行工作，特别是我们广大律师朋友办理执行案件，贡献自己的微薄之力。

吴　珲

2021年5月10日于上海浦东国际机场